城市化进程中的劳动力流动与犯罪：实证研究与公共政策

Labor Immigration and Its Impact on Crimes in the Process of Chinese Urbanization: An Empirical Investigation and Policy Implication

陈春良 著

经济管理出版社
ECONOMY & MANAGEMENT PUBLISHING HOUSE

图书在版编目（CIP）数据

城市化进程中的劳动力流动与犯罪：实证研究与公共政策/陈春良著．—北京：经济管理出版社，2017.1

ISBN 978－7－5096－4686－1

Ⅰ.①城… Ⅱ.①陈… Ⅲ.①劳动力流动—研究—中国 ②流动人口—犯罪—研究—中国 Ⅳ.①F249.21 ②D924.04

中国版本图书馆 CIP 数据核字(2016)第 262364 号

组稿编辑：宋　娜
责任编辑：丁慧敏
责任印制：黄章平
责任校对：雨　千

出版发行：经济管理出版社
（北京市海淀区北蜂窝 8 号中雅大厦 A 座 11 层　100038）
网　　址：www. E－mp. com. cn
电　　话：（010）51915602
印　　刷：三河市延风印装有限公司
经　　销：新华书店
开　　本：720mm×1000mm/16
印　　张：16.75
字　　数：274 千字
版　　次：2017 年 1 月第 1 版　　2017 年 1 月第 1 次印刷
书　　号：ISBN 978－7－5096－4686－1
定　　价：88.00 元

第五批《中国社会科学博士后文库》编委会及编辑部成员名单

本书是国家自然科学基金项目“城市化进程中的劳动力流动与犯罪：一项实证研究”（项目编号：71303132）、教育部人文社科青年项目“劳动力市场状况与犯罪：基于微观行为视角的再考察”（项目编号：15YJC790005）的阶段性成果。

序　言

博士后制度在我国落地生根已逾30年，已经成为国家人才体系建设中的重要一环。30多年来，博士后制度对推动我国人事人才体制机制改革、促进科技创新和经济社会发展发挥了重要的作用，也培养了一批国家急需的高层次创新型人才。

自1986年1月开始招收第一名博士后研究人员起，截至目前，国家已累计招收14万余名博士后研究人员，已经出站的博士后大多成为各领域的科研骨干和学术带头人。其中，已有50余位博士后当选两院院士；众多博士后入选各类人才计划，其中，国家百千万人才工程年入选率达34.36%，国家杰出青年科学基金入选率平均达21.04%，教育部“长江学者”入选率平均达10%左右。

2015年底，国务院办公厅出台《关于改革完善博士后制度的意见》，要求各地各部门各设站单位按照党中央、国务院决策部署，牢固树立并切实贯彻创新、协调、绿色、开放、共享的发展理念，深入实施创新驱动发展战略和人才优先发展战略，完善体制机制，健全服务体系，推动博士后事业科学发展。这为我国博士后事业的进一步发展指明了方向，也为哲学社会科学领域博士后工作提出了新的研究方向。

习近平总书记在2016年5月17日全国哲学社会科学工作座谈会上发表重要讲话指出：一个国家的发展水平，既取决于自然科学发展水平，也取决于哲学社会科学发展水平。一个没有发达的自然科学的国家不可能走在世界前列，一个没有繁荣的哲学社会科学的国家也不可能走在世界前列。坚持和发展中国特色社会主义，需要不断在实践和理论上进行探索、用发展着的理论指导发展着的实践。在这个过程中，哲学社会科学具有不可替代的重要地位，哲学社会科学工作者具有不可替代的重要作用。这是党和国家领导人对包括哲学社会科学博士后在内的所有哲学社会科学领域的研究者、工作者提出的殷切希望！

中国社会科学院是中央直属的国家哲学社会科学研究机构，在哲学社会科学博士后工作领域处于领军地位。为充分调动哲学社会科学博士后研究人员科研创新的积极性，展示哲学社会科学领域博士后的优秀成果，提高我国哲学社会科学发展的整体水平，中国社会科学院和全国博士后管理委员会于2012年联合推出了《中国社会科学博士后文库》（以下简称《文库》），每年在全国范围内择优出版博士后成果。经过多年的发展，《文库》已经成为集中、系统、全面反映我国哲学社会科学博士后优秀成果的高端学术平台，学术影响力和社会影响力逐年提高。

下一步，做好哲学社会科学博士后工作，做好《文库》工作，要认真学习领会习近平总书记系列重要讲话精神，自觉肩负起新的时代使命，锐意创新、发奋进取。为此，需做到：

第一，始终坚持马克思主义的指导地位。哲学社会科学研究离不开正确的世界观、方法论的指导。习近平总书记深刻指出：坚持以马克思主义为指导，是当代中国哲学社会科学区别于其他哲学社会科学的根本标志，必须旗帜鲜明加以坚持。马克思主义揭示了事物的本质、内在联系及发展规律，是“伟大的认识工具”，是人们观察世界、分析问题的有力思想武器。马克思主义尽管诞生在一个半多世纪之前，但在当今时代，马克思主义与新的时代实践结合起来，愈来愈显示出更加强大的生命力。哲学社会科学博士后研究人员应该更加自觉地坚持马克思主义在科研工作中的指导地位，继续推进马克思主义中国化、时代化、大众化，继续发展 21 世纪马克思主义、当代中国马克思主义。要继续把《文库》建设成为马克思主义中国化最新理论成果宣传、展示、交流的平台，为中国特色社会主义建设提供强有力的理论支撑。

第二，逐步树立智库意识和品牌意识。哲学社会科学肩负着回答时代命题、规划未来道路的使命。当前中央对哲学社会科学愈发重视，尤其是提出要发挥哲学社会科学在治国理政、提高改革决策水平、推进国家治理体系和治理能力现代化中的作用。从 2015 年开始，中央已启动了国家高端智库的建设，这对哲学社会科学博士后工作提出了更高的针对性要求，也为哲学社会科学博士后研究提供了更为广阔的应用空间。《文库》依托中国社会科学院，面向全国哲学社会科学领域博士后科研流动站、工作站的博士后征集优秀成果，入选出版的著作也代表了哲学社会科学博士后最高的学术研究水平。因此，要善于把中国社会科学院服务党和国家决策的大智库功能与《文库》的小智库功能结合起来，进而以智库意识推动品牌意识建设，最终树立《文库》的智库意识和品牌意识。

第三，积极推动中国特色哲学社会科学学术体系和话语体系建设。改革开放 30 多年来，我国在经济建设、政治建设、文化建设、社会建设、生态文明建设和党的建设各个领域都取得了举世瞩目的成就，比历史上任何时期都更接近中华民族伟大复兴的目标。但正如习近平总书记所指出的那样：在解读中国实践、构建中国理论上，我们应该最有发言权，但实际上我国哲学社会科学在国际上的声音还比较小，还处于有理说不出、说了传不开的境地。这里问题的实质，就是中国特色、中国特质的哲学社会科学学术体系和话语体系的缺失和建设问题。具有中国特色、中国特质的学术体系和话语体系必然是由具有中国特色、中国特质的概念、范畴和学科等组成。这一切不是凭空想象得来的，而是在中国化的马克思主义指导下，在参考我们民族特质、历史智慧的基础上再创造出来的。在这一过程中，积极吸纳儒、释、道、墨、名、法、农、杂、兵等各家学说的精髓，无疑是保持中国特色、中国特质的重要保证。换言之，不能站在历史、文化虚无主义立场搞研究。要通过《文库》积极引导哲学社会科学博士后研究人员：一方面，要积极吸收古今中外各种学术资源，坚持古为今用、洋为中用。另一方面，要以中国自己的实践为研究定位，围绕中国自己的问题，坚持问题导向，努力探索具备中国特色、中国特质的概念、范畴与理论体系，在体现继承性和民族性，体现原创性和时代性，体现系统性和专业性方面，不断加强和深化中国特色学术体系和话语体系建设。

新形势下，我国哲学社会科学地位更加重要、任务更加繁重。衷心希望广大哲学社会科学博士后工作者和博士后们，以《文库》系列著作的出版为契机，以习近平总书记在全国哲学社会科学座谈会上的讲话为根本遵循，将自身的研究工作与时代的需求结合起来，将自身的研究工作与国家和人民的召唤结合起来，以深厚的学识修养赢得尊重，以高尚的人格魅力引领风气，在为祖国、为人民立德立功立言中，在实现中华民族伟大复兴中国梦征程中，成就自我、实现价值。

是为序。

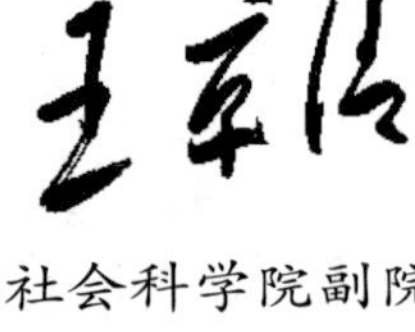

中国社会科学院副院长

中国社会科学院博士后管理委员会主任

2016 年 12 月 1 日

摘　要

改革开放38年以来，我国的经济建设取得了举世瞩目的伟大成就，人均国民收入连续快速增长，居民生活水平持续提高。快速的经济增长背后，农业转移人口和农村剩余劳动力向城镇转移的城市（镇）化，被普遍视为经济发展的关键驱动因素。然而，农业转移人口和农村剩余劳动力向城镇部门集聚，也给城镇部门的社会管理带来一系列的挑战和冲击，亟待仔细辨析和深入考察。本书关注农业转移人口向城镇和发达地区转移相伴生的、犯罪向发达地区“集聚”和向外来人口“集中”的现象，并主要基于经典犯罪经济学的分析框架，利用宏观面板数据和微观调查数据，从实证研究视角对此进行详细的考察和剖析，最后在实证分析的基础上探讨相应的政策蕴涵。

基于2000～2008年22个城市的面板数据，以及包括犯罪类型区分的浙江省分县面板数据，我们重点考察了城市化进程中劳动力流动导致犯罪率上升的劳动力市场传导机制，并对收入差距扩大对犯罪类型的差异化影响以及刑罚威慑与犯罪治理做了专章讨论。我们的宏观计量分析发现：

（1）样本城市行业间工资收入差距每上升1%，平均将导致刑事犯罪率增加0.16%；进一步的分解计算表明，样本大城市刑事犯罪率偏高，平均分别约有26%和40%可以由大城市潜在犯罪获利机会集聚以及犯罪被发现概率较低中得到解释。

（2）犯罪类型区分方面，收入差距每上升1%，平均将导致加总刑事犯罪率增加0.19%；针对不同类型的刑事犯罪决定方程的估计发现，收入差距扩大对暴力犯罪的影响最大，接着依次是严重犯罪和一般刑事犯罪，侵财犯罪的影响相对较小。

（3）犯罪治理方面，表征惩罚确定性的破案率每上升1%，平均将导致刑事犯罪率下降0.884%；执法变量和刑事犯罪率之间的联立内生性，使得惩罚概率的刑罚威慑效应被低估；“严打”期间惩罚严厉程度提升显著，威慑刑事犯罪，使刑事犯罪率下降21%～29%。

基于“农业转移人口市民化与价值观问题”的大样本专项调查，我们重点考察了城市化进程中劳动力流动导致犯罪率上升，且犯罪率主要向外来流动人口“集中”的微观传导机理。微观统计计量分析表明：

（1）农民工群体的风险容忍偏好、对政府的不信任、对媒体信任，都提升农民工更多参与罢工抗争活动的意愿；而对老乡信任和同群效应，则对农民工支持工友参与罢工抗争活动的倾向有积极影响。

（2）经济收入和家庭和谐是现阶段农民工主观幸福感的两大主要来源，低收入群体在主观幸福感方面的得分，普遍低于总体及其他样本分组；现阶段有进入“门槛”的社会保障、医疗保障和子女教育类公共服务的紧缺度，对农民工的主观幸福感增进的影响更为明显；相反，文体活动、食品安全和计划生育这类公共服务对改善农民工幸福感的作用相对次之；短期中，对农民工幸福感有更大影响的是住房、工友关系和工作环境方面的融入适应。最后，基于浙江省嘉善县的一个专项调查，也对基于基本公共服务均等化覆盖、推进农业转移人口市民化的政策适配状况及优化方向做了讨论。

以上估计，对犯罪供给方程估计中不可观测的异质性、遗漏变量、度量误差及共时决定等内生性问题保持稳健；微观计量分析也考虑了主观幸福感回归中常见的计量偏误问题。我们的实证研究对现有犯罪治理和农民工市民化公共政策制定的相关蕴涵包括：

（1）旨在改善低收入群体尤其是外来农民工劳动力市场状况的公共政策，特别是提升农民工边际产出的职业技能培训类项目，将有利于改善我国发达地区大城市的社会治理秩序，让城市更好地发挥要素集聚效益。

（2）我国转型期犯罪治理需要重视对不同犯罪类型区别对待，并对地区所处发展阶段的不同特征仔细考量；刑事犯罪治理还必须坚持“两手抓”，必须在改善低收入群体生存境况和长期发展路径的同时，通过增加街面警察、重典惩罚等手段维持必要的刑罚威慑力度。

（3）在构建农民工市民化的公共服务覆盖体系中，必须重视农民工群体的分群特征，要让市场在构建农民工市民化的公共服务体系覆盖中发挥更多作用，要鼓励地方政府结合本地实际情况进行政策创新，最终建立起一套真正有利于农民工城镇市民化融入、福祉增加的多层次帮扶保障体系。

关键词：农业转移人口；犯罪治理；主观幸福感；双侧固定效应模型

Abstract

In the last thirty – eight years from economics reform and open to the outside world, China had achieved a non – prevalent great economic success with GDP per capita and living standard growing continuously at a high speed. The transfer of residual labor and population from rural area and agricultural sector had been commonly viewed as one of the key driving factors behind this great economic success. However, the agglomeration of these new agricultural populations in urban sector also brought a series of big challenges to social governance of urban sectors, deserving carefully investigated and closely examined. In the thesis, based on analytical framework from the economics of crime, utilizing some macro – level panel datasets and micro – level survey data, we studied empirically how and to what extent crime agglomerating at developed regions and concentrating on floating rural workers in the process of transferring residual agricultural population to developed urban areas, and discussed related policy implications.

Based on a 22 – city panel dataset from 2000 to 2008 and a county panel dataset with different crime types from Zhejiang province, we intensely investigated the labor market mechanism behind climbing crime rates connected with labor immigration and urbanization, examined the impact of income inequality on different crimes, and studied specifically how deterrence influenced crime control. Our estimates show that:

(1) One percent rise of wage gap between industries will increase crime rates by 0. 16 percent on average; further calculus indicates that about 26% and 40% of higher crime rates in sample big cities could re-

spectively be attributed to more criminal gains potentially agglomerating at big cities and related low detecting rates there.

(2) With respect to the impact of income inequality on different types, the elasticity of income inequality to crime rates is around 0.19 with violent crimes being the largest, property crime the least, serious crimes and total crimes laying somewhere between.

(3) Concerning crime control, 1% rise of certainty denoting by cracking rates will leads to a crime reduction by about 0.884%; simultaneity between crime rates and law enforcement generally results in an underestimate of crime deterrence effect; severity increase during strike hard period significantly deterred crimes, cutting crimes rates by 21% to 29% compared with pre – strike hard period.

Taking advantage of the Floating Worker Value Survey, we further studied the micro – level mechanism behind climbing crime rates related to labor immigration during urbanization, and crime activities mostly related to floating workers. The statistical and econometric analysis shows that:

(1) The preference of risk tolerance, distrust in government, trust in media of floating workers significantly increase their propensity to participate in strike movement; while trust in countrymen and peer effect generally lead to more support of floating workers to their fellow workers participating in strikes.

(2) Economic earning and family harmony are two main sources of subjective happiness of floating workers; the performance of lower income group in subjective happiness lagged behind all other groups in general; public service with some entering threshold like social securities, medical care and child schooling have significant impact on subjective happiness of floating workers, while other services like entertainment, food security and family plan just have a relatively smaller impact; in the short run, the subjective happiness of floating workers is more affected by their adaptation to housing, relation with fellow workers and working conditions. Finally, based on a small specific survey of

housing issues for floating workers, we analyzed whether current public policy aiming at speeding integration of floating workers into urban sectors through providing them with equal share of public service meet their demand status, and discussed how this policy might get improved.

The estimates above remain robust for unobserved heterogeneity, omitted variables, measurement errors and simultaneity bias. We also took care of common bias in estimating happiness function. Hence, current empirical research has following implications for crime control and policies aiming at integrating floating workers into urban sectors:

(1) Public policies improving labor market condition for immigrating labors, in particular those training programs increasing the marginal products, will certainly benefit social order improvement in big cities, which accordingly ensure a more certain factor agglomeration effect for cities.

(2) We should put more attention to the distinction of crime types and different developed stages of regions in designing crime control policy in Chinese transitional period; both deterrence and welfare programs should be highlighted in controlling crimes, that is more police and increase severity should be introduced to maintain necessary deterrence, and more efforts should be put to increase the living condition and correcting the long – run growth path of lower income group.

(3) More attention should be paid to group characteristics in designing public service inclusion system for integrating floating workers; more effort from market side should be utilized in designing this system; more incentive should be given to encourage local government to carry out innovative policy most suited for local practice, and finally establish a multi – level aiding system really benefit the integration and welfare of floating workers in urban sector.

Key Words: Population Transferred from Agricultural Sector; Crime Control; Subjective Happiness; Two – way Fixed Effect Model

目　录

Contents

第一章　绪　论

改革开放38年以来，我国的经济建设取得了举世瞩目的伟大成就，无疑是这个时代世界经济史上最重要也是最激动人心的经济增长发展现象之一。于是，围绕中国经济增长发展“奇迹”背后的原因解析与解释，对中国快速经济增长伴随的经济社会迅速转型、体制机制转轨及实现路径的现实思考和考察，以及由此引发的对中国经济长期可持续增长前景可能存在的问题及挑战的分辨和分析，构成了近一二十年来中国乃至世界社会科学学术研究和政策讨论中一个受到持续关注并普遍重视的研究主题。一定意义上是中国经济长期可持续发展所面临挑战研究的一部分，本书关注我国城市化进程中的劳动力流动与犯罪问题，主要从实证研究视角对城市化进程中劳动力流动、劳动力市场状况及收入差距扩大等因素，对经济快速增长伴随的犯罪率持续攀升的影响展开详细的定性定量分析，并在此基础上探讨以上研究推进新型城镇化进程中的农业转移人口市民化及犯罪治理等问题可能存在的政策蕴涵。作为本书的绪论，本章余下内容的结构安排如下：第一节介绍本书的研究背景与意义；第二节在简要梳理并回顾城镇化进程中劳动力流动和犯罪问题相关文献的基础上，进一步说明本书的创作动机、研究思路、方法与可能的创新之处；第三节呈现本书的整体框架安排与技术路线构想。

第一节　研究背景与意义

作为最大的发展中国家，我国在过去38年的改革开放和经济建设中取得了极为辉煌的成绩——经济快速增长，居民收入水平持续提高。人均实际 GDP 从 1978 年的 381 元增加到 2012 年的 38420 元①，年增长率高达 8.79%，成为同期全世界增长最快，同时也是世界现代经济史上高速增长持续时间最长的国家和地区之一。经济快速增长的背后，城乡之间剩余劳动力转移和城市化的稳步推进，被普遍视为中国经济增长最重要的驱动力之一。刘鹤（2011）援引的测算表明，我国城镇人口每上升 1 个百分点，居民消费平均增加 1.4 个百分点，将直接带动 GDP 增长 0.4 个百分点。一定程度上出于类似的看法和考虑，新型城镇化和新型工业化、信息化和农业现代化一起，上升为国家层面中长期发展的根本战略。

我国现阶段城镇化发展的基本图景方面，最近的统计数据显示：截至 2011 年底，我国城镇部门常住人口达到 6.91 亿②，第一次超过了农村人口数，常住人口城镇化率达到了 51.07%；我国的城镇化进程已经进入诺瑟姆城镇化曲线的加速发展阶段。然而，值得注意的是，目前常住人口城镇化率所统计的城镇常住人口中没有城镇户口且仍处于流动状态的农村劳动人口大概占到了 1/4，规模接近 1.7 亿人。换句话说，现阶段我国户籍人口城镇化率显著低于常住人口城镇化率，而目前我国统计的相对快速的城镇化水平，总体上还较为“夹生”，城镇化的质量有待提升。在这样的背景下，中共十八大报告首次提出要把推进农业转移人口市民化、提升城镇化发展质量，作为接下来一段时期内城镇化发展的重要任务和工作重点。

众所周知，农业转移人口向城镇部门流动和大规模集聚，将给城镇部门的定位调整、资源配置及城市管理等带来一系列的冲击和挑战，由此也可能招致众多外来人口融入、融合和市民化过程中相伴而生的经济社会问题，其中，外来流动人口增加对本地社会治安构成的潜在威胁尤其值得注意。社会治安方面的统计数据显示，1978 ~ 2012 年，全国刑事犯罪率从每十万人口 50 件上升到 360 件③，增长了 7 倍之多。虽然，和西方发达国

①② 中华人民共和国国家统计局：《中国统计年鉴》（2013），中国统计出版社 2013 年版。

③ 中国法律年鉴出版社：《中国法律年鉴》（历年）。

家相比，20 世纪 90 年代以来我国的刑事犯罪率仍处于较低的水平，但是年均增长率却是西方发达国家的 3 ~4 倍。而且，值得注意的是，广州、深圳等农业转移人口流入规模庞大的沿海经济发达地区，刑事犯罪率高达全国平均水平的 7 ~8 倍，已经接近西方发达国家的平均水平。类似地，以民营经济快速崛起和雇用大规模农业转移人口为主要特征的浙江省，改革开放之初的刑事犯罪率与全国平均水平基本持平，进入 20 世纪 90 年代以后，刑事犯罪率攀升到全国平均水平的 3 ~4 倍；而这些刑事犯罪中外来人口犯罪大概占到了 70%。图 1 -1 利用 2000 ~2008 年长三角和珠三角 22 个城市的样本数据，对发达地区犯罪率与全国犯罪率的对比做了初步的描绘，如果按照户籍人口计算刑事犯罪率，这些城市样本比全国平均水平要高出 4 ~5 倍，人口在 500 万以上大城市的犯罪率也显著高于小城市。

如前文所述，20 世纪 90 年代以来，我国地区层面犯罪率分布演变，整体上呈现出犯罪向发达地区“集聚”和向外来人口“集中”的态势，在多大程度上与地区特征相关？又在多大程度上受城镇化进程中的劳动力市场状况、收入差距等变量变化的影响？与此同时，与之相联系的推进农业转移人口落地市民化的相关政策以及更为具体的犯罪治理政策，在这个过程中发挥了怎样的功用？或者，从政策资源配置优化的角度来看，现有市民化融入和犯罪治理政策在“理论上”存在怎样的优化方向？回答这些问题显然都需要通过严谨丰富的实证研究证据加以支撑、审视和甄别。考虑到城市（镇）化发展已经成为当下政策“顶层设计”层面上的基本共识，因而，从实证研究视角出发，对城市化进程中城乡之间的劳动力流动对犯罪率增加的影响展开详细的定性定量考察，结合宏观面板数据和微观大样本调查数据的经济计量分析，识别劳动力流动影响犯罪参与及犯罪率的劳动力市场传导机制和社会交往途径，并讨论其对我国下一步城镇化进程推进、农业转移人口市民化及犯罪治理公共政策制定的相关政策蕴涵，有极为重要的理论和现实意义。

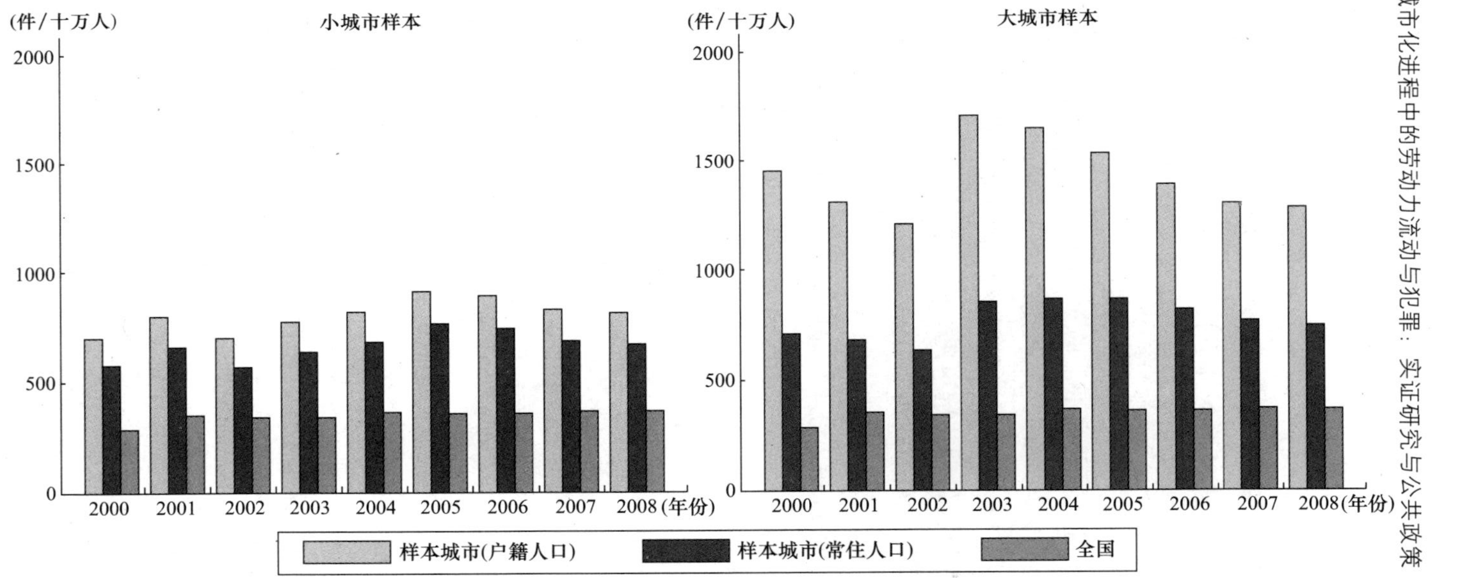

图 1－1　2000～2008 年长三角和珠三角 22 个城市犯罪率与全国平均水平的比较

注：按常住人口是否超过 500 万（2005 年）进行分组。

资料来源：(1)《长江和珠江三角洲及港澳台统计年鉴》(历年)、《中国法律年鉴》(历年)；

(2) 犯罪率定义为每十万人口的刑事犯罪立案数。

第二节 研究思路、方法与创新

一、城市化、劳动力流动与犯罪问题研究的进展脉络

有关城市化、劳动力流动影响犯罪的理论研究，散见于犯罪经济学、犯罪社会学及城市社会学等相关文献。

理论研究方面，犯罪社会学的研究理路主要强调社会环境对个体行为的影响。例如，快速的城市化导致人口向城市部门集中，社会异质性提高、外来劳动力自我目标与实现手段脱节导致的紧张感增加，与此同时，传统社会的控制纽带减弱，置身于城市贫民窟犯罪滋生的亚文化环境（Sub - culture）以及相对剥夺感上升等，都使得个体行为偏离社会规范要求，社会学意义上的反抗型或情感发泄型的出格行为增加，宏观犯罪率上升。略有不同，源于 Becker（1968）的犯罪经济学理论，则主张从激励约束和理性选择角度理解犯罪行为，尤其是从刑罚威慑弱化和劳动力市场状况恶化角度，理解潜在犯罪分子的犯罪决策。从这种研究视角出发，城市化和劳动力流动导致犯罪率上升很大程度上是由于流动人口在城市部门的集聚使得刑罚威慑的影响有所削弱，城市部门犯罪的潜在获利机会增加，劳动力市场上的弱势群体受到歧视，相对工资收入下降，犯罪的机会成本降低以及劳动力集聚导致犯罪参与的“同群效应”上升等，使得犯罪分子在犯罪决策中配置更多劳动时间，城市部门的犯罪率上升。

实证研究方面，有关城市化、劳动力流动与犯罪这个主题的研究，目前主要集中于利用不同类型的数据，估计犯罪供给方程（Offence Supply Function），进而考察城市化率、城市部门的行业工资分布及失业率对宏观犯罪率上升的影响。总体上，这个领域的早期研究多基于发达国家的截面数据，普遍发现外来人口增加与犯罪率正相关。然而，由于基于截面数据的计量分析很难避免诸如不可观测的异质性、遗漏变量等内生性问题的困扰，早期研究的稳健性及对犯罪治理政策的参考价值受到质疑。于是，20 世纪 90 年代以来，应用面板数据的计量分析技术对犯罪供给方程估计中

普遍存在的不可观测的异质性等内生性问题展开讨论，成为这个领域实证研究的主流。具体实证研究内容方面，城市化进程中劳动力流动对犯罪影响的传导机制识别，以及相关干预或治理政策有效性的考量，是这个领域研究的两大核心主题。研究样本依据和选择方面，与早期研究大多关注发达国家样本不同，进入21世纪以来，发展中国家样本及其城镇化进程中的犯罪率攀升问题，开始受到发展经济学家们的普遍重视，并被置于发展中国家经济发展和社会转型的大背景下加以考察和讨论。另外，数据研究层次方面，和早期研究普遍基于宏观加总数据不同，这些年基于微观大样本调查数据考察犯罪倾向或犯罪相关特征的研究，受到更多的肯定和关注。

二、国内相关主题的研究与简要评述

如前文所述，发展中国家城市化进程中的劳动力流动与犯罪率上升问题，已经开始受到发展经济学家们的普遍重视，但是作为最大的发展中国家，中国改革开放以来农业转移人口在城市部门集聚所引发的刑事犯罪率上升，并没有引起国际学术界应有的关注。国内研究方面，虽然城市化进程中，农业转移人口在城市部门的权益保护、不平等的遭遇、劳动力市场分割与歧视和工资分布决定等问题，这些年已经受到越来越多的研究者的关注；也有研究开始注意到应通过公共服务配套、增加职业技能培训等政策手段，促进农业转移人口在城市部门的“落地”融合；政策方面，通过推进医疗、社会保障、教育、卫生、住房等公共服务向常住人口均等覆盖，也已成为推进农业转移人口市民化的重要工作方向；但是，不论是这些政策还是学术研究，显然都没有进一步通过定量分析手段深入研究城市化进程中这些没有“落地”的政策，仍处于融合和市民化过程中的农业转移人口增加，将带来多大的以犯罪率上升为表征的社会福利代价或后果。另外，具体就不同种类的公共服务类政策措施，在加速农业转移人口融入当地和降低犯罪倾向方面的有效性，以及不同类型的公共政策之间是否存在激励不兼容，或者政策的长短期侧重点差异以及考虑政策及财政资源约束的情况下，这些公共政策的优先序应如何设置和优化等方面，已有研究同样缺乏充分的实证研究支撑和细致的传导机制识别支持。

具体有关我国改革开放以来刑事犯罪率上升问题的实证研究方面，胡联合等（2005）、白雪梅和王少谨（2006）以及黄少安和陈屹立（2007）分别基于国家层级的时间序列数据，利用现代计量经济学分析方法对此做出了有益尝试。但是由于样本量较小、控制变量较少，这些研究结论的稳健性值得进一步探讨。值得注意的是，近年也有国内研究开始注意使用分省面板数据对犯罪供给方程估计中的内生性问题展开讨论，并对导致我国转型期犯罪率上升的收入差距持续扩大、流动人口增加、城市部门失业率上升、执法威慑设置不当和福利支出下降等因素进行详细的计量分析，并得出了较为稳健的研究结论。但是，就更为微观的城市部门流动劳动人口的工资收入变化、贫困及社会交往，对犯罪参与和犯罪紧张心理形成或价值观扭曲的影响，以及公共执法威慑、不同类型的社会保障政策和更为广泛的农业转移人口融入城镇政策，在流动人口犯罪治理中的相对有效性、长短期侧重点及优先序设置等这些关键的公共政策问题上，已有研究仍旧停留在相对宏观和粗略的定性猜测上，缺乏扎实的实证研究证据支撑。

三、本书创作动机、思路与创新

综合以上几个方面的考虑，本书尝试从以下几个方面发展和创新已有研究：

首先，理论分析基础方面，同样基于主流犯罪经济学分析的基本框架，但是将 Glaeser 等（1996）、Zenou 等（2008）的一些新拓展思路纳入考虑，我们讨论城市化进程中劳动力市场状况影响犯罪率的可能逻辑机制；另外，考虑到我国现阶段城市化进程中犯罪率向发达地区“集聚”和外来人口集中的特性，我们也在模型分析部分加入社会交往“同群效应”等机制的考察，进一步从微观个体行为层面分析社会交往和关系连接对行为人不合作、参与抗争性行动或犯罪倾向的影响。

其次，我们把本书分析的重点放在实证研究方面，虽然和已有对我国转型期犯罪问题实证研究的文献类似，我们第一部分的实证研究同样基于面板数据估计犯罪供给方程；但是，和已有研究构成显著差异的至少有以下三个方面：一是我们进一步考察了已有研究背后以及加总层面的劳动力市场状况变化对犯罪率的影响，这个维度的探索可以视为是已有犯罪问题实证研究在劳动力市场传导机制方面的进一步识别和补充。二是我们也深入考察了收入差距扩大对不同犯罪类型可能存在的差异化影响；值得注意的是，迄今为止，由于数据限制，现有有关我国犯罪问题的分省面板数据实证研究，普遍没有区分犯罪类型，而不同犯罪类型背后的犯罪驱动因素可能存在差异，这个问题在大规模转型社会的表现可能更加突出，对正确理解我国现阶段犯罪问题及犯罪治理公共政策而言也是不容忽视的。三是我们也对犯罪治理的核心政策，尤其是惩罚确定性和严厉程度对犯罪率的影响做了专门的计量分析和讨论，值得注意的是，现今有关我国转型期犯罪问题研究及犯罪治理政策的讨论，经常因为没能对刑罚威慑和犯罪率之间存在的典型联立内生性问题做出处理，得出刑罚威慑不重要或“治乱无须重典”的武断结论，我们的宏观计量分析将对此做出进一步的辨析和审视。

再次，本书实证研究的第二部分是有关农业转移人口风险偏好、信任情况，及其对农民工参与抗争集体行动倾向及幸福感等影响的微观计量分析。我们这种研究设计是因为注意到以下两点：一方面，如上所述，我国城市化进程存在犯罪向发达地区“集聚”和外来人口“集中”的现象；另一方面，个体层面上的犯罪行为或倾向实际上事前不可观测。因而，我们设想利用行为经济学的有关偏好和社会交往研究的一些工具，基于大规模的农业转移人口返乡调查数据，对农业转移人口的风险偏好、信任等心理特征对参与抗争活动等的影响进行分析；进一步，我们考察了外来人口公共服务覆盖的意向性评价，研究收入、社会地位、公共服务、社会融入等因素对农民工幸福感及相关心理状态的影响，探讨犯罪向外来人口“集中”微观心理方面的补充性证据。显然，本书的这种探索，不论对我国转型期犯罪问题的实证研究，还是农民工市民化问题的相关研究，都增加了一定量的有益的边际知识；再者，本书的初步考察，一定程度上也是为这些问题的传统研究范式，做出了一些新的跨学科综合式的尝试性拓展。

最后，政策研究方面，和已有政策研究的相对全局性、宏观性和宏大性的讨论方式不同，同时也和学术研究中政策建议往往简单化、局部化和假设化的讨论思路形成差异，我们利用一个微观专项调查的实际案例，对农业转移人口市民化在城镇部门的居住落户需求特征及政策匹配优化问题，进行详细的刻画和讨论，以期为思考农民工市民化的相关公共服务均等化路径和政策措施，提供相应的启发与借鉴。

第三节 研究框架与技术路线

一、研究框架

除了绪论，本书余下内容的展开顺序和框架设定大致如下，实证研究是本书的核心、重点和主要特色。

第二章梳理本书主题相关的国内外文献，并在此基础上对本书的创作动机做更详细的介绍。文献梳理方面，我们重点关注如下三个方面的研究进展：一是犯罪经济学领域有关城市化、劳动力流动和犯罪之间关系机制阐释（劳动力市场传导机制和社会交往的犯罪率放大机制）的相关理论文献。二是犯罪经济学领域有关城市化、劳动力市场状况对犯罪率的影响，以及犯罪治理政策有效性的相关实证研究文献。三是有关我国转型期犯罪率上升的相关实证研究，以及有关农民工融入和市民化现状、路径与政策的相关学术讨论。必须指出的是，囿于学科背景局限，本章的文献梳理将以经济学、公共管理学科的相关文献为主。

本书实证研究的宏观计量分析部分围绕紧密联系的三个问题，依次在第三章到第五章顺序展开。其中，第三章利用长三角和珠三角地区 2000 年以来的城市面板数据，详细考察劳动力市场指标变化对当地刑事犯罪率上升的影响，并基于回归分解简单计算大城市刑事犯罪率高于小城市，在多大程度上可以从劳动力市场状况变化和刑罚威慑弱化两个方面得到解释。第四章关注的是转型社会中收入差距扩大对不同犯罪类型可能存在的差异化影响，我们重点考察样本在城市化进程早期阶段的表现情况。具体计量分析方面，第四章基于浙江省 20 世纪 80 年代的县级面板数据，考察收入差距扩大对侵财犯罪和暴力犯罪的差异性影响。我们预期在城镇化启动的早期，或者对应的在经济发展相对落后的地区，传统纽带的情绪情感影响和市场逐利因素都将存在，因而收入差距扩大也可能表达为情绪发泄式暴力犯罪。第五章的计量分析补充讨论惩罚确定性和严厉程度对犯罪的影响，专门对犯罪治理中极为重要的执法威慑政策的内生性问题对估计结果的可能影响展开讨论，对我国城市化进程中犯罪治理的政策选择做出进一步辨析。

微观计量分析由第六章、第七章构成。第六章先简要介绍本书微观计量分析所依据的“农业转移人口市民化与价值观调查”的相关情况，并在此基础上根据微观调查数据描述农民工的风险偏好、折现偏好及信任等心理特征变量的总体情况，进而对风险偏好的影响因素以及风险偏好对参与罢工等抗争性集体行动意愿影响展开详细的计量分析。第七章先描述了不同测度下农民工主观幸福感的总体情况、分组表现，幸福和不幸福的来源以及所调查的农业转移人口样本对现阶段公共服务覆盖评价情况，之后的计量分析主要关注农民工群体对公共服务覆盖紧缺度的意向性评价、不同类型的公共服务覆盖缺口以及社会融入适应等因素，对农民工主观幸福感、焦虑及不幸福观感受等的影响，并由此分析现阶段通过公共服务覆盖的政策举措，促进农民工融入当地城镇的侧重点和优先序问题。

第八章是通过公共服务向常住人口覆盖计划，推进农民工市民化的政策匹配及优化方向的一个具体案例分析。我们基于浙江 J 县的一项有关农民工住房保障的专项调查，考察现阶段农民工在城镇部门的居住和落户需求特征，并在此基础上考察现有住房保障的适配问题及优化政策建议。

第九章是全书的主要结论、政策建议及后续研究展望。

二、技术路线

本书的技术路线如图 1－2 所示。

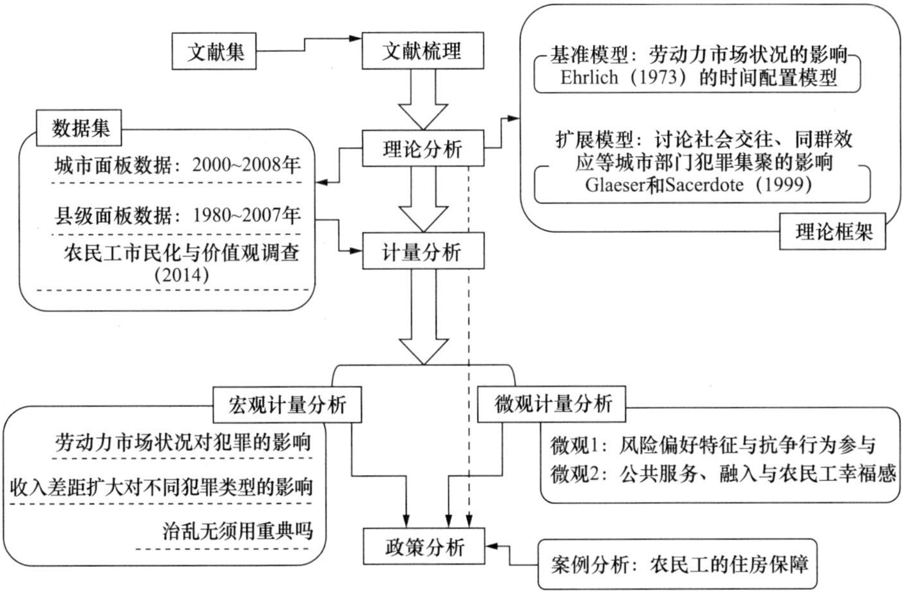

图 1-2 城市化进程中的劳动力流动与犯罪的技术路线图

第二章　城市化进程中的劳动力流动与犯罪：文献综述

第一节　问题的提出

从研究方法论来看，现代社会科学尤其是实证经济学的研究，一定程度上就是寻找和辨别马克斯·韦伯意义上的“理想类型”的过程，即面对浩瀚无边的现象，研究者们从某些特定的“价值关联”出发，通过构建由一系列概念体系构成的理想类型，并以此作为窗口透视和理解驳杂的社会现实[①]。从研究类型层面来看，这在一定意义上是“盲人摸象式”的现代社会科学研究，实证经济学方法论倡导者米尔顿·弗里德曼（1953）将其具体化为现实是什么和政策上应如何选择的两类研究，前者通常被称为实证研究，而后者则是政策或规范研究。在米尔顿·弗里德曼看来，虽然政策或规范研究由于广泛的现实福祉关联而异常重要，但实证研究却是更根本的理解现实、深化认识和消解不同价值观主体政见纷争的基础工具。尽管有时候被简单化为工具主义或逻辑实证主义而遭到批判[②]，但是不可辩驳的是米尔顿·弗里德曼所倡导的对社会现象发生机理机制的理论考察和实证

---

① 有关马克斯·韦伯的《社会科学方法论》，可以参考韩水法的一个导读性介绍。

② 米尔顿·弗里德曼有关实证经济学方法论的主张，主要在其1953年的方法论论文——《实证经济学方法论》中有集中体现。该文在主流经济学“科学化”、“实证化”的发展过程中发挥了极为重要的作用和影响，但在当时也引发了一场持续长久的方法论大论战。有关该文的主要内容以及米尔顿·弗里德曼《实证经济学方法论》一文发表背景的介绍，可以参考《经济学基础文献导读》（中国人民大学出版社2014年版）第一章。

研究，几乎已经成为现代经济学的标准作业规范。

就本书研究的城市化进程中的劳动力流动和犯罪问题而言，一个实证经济学意义上的基本问题是，如何理解城市化进程中劳动力流动导致犯罪率攀升背后的机理和机制；与此同时，这些机理和机制又在多大程度上能得到我国现阶段相关社会现象和典型事实的支撑和支持。作为后续实证研究的知识基础，本章梳理有关城市化进程中劳动力流动导致犯罪率上升的相关理论和实证研究进展，并在此基础上对本书的研究动机和创新做进一步的讨论和介绍。有关城市化进程中劳动力流动对犯罪的影响研究，主要见诸于犯罪社会学和犯罪经济学领域中关于劳动力市场状况影响犯罪以及城市和犯罪主题的相关研究文献。其中，犯罪社会学领域的文献大体沿袭了意大利的菲力、法国的涂尔干和美国的萨瑟兰等经典作家的论述思路①，重点强调社会环境变化对个体行为的型塑，主要讨论城市化和工业化进程的推进进程中，城市化和工业化对传统社会价值或关联控制体系（Social Bond）的消解和瓦解，城市化导致社会异质性增加，与此同时，不同阶层阶级之间“相对剥夺感”提升和社会紧张度提高，或者城市化进程中弱势个体被抛置于地方性的社会冲突亚文化当中，从而在城市化推进过程中出现个体行为更多偏离社会规范的要求，“失范”和“越轨”现象意义上的犯罪率上升。

略有不同，思想上源于古典功利主义者贝卡利亚（1764）和边沁（1789），但主要是源于 Becker（1968）开创性工作的犯罪经济学研究，更多主张从微观个体面临的激励约束条件变化和行为决策层面上理解犯罪现象。沿着犯罪经济学的分析思路，城市化进程中劳动力流动对犯罪的影响，主要体现为相互关联、逐层递进的两个机制：一是劳动力市场的传导机制，分析城市劳动力市场状况的变化对犯罪决策及宏观犯罪率的影响。二是社会交往的放大机制，讨论城市化进程中城市社会的某些社会交往和社会环境方面的新特征，使得劳动力市场状况变化对犯罪率的影响被放大，犯罪率出现空间上分布“不均”，犯罪更多向城市和大都市聚集，并且通常集聚在城市中的若干特殊区域和地带。前面一类传导机制的代表性文献主要沿着 Ehrlich（1973）开创的不确定条件下的劳动—犯罪时间配置模型展开；后面一类文献则尝试把社会交往、社会网络的一些新元素加入标准犯罪经

① 张远煌：《犯罪学》，法律出版社 2001 年版。

济学的研究框架中，以此理解犯罪现象在城市部门的集聚。

考虑到后续经过 Ehrlich（1973，1981）、Block 和 Heineke（1975）、Chiu 和 Madden（1998）、Burdett 等（2003，2004）、Zenou（2003，2005，2008）的拓展和发展，现今犯罪经济学已经成为理解犯罪问题最具影响力的主流框架之一。因而，本章对已有研究文献的梳理，主要集中于论述犯罪经济学领域有关以上两大传导机制的理论和实证研究的进展情况。除了第一节，本章剩余内容的安排如下，第二节在 Becker（1968）和 Ehrlich（1973）的基准分析框架内，梳理有关劳动力市场状况影响犯罪率的相关理论模型；第三节讨论在劳动力市场状况的解释机制基础上，既有文献中有关犯罪率向城市和大都市集聚的代表性机理的阐释；第四节简要回顾有关城市化进程中劳动力流动影响犯罪率的相关实证研究；第五节简单评述我国转型期刑事犯罪问题研究的相关进展，以及有关农民工融入社会、市民化的相关研究现状，并在此基础上进一步阐述本书的创作动机和创新。

第二节　城市化进程中劳动力流动影响犯罪的劳动力市场传导机制

劳动力市场状况变化对犯罪决策进而对宏观犯罪率产生影响，是犯罪经济学解释和理解犯罪现象最基础、最根本也是最核心的机制机理。本节先简要介绍 Becker（1968）模型和 Ehrlich（1973）有关劳动力市场状况影响犯罪的基准分析框架，并在此基础上简要介绍后续模型对 Ehrlich（1973）的拓展，呈现城市化进程中劳动力流动影响犯罪的劳动力市场传导机制。

一、劳动力市场状况影响犯罪的基准模型

在一个标准的 Becker（1968）模型里，犯罪行为被简化为典型的不确定条件下的风险决策问题，即给定外生逮捕概率和相关收入参数，代表性个体在时间约束下求解如下不确定条件下的预期效用最大化问题。

$$EU = (1-p)U(Y) + pU(Y-F) \qquad (2-1)$$

式（2-1）中，Y 是行为者犯罪收益，p 为犯罪被发现和惩罚的概率，

F 代表对犯罪活动的惩罚[①]。不难发现，不论惩罚确定性上升还是惩罚严厉程度增加，都将降低行为者的预期效用水平，风险性犯罪活动的吸引力下降。在这个意义上，Becker（1968）的犯罪理性选择理论，通常被称为犯罪威慑模型（Crime Deterrence Model）。

沿着 Becker（1968）的分析思路，Ehrlich（1973）进一步考察了劳动力市场状况对犯罪决策的影响，并通过不确定条件下的劳动—犯罪时间配置模型，将犯罪决策和更加具体的劳动力市场状况指标联系起来。在这篇经典文献中，同样是求解预期效用最大化问题，但代表性个体的效用函数如式（2-2）所示。

$$EU = (1-p)U(I_1, t_c) + pU(I_2, t_c) \tag{2-2}$$

式（2-2）中，t_c 为闲暇消费，I_1 和 I_2 为不同时间状态下的工资收入函数。于是，在时间紧的约束下，求解式（2-2）关于非法市场时间配置（t_i）的最优化问题，可以得到行为人关于合法市场和非法市场的最优时间配置。可以注意到，行为人预期效用最大化问题的一阶条件，实际上隐含定义了行为人的最优非法时间配置，因而通过求解非法时间配置关于两个市场工资差距变量的比较静态，可以发现工资收入差距扩大将激励行为人在非法活动上配置更多时间[②]。进一步把失业率考虑在内，行为人的收入状态将呈现四种情况，通过求解类似的最优化问题，同样可以得到失业率上升对非法活动时间配置的影响。最后，整个市场或宏观层面的犯罪率，实际上是将所有选择进入犯罪市场配置劳动时间的代表性个体，在非法劳动市场中配置的时间的累积加总。综上所述，按照 Ehrlich（1973）的分析思路，劳动力市场状况对犯罪率的影响，主要体现为两个效应：其一是劳动力市场恶化，或非法市场和合法市场工资率相对差距扩大，导致非法市场劳动时间配置增加的替代效应；其二是劳动力市场状况欠佳，使得进入非法市场配置劳动时间个体数量增大的规模效应。

---

① 犯罪行为者被逮捕时，常用惩罚形式包括罚款和监禁。前一种情况下惩罚的货币价值明确，而后一种情形下货币价值并不明显。但许多作者（如 Ehrlich）都指出，监禁成本可以通过劳动市场工资收入损失加以近似，所以，在这个意义上，不直接体现为货币成本的监禁，对模型分析不构成根本挑战。

② 值得注意的是，非法市场工资率实际上不可观测，但是 Ehrlich（1973）认为，如果主要考虑侵财犯罪，那么犯罪侵犯的对象主要是高收入阶层，实施犯罪的多数是低收入者，因而高收入者的工资可以作为非法市场工资率的代理变量，相反，低收入者的工资正好构成参与非法活动的机会成本。

二、劳动力市场状况影响犯罪的扩展模型

一定程度上，Ehrlich（1973）的劳动—犯罪时间配置模型，已经成为有关劳动力市场状况影响犯罪率机制机理分析的基准框架；这个领域后续在理论机制分析方面的发展，主要集中于对 Ehrlich（1973）模型的角点解情况或规模效应方面的分析进行拓展。从分析技术来看，和早期模型基本只关注代表性个体的静态决策不同，20 世纪 90 年代以来的模型拓展加入了更多的一般均衡分析思路，基于动态优化的劳动搜寻模型元素以及包含政府部门的新政治经济学分析方法等内容，并以此理解劳动力市场状况影响犯罪的更多细节机制及相关政策蕴涵，后期这些模型也被 Chiu 和 Madden（1998）称为宏观犯罪模型。

简单来说，后续对 Ehrlich（1973）劳动—犯罪时间配置框架比较有影响的拓展包括 Block 和 Heineke（1975）、Sah（1991）、Zhang（1997）、Chiu 和 Madden（1998）、Imrohoromglu 等（2000）、Burdett 等（2003，2004）、Huang 等（2004）。这其中，Block 和 Heineke（1975）的模型有一定特色但后续跟进不多，主要想法是让时间变量以直接和间接两种形式进入个人效用函数；这样一来，直接进入效用函数的时间变量，将可以捕捉非法市场和合法市场工作的不同“精神道德成本”，从而劳动力市场状况变化对犯罪率的影响需要考虑更多市场环境因素。Davis（1989）、Sah（1991）的拓展思路则略有不同，分别考虑了非法劳动市场和合法市场所面临的不同折现率，以及处于不同生存环境中的个体对犯罪惩罚概率等存在不同的风险感知。Zhang（1997）的模型则扩展讨论了劳动力市场和社会保障方面的福利项目对犯罪参与的负向影响。

分析技术上和前期这些模型有明显区别，Chiu 和 Madden（1998）应用了一个一般均衡框架对收入差距、劳动力市场状况影响犯罪率问题进行建模，核心思路是在劳动—犯罪决策的基础上加入住房市场，高收入群体在对效用增益的住房市场和受到犯罪侵害概率上升之间权衡，而低收入群体权衡的是进入犯罪市场获取风险高收益和安全的低工资收入；于是，两个市场同时出清条件下，可以进一步推导收入差距和劳动力市场状况对宏观犯罪率的影响。Imrohoromglu 等（2000）研究的创新主要体现在引入了一个包含政府部分的新政治经济学框架，研究收入差距和劳动力市场政策对犯

罪的影响；他们的研究指出，当旨在改善低收入群体的福利项目实施甄别成本很高，那么对低收入群体的补贴支出增加，反而可能使宏观犯罪率提高；后续，该研究团队对犯罪新政治经济学框架的拓展主要是应用搜寻框架对劳动力市场状况做了更深入的解析。最后，Burdett 等（2003，2004）和 Huang 等（2004）的研究都是基于劳动搜寻分析框架，将犯罪作为失业和就业之外的第三种状态加入劳动就业搜寻分析。这其中，Burdett 等（2003，2004）主要是对失业率影响犯罪的机制做了进一步的讨论；Huang 等（2004）的模型，则注意到劳动力市场状况、犯罪和教育人力资本投资中的多态均衡问题，即劳动边际产出不佳，劳动力市场上的表现不理想，抑制了对教育人力资本投资的激励，从而选择非法犯罪；相反，更高的劳动边际产出，即工资收益高激励人力资本投资，将降低非法犯罪的吸引力。

第三节　城市化进程中劳动力流动影响犯罪的社会交往放大机制

本质上，这个方向的文献主要在劳动力市场状况影响犯罪机理分析的基础上，集中探讨城市部门的哪些社会交往机制放大了劳动力市场状况变化对犯罪的影响，从而使得犯罪率在地区分布上出现“不均”。迄今，这个研究方向上有代表性的研究思路主要有三条：其一是 Freeman 等（1996）提及的犯罪集聚在城市部门犯罪分子之间相互的外部性问题；其二是基于同群效应的 Glaeser 和 Sacerdote（1999）有关社会交往乘数放大机制的讨论；其三是以 Zenou（2003，2005）、Verdier 和 Zenou（2004）为代表的一系列有关犯罪社会网络方面的分析。通常，这些模型对标准 Becker（1968）基准分析思路的拓展，可以视为加入了犯罪空间维度方面的考虑，技术上典型的是将空间经济学和社会网络分析的元素应用到犯罪问题分析中。

一、基于外部性和多态均衡的拓展

Freeman 等（1996）对标准 Becker（1968）犯罪决策模型的拓展主要集中在外部性这个核心关键词上。在他们的模型里，犯罪率区域集聚放大最根本的传导机制是：假定一定时期内以警察为代表的公共执法支出固定不变，随着犯罪人数的增加，单位犯罪数量和犯罪分子所分摊的警察数量将下降，逮捕率相应降低；这相当于每个犯罪分子的犯罪行为，其实是给周边的犯罪分子构成了以逮捕概率下降为表征的“正外部性”；同时，与此相对应地，犯罪分子增加也意味着犯罪个体在获取犯罪资源中存在更多竞争，单位犯罪的潜在收益可能下降，这时类似于新增加的犯罪分子给周围犯罪个体带来边际收益下降的“负外部性”；因而，稳态时候，犯罪分子在不同社区间的迁移分布将在这两个外部性之间实现平衡，即在不同社区之间的迁移不会带来犯罪收益增加。一般来说，在犯罪率较低的时候，新成员进入犯罪市场带来的逮捕率下降的“正外部性”，要超过犯罪边际收益下降的“负外部性”；所以，除非在某些社区，初始的工资高到让加入犯罪市场无利可图，或者社区在犯罪治理方面投入巨大，否则犯罪将在不同社区出现自我实施的多态均衡。最后，在 Freeman 等（1996）看来，犯罪在城市和大都市的“集聚”，一方面，主要是潜在收益更高和被逮捕概率更低所致；另一方面，则是一些社区被犯罪侵蚀，而且很快形成犯罪活动自我实施增长的保护机制。

二、基于社会交往同群效应乘数放大机制的拓展

和 Freeman 等（1996）借助于外部性的影响和多态均衡自我实施机制的分析不同，Glaeser 和 Sacerdote（1999）对城市犯罪率高于农村和小城镇的讨论，关键词是社会交往中的同群效应（Peer Effect）。在他们的模型里，基本传导机制设计方面是社会交往的乘数效应，即假定一类个体是按照传统的 Becker（1968）决策模型，结合劳动力市场状况进行犯罪决策；另一类个体的行为完全是模仿其前一位的个体，即前一位个体如果犯罪，他也选择犯罪。简单计算后就可以发现，相对完全独立决策的传统犯罪经济学模型，叠加上同群模仿效应之后，不同区域的犯罪率差异（方差）将被进一步放大，即社会交往密集同群效应显著的地方，初始犯罪率上升将显著导致更多的犯罪集聚，犯罪增长有些类似于“病毒传染效应”。于是，进一步考虑到同群模仿更多发生在局部区域，因而大都市犯罪率较高，主要是大城市犯罪机会集聚、犯罪被发现概率下降、社会交往同群效应进一步放大的结果。

三、基于空间分布和社会网络叠加机制的拓展

和前面两种机制主要借助于自实施和自增强的多态均衡分析思路不同，Zenou（2003，2005）和其合作者的一系列研究，则尝试更加正式地把社会交往网络和空间元素加到宏观犯罪模型中来；他们这个探索方向本质上是将空间经济学的一些分析工具应用于分析城市犯罪问题。其中，Zenou（2005）延续了 Freeman 等（1999）的外部性想法，但在模型中加入了对城市区位问题和通勤成本的讨论，重点论述犯罪在城市空间的分布和城市犯罪率集聚问题；略有不同，Verdier 和 Zenou（2004）主要拓展分析了基于区位分析的劳动力市场歧视，导致犯罪向“黑人”更加集中的传导机制；Calvo－Armengol 和 Zenou（2004）以及 Ballester 等（2004）则对社会网络中同群效应对犯罪问题的影响做了更深入的考察。

2005 年的模型中，Zenou（2005）的分析思路大致是，犯罪个体和工人在线性城市上分布，工作地点主要在城市中心的商务区；给定较低的通勤成本和较高的犯罪收入，中心商务区将是犯罪的首选区域；同样存在犯罪增加、逮捕下降的正外部性和边际收益下降的负外部性，均衡时，高收入群体选择承受更高的中心区房价和更好的工作机会，低收入群体将居住在远离城区的位置并通勤到商务区犯罪。这个分析框架里，警察规模和劳动力市场状况的改善将降低犯罪；而人口增加的城市规模扩大将导致城市的地价普遍上升，由于地价上升对工人的影响要大于对犯罪分子的影响，这将导致原本需要承受高房价的低收入工人转而投向犯罪市场，所以大城市犯罪率更高；同样，一定程度上的通勤成本上升推高了地价和房价，对工人而言损害更大，因而也可能让部分低收入工人加入犯罪供给。简而言之，在 Zenou（2002）的模型中，犯罪在城市集聚的主要原因是两个机制的叠加：一方面，城市中心区具有更多的犯罪收益集聚和更低的被发现概率；另一方面，人口增加使得城市生活成本提高对低收入工人更加不利，于是犯罪市场的参与者规模进一步上升。

Verdier 和 Zenou（2004）主要讨论了犯罪向黑人群体集中，同时黑人集中居住于低收入社区的劳动力市场放大机制。他们模型分析的基本逻辑是，黑人在劳动力市场上受到“统计性歧视”，即许多人相信黑人群体的犯罪率要高于白人，受此影响，黑人在劳动力市场上得到的工资报酬相应较低，

相应地，他们只能在通勤成本和高房价、地价之间进行权衡，选择居住在离工作地较远的区域；居住在离工作在更远的区域，使得黑人在路上精力耗费更大，也支付了更多的通勤成本，进而在劳动市场上和白人的工资差距被进一步拉大。于是，对黑人群体而言，参与犯罪的机会成本将下降，黑人参与犯罪的比例将上升；这样一来，进一步强化了人们关于黑人群体犯罪率更高的信念，这个信念变为一个能自我实施的循环。不难发现，在这个模型里，实际上是对居住区位的选择放大了工资市场上的收入差距，使得黑人犯罪率更高的信念被强化，于是出现犯罪率向黑人群体集中的问题。

一定意义上是延续了 Glaeser 和 Sacerdote（1999）的社会交往同群效应的建模思路，但应用了更加一般化和规范化的社会网络分析工具，Calvo - Armengol 和 Zenou（2004）以及 Ballester 等（2004）做了关于对社会网络结构对犯罪的影响的讨论。在他们的两篇文章中，模型分析的核心思路是：同群模仿效应不只是简单发生于上一位接触者，而是取决于潜在犯罪分子在网络中所处的位置。如果置身于更多犯罪分子的连接点，犯罪人力资本积累更多，犯罪成本下降将激励更多犯罪；相反，如果处于犯罪分子较少接触的节点，犯罪激励将更小。他们模型的基本结论是，犯罪网络中的同群效应将放大单个犯罪分子的犯罪决策，于是犯罪在区域上将存在显著的分布差异，犯罪将进一步向大城市集聚集中；相应地，按照这个社会网络的分析思路推演下来，他们认为犯罪治理要仔细甄别犯罪分子的网络拓扑结构，要重点打击那些能够带来犯罪集中度下降最多的犯罪分子。

第四节　城市化进程中劳动力流动与犯罪问题的相关实证研究

和理论方面的文献主要集中于阐述关于犯罪增加的劳动力市场传导机制和社会交往放大机制保持一致，我们接下来对有关城市化进程中劳动力流动与犯罪问题的实证研究文献进行梳理，也大致沿着对以上两个传导机制的实证分析展开。尽管相比理论机制解释相对集中简单，实证领域的文献较为庞杂；但总的来说，犯罪问题实证研究的文献都集中于估计一个典型的犯罪供给方程（Offence Supply Function），并在此基础上讨论计量分析中各种潜在的内生性问题和因果关系。从研究数据来源看，早期研究大多基于发达国家的截面数据，主要讨论劳动力市场变量和犯罪率之间的相关关系。由于截面数据回归很难避免诸如遗漏变量、不可观测的异质性等偏误，所以 20 世纪 90 年代以来，这个领域的计量研究着重应用面板数据技术，对犯罪供给方程估计中的各种内生性问题进行讨论和处理。另外，21 世纪以来，发展中国家的数据也开始受到研究者们的重视。总体上，就本书关注的两个传导机制而言，劳动力市场状况对犯罪率影响的讨论，已经相对成熟，但分歧和结论并不一致；社会交往机制经验的研究文献整体偏少，专门的实证检验也相对零星不系统，并主要集中于对既有不同机制影响因素的分解分析。

一、劳动力市场状况影响犯罪的经验研究

整体上，劳动力市场状况影响犯罪传导机制的经验研究，主要围绕失业率、低收入群体工资和工资收入差距对犯罪率的影响展开，重点是讨论短期和长期内，哪些劳动力指标对犯罪率变动更具有解释力；相应地，劳动力市场的相关公共政策又在多大程度上有利于犯罪率下降。总的来看，现有文献发现，相比失业率指标，劳动力市场的工资分布和低收入群体的工资，是影响地区刑事犯罪率更直接、更显著的理想指标；相反，由于失业率往往与经济周期的诸多消费变量的影响混杂在一起，而长期内失业率变量的变度也较小，因而对犯罪率上升的直接解释力较为有限，需要做更加复杂的分解考察。另外，劳动力市场类公共政策在犯罪治理中的有效性，则对项目实施的对象甄别成本以及项目生产函数的具体性状比较敏感。

（一）工资收入变量对犯罪率的影响

和早期研究较多基于截面数据考察加总层面的工资差距或收入差距对犯罪的影响不同，Cornwell 和 Trumbull（1994）首次利用北卡罗来纳的县级面板数据，开创性地讨论了犯罪方程估计中不可观测的异质性、测定性误差和联立性内生问题的影响，他们指出，制造业的工资上升是犯罪率下降的重要原因。另外，他们的研究也发现，制造业工资的估计系数方面，工具变量估计所得出的结果比一般的 OLS 估计要大得多，这说明犯罪方程估计中的内生性问题不容忽视。略有不同并主要关注年轻人犯罪问题，Grogger（1998）指出，低收入群体的工资率变动在解释青年犯罪参与中很显著，相反，失业率指标的表现则不大理想。进一步，在失业率变量和劳动工资变量对地区犯罪率影响的相对重要性方面，Gould 等（2002）利用多套数据非常详尽地讨论了失业率、低收入群体工资水平与犯罪率之间的关系，具体估计从 OLS 到固定效应估计再到每隔十年数据的差分估计，再到基于个体调查数据的估计，最后也用工具变量法对以上估计的稳健性做了补充讨论；他们经研究发现长期低技能工人的工资率变化更能解释长期犯罪率的变化模式，而长期内失业率变动较小，所以与长期犯罪率变动没有关系。另外，他们还发现内生性问题在工资估计中并不严重。

后续基于相似的计量分析框架，Bourguignon 等（2003）对哥伦比亚地区的面板数据研究发现，只有最低 15% 人口的收入变动对侵财犯罪有影响；相反，整体收入差距和收入水平对犯罪率的影响都不显著。类似地，Machin 和 Meghir（2004）基于伦敦和威尔士地区面板数据的固定效应估计发现，最低 25% 的工资分布变动，对侵财犯罪和暴力犯罪有影响。Edmark（2005）基于瑞典县级面板数据的估计同样表明，失业率对侵财犯罪波动的解释力较为有限。和以上直接研究劳动力工资对犯罪率影响的做法略有不同，最近 Iyengar 等（2011）的研究则使用美军在伊拉克防御公共设施建造对恐怖袭击的影响，他们的研究发现，外生的公共设施建造拉升了当地劳动力市场工资，提高了参与恐怖活动的机会成本，使得恐怖活动的吸引力下降。最后，类似基于外生冲击产生的工资变动来识别犯罪供给方程，Mocan 和 Unel（2011）利用有偏的技术进步导致低技能工人的工资下降，估计了工资率变动对犯罪率的影响。

（二）失业率变量对犯罪率的影响

一定程度上由于失业率变量在宏观经济分析中的重要性和基础性地位，失业率变量对犯罪率的影响，在犯罪经济学的实证研究中受到广泛重视。早在 20 世纪六七十年代，就有研究考察地区失业率对犯罪率的影响，例如，Fleisher（1966，1970）、Weicher（1970）、Phillips 等（1972）。但是，正如前文分析指出的，一方面，截面数据的计量回归存在显而易见的偏误；另一方面，失业率和其他经济周期变量往往相关，因而早期研究的稳健性受到质疑。

早期研究的不足，在 Raphael 和 Winter - Ebmer（2001）看来，主要体现在：一方面，失业率与导致犯罪增加的周期性酒精消费的效应无法区分；

另一方面，失业率和犯罪参与之间存在联立性内生问题，犯罪参与记录恶化了劳动市场的竞争力。因而，Raphael 和 Winter - Ebmer（2001）利用美国 50 个州的面板数据对失业率和犯罪之间的关系进行了估计，并对内生性问题做了充分的讨论。Raphael 和 Winter - Ebmer（2001）发现：OLS 的结果较为稳健地表明失业率与犯罪之间存在显著的正相关，而利用外生的石油冲击和州一级的国防费用支出作为工具变量的估计结果，普遍大于 OLS（前者弹性 1 ~3，后者是 2.8 ~5），这表明早期研究可能存在内生性问题的干扰；并且，值得注意的是，以上结果对侵财犯罪显著而暴力犯罪不显著，由此也可以推算：20 世纪 90 年代美国失业率下降可以解释约 40% 的侵财犯罪的下降。类似主张该时期美国经济的繁荣、劳动力市场状况改善是犯罪率下降的主要原因，还有 Freeman（1996，1999）以及 Freeman 和 Rodgers（1999）的研究：前者指出，年轻人的平均收入水平和雇用条件的改善，导致 20 世纪 80 年代到 90 年代犯罪率急剧下降；而后者的研究控制了地区和时间的虚拟变量后，发现失业率对青年犯罪率的影响弹性为 1.5%。

除了以上利用不同内生性处理手段，对失业率影响犯罪的估计偏误展开讨论，Mocan 和 Bali（2010）还提出了另外一种可能的分析思路，对失业率影响犯罪的机制做进一步的探索。沿着 Mocan 等（2005）的理论分析框架，如果考虑犯罪的人力资本积累问题，失业率对犯罪的影响可能存在周期非对称影响，即在经济下行周期中，失业率上升，犯罪率增加，犯罪人力资本得到更多的积累；相反，正常工作的人力资本积累受到抑制或贬值更多。于是，当经济过渡到上升周期时，由于前期犯罪人力资本积累更多，正常人力资本贬值，使得失业率下降对犯罪降低的影响将被削弱，于是出现失业率影响犯罪的周期非对称现象，所以直接不加区分的回归水平层面的失业率对犯罪率的影响，将不能得到失业率影响犯罪的正确估计。最后，基于 1978 ~2004 年美国州层面的面板数据以及个体层面的长期追踪数据，他们的估计发现，失业率上升对犯罪率提高的影响，要显著大于失业率下降对犯罪率降低的影响。最近一篇针对失业率对犯罪影响进行系统性检验的论文由 Aaletonen 等（2013）所作。这篇论文中，作者重点对失业率影响不同犯罪类型以及不同就业政策在减少犯罪率中的有效作用做了讨论。在充分考察了各种可能存在的内生性偏误后，他们的研究发现，失业率仅对侵财犯罪有影响，相反，对暴力犯罪和危险驾驶等影响不显著；救济项目方面，促进积极劳动参与型就业政策有利于失业群体的犯罪率下降，相反，标准失业救济金对犯罪的影响并不显著。

（三）福利项目在犯罪治理中的有效性分析

早期有关劳动力市场相关福利项目对犯罪率影响的分析，主要关注犯罪矫正类型的项目在减少重新犯罪方面的有效性。由于样本选择偏误问题，这些项目对犯罪率下降有效的估计结论往往受到质疑。20 世纪 90 年代以来的研究，开始利用宏观加总的福利项目支出数据，估计福利支出增加对地区犯罪率下降的影响。Zhang（1997）对福利支出规模与犯罪率的关系展开了定量分析。他的研究指出，只有直接的劳动力市场补贴或改善低收入群体收入条件的福利项目才对犯罪率降低有影响，相反，目的性不强的一般福利项目对犯罪率没有影响。Donohue 和 Siegelman（1998）则比较了监禁支出增加与福利项目在减少犯罪活动方面的相对有效性。详细讨论了许多福利项目的实施细节后，Donohue 和 Siegelman（1998）总结认为，旨在改善低收入家庭孩子受教育状况的福利型项目，相比监禁支出增加，对犯罪率降低更有帮助，但是这些福利项目的有效性，很大程度上取决于合适的福利对象甄选和项目的具体实施过程。沿着类似的分析思路，但是更加注重微观样本和项目实施细节的讨论，最近 Engelhardt 等（2008）、Foley（2011）以及 Persson（2012）的研究则进一步指出，福利项目对微观个体再犯罪行为的影响，密切取决于项目的实施细节；并且，一般而言，专注于提高边际产出和积极劳动参与的福利干预型项目，在犯罪治理中的有效性要明显优于那些执行松垮、激励框架不明确并更多依靠收入补贴型的政策项目。

二、城市化与犯罪集聚的计量分析及机理分解

和劳动力市场状况影响犯罪的实证研究文献较为丰富不同，有关城市化导致犯罪集聚的第二个传导机制，即社会交往对区域犯罪率放大影响的研究，相对细碎、不系统。同时，由于犯罪放大机理检验固有的复杂性，所得出的结论的一致性也相对较弱。总体上，这个研究方向的计量分析，主要试图在传统犯罪供给方程估计的基础上，分解讨论不同解释变量的影响力度，或者用不同变量测定同群效应和社会交往的可能影响。

社会交往和同群效应放大机制的检验方面，Case 和 Katz（1991）利用美国波士顿地区年轻人的调查数据经计量分析发现，居住社区年轻群体的

行为对该社区年轻人的犯罪行为有显著影响，一个年轻人从犯罪率低的社区移往犯罪率高10%的社区，他犯罪的概率平均上升约2.3%。与此略有不同的是，基于宏观回归的影响因素分解分析角度，Glaeser和Sacerdote（1999）对美国大都市地区犯罪率高企的原因进行分解，发现大都市高于其他地方的犯罪率中，约有20%可以归因于犯罪被发现概率更低，27%可以归因于大都市犯罪的潜在收益更高，而剩下的45%～60%则可以归因于可观察到的个体特征差异，具体是更多单亲家庭和黑人群体在城市部门的聚集，这些群体在犯罪决策方面存在显著的同群相关。在类似的研究思路下，但是考虑到犯罪类型和群体同群效应差异，Glaeser等（1996）发现，社会交往机制在年轻人犯罪中的影响更加明显，犯罪类型方面，盗窃犯罪中同群效应的影响尤其显著。

一定程度上回到Case和Katz（1991）的研究思路，但是研究设计更加精细，对比控制方面也更加完善，Ludwig等（2001）以及King等（2003）的工作从MTO（Move to Opportunity）项目实施的调查数据出发，分析贫困环境对年轻个体犯罪参与的影响。Ludwig等（2001）发现，搬迁对青少年犯罪参与有显著的降低效果，相比迁居到低收入地区，青少年高收入地区暴力犯罪显著下降，财产犯罪影响初始阶段不明显，过一年后开始发挥效果。总体上，低收入地区的暴力犯罪相对较多，而财产犯罪则相对较少。这种对比表明，青少年暴力犯罪方面，同群效应（Peer Effect）的影响显著，而侵财犯罪主要还是获利驱动的结果。同样是这个作者团队，Kling等（2005）讨论了MTO项目对青少年犯罪参与的长短期和性别的不同影响，他们发现，女性在MTO中侵财犯罪和暴力犯罪的被逮捕率都显著下降，而男性在MTO中早期侵财犯罪和暴力犯罪率也下降，但是几年后侵财犯罪却开始显著上升。略有不同，利用佛罗里达州169个矫正中心8000多名青少年的调查数据，Bayer等（2009）对矫正中心中青少年接触对象的天数和类型做了分类，以此作为同群效应和犯罪人力资本积累的度量，他们的实证研究发现，盗窃犯罪、毒品犯罪以及伤害等重罪，同群效应的影响都非常显著；而且同群效应主要影响那些已经涉足这些犯罪类型的罪犯。

除了以上社会交往机制作用，还有区域犯罪率被放大的实证研究，关于城市化进程中劳动力流动影响犯罪的讨论，也有些文献直接关注外来人口到当地的犯罪情况，以及城市发展与犯罪的相互影响。基于伦敦社区层级的数据，Bell和Machin（2011，2013）通过较为细致的实证研究指出，外来人口增加对当地犯罪率可能并没有恶化影响，这可能是因为外来人口在迁移方面得到帮助而迅速融入当地相似类型民族和阶层。基于 2004 ~ 2008 年土耳其城市人口流入流出统计数据，Filiztekin（2013）指出，外来人口犯罪输入增加是因为失业率上升和低技能工人工资收入恶化的结果。最后，就城市化发展与犯罪率之间可能存在互动影响，Cullen 和 Levitt（1999）基于 1976 ~ 1993 年美国 137 个城市面板数据的计量分析发现，城市犯罪率上升将导致城市人口向外迁移。然而，沿着类似的思路，Ellen 和 Regan（2010）则检验了美国 20 世纪 90 年代以来犯罪率下降对城市人口的影响，他们的研究却发现，反方向的机制没有得到数据的支持，即城市犯罪率下降并没有带来人口的回迁。这说明城市化发展与犯罪问题之间的相关关系可能需要更仔细的传导机制识别。

第五节　有关我国转型期刑事犯罪率攀升的相关研究及简要评述

一、有关我国转型期刑事犯罪率攀升的相关实证研究

如前文所述，发展中国家城市化进程中，劳动力市场状况恶化对刑事犯罪率攀升的影响，已经开始受到越来越多发展经济学家的重视。但是，作为最大的发展中国家，我国改革开放以来刑事犯罪率的持续攀升并没有引起国际学界应有的注意。国内研究方面，近些年来胡联合等（2005）、黄少安和陈屹立（2007）、王安和魏健（2009）、陈春良和易君健（2009）、史晋川和吴兴杰（2010）、陈刚（2011）、吴一平和芮萌（2011）、陈硕（2012）以及陈硕和章元（2013）的一系列研究，使得这种局面有所改观。但总体上看，这些已有研究对我国转型期犯罪问题的研究，仍旧主要立足于考察相对宏观的性别比、收入差距变量、人口流动、社会福利和刑罚威慑等变量对犯罪率上升的影响；尽管这些国内研究后期也利用面板数据分析技术，对犯罪供给方程估计中的内生性问题做了相应的讨论。但总的来说，已有的有关我国转型期犯罪问题的实证研究，关注的基本上还只是总

量犯罪率层面上的变化；相反，对我国转型期刑事犯罪率上升形成于城市化进程和阶段的主要背景和基本事实缺乏有效的考察和认识，对犯罪率在地区层面上的分布不均也缺少应有的关注和剖析，最终对犯罪率上升背后最主要的劳动力市场机制和微观社会交往机制的详细实证分析更是基本阙如。

二、城镇化与农民工市民化问题的相关讨论

就我国城市化进程中，城市部门犯罪向外来人口集中问题而言，虽然现有农民工方面的研究普遍意识到城市化进程中未能落地融入的农民工，给当地的社会治理及和谐稳定都将带来极为严峻的挑战。也有研究开始讨论，应当通过增强农民工在城镇部门的权益保护、劳动培训和进一步的社会参与及融入社区，并通过搭建公共服务向常住人口覆盖的机制和路径，加速流动劳动力和农业转移人口融入当地的市民化进程。然而，这些研究普遍没有注意到，这些还处于流动中的外来劳动力增加，将在多大程度上带来以犯罪率上升为代价的社会福利损失。同时，虽然我们也提出了一系列有利于农业转移人口融入当地的政策举措，但是这些政策举措的效果如何？政策实施侧重点应怎样优化？以及这些政策对现阶段农民工生存状况和幸福感到底有怎样的影响？凡此种种，我们实际上还缺乏更细致系统的信息了解。

三、本书创作动机的进一步澄清和说明

有鉴于此，本书将从宏观计量层面和微观社会交往两个层面，分别考察城市化进程中劳动力流动对犯罪率上升的影响，以期对现有文献构成相应的补充和发展。其中，劳动力市场的传导机制方面，我们主要应用宏观计量分析工具，重点用国内研究关注相对有限但内涵更为丰富的劳动力市场指标，对犯罪率的影响进行考察，并在此基础上分析犯罪潜在收益增加和刑罚威慑弱化，对大城市的犯罪率偏高分别产生什么影响。另外，考虑到劳动力市场机制分析所依据的城市面板数据，并没有犯罪类型的细分，我们也进一步从犯罪治理角度，利用浙江省的一个县级样本数据，补充讨论了收入差距和刑罚威慑对不同犯罪类型可能存在的差异化影响。

另外，由于数据限制，我们并没有直接在宏观数据中估计同群效应，因而和已有文献的分析思路和角度取向略有不同；立足于我国现阶段犯罪率向外来农民工群体集中的基本事实，我们将着重考察城市化进程中，农民工的个体偏好特征存在哪些典型性，而这些偏好特征又是如何影响农民工参与罢工抗争等活动的意愿。进一步，同样是从侧面考察犯罪率向外来劳动力集中问题，我们也基于微观调查数据考察了当前农民工群体以主观幸福感为代表的生存状况，在勾勒农民工分组幸福感及来源因素的基础上，我们通过估计主观幸福感决定模型，分析不同类型的公共服务紧缺度覆盖、融入适应等因素，对农民工主观幸福感的差异化影响。一定程度上，没能直接测量同群效应对微观事前不可观测的犯罪倾向和行为的影响，使得本书实证研究未能对城市化进程中犯罪率上升的社会交往放大机制进行直接估计，这不能不说是本书的一个缺憾或不足。但是，事实上，我们确实还是通过更加细致同时也更加聚焦于外来务工群体的调查，对现阶段更贴近我国实际的可观测的社会交往、融入适应、公共服务紧缺度等，对农民工风险性决策和生存状况的影响，做了较为充分的考察和讨论，这种分析显然为从微观社会交往角度理解农民工犯罪问题和更广泛的生存状况，提供了有益的多侧面补充和参考，最终为城市犯罪向农民工群体集中问题的考察，增添一个微观观察新侧面和理解的新视角。

第三章　劳动力市场状况与犯罪：基于城市面板数据的分解分析

第一节　问题的提出

如前文所述，城市化进程中劳动力流动对犯罪的影响，主要存在劳动力市场状况恶化强化了个体犯罪参与激励，以及社会交往同群效应的影响导致区域犯罪率被放大的两大机制。沿袭犯罪经济学分析框架的基本逻辑，本章关注我国经济增长、社会迅速转型和城镇化快速推进过程中的刑事犯罪率攀升现象，并主要从劳动力市场状况影响犯罪率的角度对此进行解析和解读。和既有文献主要从宏观收入差距扩大、刑罚威慑作用有限、性别比例失调及社会福利支出不足等因素入手解析我国犯罪率上升的成因不同，本章择取这种相对微观的研究视角主要是因为注意到，除了已有文献提及的加总层面的刑事犯罪率上升，我国转型期刑事犯罪率增加还呈现地区分布“不均”问题，即东部沿海经济发达地区的刑事犯罪率往往高达全国平均水平的5～10倍，而这些刑事犯罪主体中外来人口占据了70%～80%①甚至更高的比例②。这个简单的观察提醒我们，和外来流动人口生存状况关系更加直接、密切的城市劳动力市场变量指标，可能是导致我国转型期发达地区刑事犯罪率上升更为重要的因素；相应地，现阶段改善经济发达地区

---

①《浙江省公安年鉴》（历年）有关刑事犯罪作案主体的统计。

② 在和长三角中心区J县公安部门的调研访谈中，刑侦部门的负责人告诉笔者，近些年该县刑事犯罪外来人口达到90%以上。

城市犯罪治理局面的政策措施，重点应当放在提升外来人口边际产出和劳动力市场竞争力的培训类政策上，简单的收入再分配或福利补贴类政策的作用可能比较有限。显然，对类似以上两个问题的回答，需要对劳动力市场状况影响发达地区犯罪率的机理和定量关系展开更详细的讨论。

除了本节，本章剩余内容的结构安排如下：第二节简要梳理国内外有关劳动力市场状况影响犯罪的理论和实证研究文献，以及有关我国转型期刑事犯罪率上升问题的国内外研究进展，并在此基础上进一步阐述本书的研究动机与创新；第三节是一个简单的劳动力市场状况影响犯罪率的机理模型；第四节讨论计量模型设定、数据及分析策略；第五节报告实证研究结果和稳健性检验；第六节总结全书并讨论政策启示。

第二节　文献回顾与研究动机

劳动力市场状况对犯罪率的影响，一直是自 Becker（1968）以来国际犯罪经济学研究中的一个重要主题。有关我国转型期刑事犯罪率攀升问题的研究，近些年开始受到国内法经济学研究者们的重视，也逐渐形成了一些有代表性的见解和文献。

一、国外劳动力市场状况与犯罪率关系的相关研究

理论研究方面，有关劳动力市场状况与犯罪关系的理论分析，大致沿着 Becker（1968）开创但是由 Ehrlich（1973）深化发展的犯罪—劳动时间配置模型展开，近些年在 Chiu 和 Madden（1998）、Burdett 等（2003）的倡导下，开始将一些新的劳动力市场分析工具应用到宏观犯罪分析框架中。总的来看，早期模型主要强调，劳动力市场状况的恶化使得参与非法市场的机会成本降低，犯罪的潜在收益增加，激励潜在犯罪分子在非法市场上配置更多劳动时间（替代效应）。略有不同的是，近些年基于劳动搜寻和一般均衡分析框架的宏观犯罪模型主要考虑更广泛的劳动工资（能力）分布恶化，使得更多人符合进入非法市场的“门槛工资”条件，犯罪市场的参与规模扩大，宏观犯罪率上升。

与理论方面相对简单一致的预测不同，有关劳动力市场状况和犯罪率关系的实证研究结论存在分歧。总体上，早期研究大多利用截面数据讨论劳动力市场状况（尤其是低收入群体工资）与地区犯罪率的相关关系。而20世纪90年代以来的研究，开始注重利用新发展的面板数据分析技术控制犯罪供给方程中不可观测的异质性和遗漏变量等内生性问题，着重挖掘劳动力市场状况影响犯罪的因果关系。相比早期文献，后期研究已经得到较为稳健的劳动力市场状况恶化导致犯罪率上升的证据，但是结论并不一致。已有研究的分歧主要体现在：

（1）长期和短期中低收入群体工资率或失业率对地区犯罪率上升更有解释力①。

（2）旨在改善低收入群体生存状况的社会福利项目，以及工资补贴及培训项目为代表的劳动市场公共政策，在犯罪治理中的有效性取决于哪些政策实施细节。

（3）低收入群体更多参与非法活动本身是否内嵌于性格特征和人力资本积累差异。另外，和早期研究主要基于发达国家样本不同，近些年发展中国家经济发展过程中的劳动力市场状况变化对地区犯罪率的影响，开始受到越来越多发展经济学家们的重视和关注，并被置于更广泛的经济增长发展框架内加以考察和审视。

二、已有研究评述及本书研究动机

如前文所述，作为最大的发展中国家，我国经济社会快速转型和城市化迅速推进过程中，刑事犯罪率的持续攀升并没有引起国际学界应有的重视②。近些年，国内学者的一系列实证研究使得这种状况有所改观。基于国家层级的时间序列数据，胡联合等（2005）、黄少安和陈屹立（2007）、白

---

① 比较普遍的观点是，长期中失业率波动较小或其影响被其他周期指标吸收，所以并不是解释犯罪率变动的良好指标（Mocan and Bali，2010）。所以，有关失业率与刑事犯罪的回归，最重要是处理反向因果等内生性问题。

② Edlund 等（2013）是有限的例外。在社会学领域，Liu（2006）等犯罪社会学的研究者，曾分别基于国家层面的时间序列数据对工业化所引发的社会紧张对我国犯罪率的影响，做了初步的讨论。Bakken（2005a，2005b）等的一系列研究则主要关心我国改革开放以来的刑事政策变化问题。

雪梅和王少瑾（2007）曾分别利用现代计量经济学方法，对我国转型期刑事犯罪率上升背后的收入差距因素做了初步的探索。然而，由于时间序列较短，控制变量有限，这些研究结论的稳健性需要进一步讨论。2009 年以来，国内的研究也开始注意基于分省面板数据利用面板数据分析技术，对犯罪供给方程估计中不可观测的异质性和遗漏变量等内生性问题进行控制，对我国转型期刑事犯罪率的影响做了详细的实证分析，将这个领域的研究进一步推向深入。然而，值得指出的是，这些已有研究基本还停留在较为宏观的加总层面，对更微观、更多样行业层面的劳动力市场状况对刑事犯罪率影响的讨论基本阙如。从现阶段我国刑事犯罪率呈现出向发达地区“集聚”和外来人口“集中”的态势来看，和流动人口在城镇生存状况更加密切相关的行业劳动力市场变量影响的研究，可能更加贴近实际，同时也更具有政策参考价值。

综合起来，本章的实证研究将在以下两个方面对已有文献构成创新和发展：

首先，相比国内已有文献普遍关注相对单一的宏观收入差距对犯罪率的影响，本书考察更微观、更丰富的劳动力市场指标变化对地区犯罪率的影响，这种做法为已有偏宏观的犯罪研究增添了必要的微观传导机制支撑；同时，也为理解和化解发达地区犯罪率“集聚”，增添了一个更直接可操作的新政策思考方向。

其次，相比已有基于分省面板数据和国家层面的时间序列研究，本书第一次使用城市面板数据，数据加总层面更低，更少受到地区加总和平均偏误的困扰，也为我国转型期犯罪问题的实证研究，尤其是城市化进程中劳动力市场状况变化对地区犯罪率上升的影响，增加了一些新观察、新解读和新证据。

第三节　劳动力市场状况影响犯罪的机理分析

考虑到本章的重心是实证研究，接下来我们用一个简化的犯罪—劳动时间配置框架，讨论劳动力市场状况恶化对我国转型期刑事犯罪率上升的影响。

一、基准模型

在标准的犯罪—劳动时间配置模型里，一个初始财富为 A 的代表性个体 i 面临的典型时间配置问题是：合法市场收入为 $W_1(t_1)$，非法市场收入为 $W_i(t_i)$，非法活动以外生被发现概率 b 受到惩罚，惩罚的货币当量为 $F_i(t_i)$，代表性行为个体则分别在合法市场和非法市场上配置时间 t_1 和 t_i，最大化其预期效用，即求解 Max EU。

$$EU=(1-b)U(I_1)+bU(I_2)$$
$$I_1=A+W_1(t_1)+W_i(t_i)$$
$$I_2=A+W_1(t_1)+W_i(t_i)-F_i(t_i)$$
$$s.t.: \ t_i+t_1<T, \ t_i\geqslant 0, \ t_1\geqslant 0 \qquad (3-1)$$

式（3-1）中，T 为总时间约束，I_1、I_2 为代表性个体可能处于的两种收入状态。于是，以上预期效用最大化问题的一阶条件（FOC）可以表示为：

$$D_1=(1-b)U'_1(w_i-w_1)+bU'_2(w_i-w_1-f_i)=0 \qquad (3-2)$$

式（3-2）中，$w_1=dW_1/dt_1$、$w_i=dW_i/dt_i$、$f_i=dF_i/dt_i$ 分别为劳动者在合法市场、非法市场上的工资率及犯罪的边际惩罚。进一步，求解上述最优化问题的二阶条件，可得：

$$D_{11}=(1-b)[U''_1(w_i-w_1)^2+U'_1(dw_i/dt_i+dw_1/dt_1)]+b[U''_2(w_i-w_1-f_i)^2+U'_2(dw_i/dt_i+dw_1/dt_1-df_i/dt_i)]<0 \qquad (3-3)$$

为了保证以上二阶条件成立，我们必须进一步假定：①行为者为规避风险，即 $U''<0$；②代表性个体在两个市场上的时间配置满足边际报酬递减法则，即 $dw_i/dt_i<0$，$dw_1/dt_1<0$；③犯罪惩罚呈边际递增，即 $df_i/dt_i>0$。

注意到上述一阶条件实际上隐含定义了代表性个体符合预期效用最大化的劳动时间配置。因而，如果定义合法市场和非法市场的工资收入差距为 g，只考虑内点解的情况，则按照隐函数求导法则，工资收入差距对非法市场时间配置影响的比较静态可以表达为：

$$dt_i/dg=-(dD_1/dg)/(dD_1/dt_i)=-[(1-b)U'_1+bU'_2]/D_{11}>0 \qquad (3-4)$$

式（3-4）意味着，保持其他条件不变，合法市场和非法市场工资收入差距扩大将激励犯罪分子在非法活动中配置更多时间。类似地，求解非法活动的时间配置（t_i）对惩罚概率（b）上升的比较静态，可得：

$$dt_i/db = [U_1'(w_i - w_1) - U_2'(w_i - w_1 - f_i)]/D_{11} \tag{3-5}$$

由于代表性个体预期效用最大化问题的一阶条件可以移项整理为：

$$U_1'(w_i - w_1) = b[U_1'(w_i - w_1) - U_2'(w_i - w_1 - f_i)] > 0 \tag{3-6}$$

所以，非法劳动市场的时间配置对惩罚概率上升的比较静态应该为：

$$dt_i/db < 0 \tag{3-7}$$

这个发现和 Becker（1968）的刑罚威慑模型的推论保持一致，即犯罪被发现概率上升，将威慑潜在犯罪分子在非法市场中减少时间配置。

二、劳动力市场状况与犯罪供给

进一步考察犯罪—劳动时间配置模型的角点解情况。对代表性个体预期效用最大化问题的库恩—塔克条件展开分析，不难发现，潜在犯罪分子在非法市场上配置时间的临界条件是，第一个单位时间在非法市场上的预期工资收益应当超过合法市场的工资率，否则代表性个体将不在非法市场上配置时间（$t_i = 0$）。因而，临界工资率条件可以表达为：

$$(1 - b)w_i + b(w_i - f_i) > w_1 \tag{3-8}$$

式（3-8）意味着，随着合法市场工资率下降，市场中将有更多个体符合进入非法市场的条件。然而，值得注意的是，非法市场的工资率实际上不可观测。但是，Ehrlich（1973）曾指出，就侵财犯罪而言，犯罪侵犯对象往往是高收入人群，而实施犯罪的是低收入群体。所以，市场中高收入群体的工资收入可以作为非法市场工资率的代理变量。这样一来，作为劳动力市场状况重要表征的工资收入差距扩大，一方面，意味着潜在犯罪分子合法市场工资率下降，非法市场工资率上升，激励犯罪分子在非法活动中配置更多时间；另一方面，工资收入差距扩大也意味着进入犯罪市场的临界工资率上升，将有更多个体选择进入非法市场。前者是时间配置模型中常见的相对工资率变化引致的替代效应，后者是规模效应。两者共同作用使得犯罪供给增加，宏观犯罪率上升。最终，市场层面加总的刑事犯罪率将是非法市场临界工资率以下的每个个体非法劳动时间配置 t_i^* 的累积加总。

第四节　数据、变量与计量分析策略

第三节对劳动力市场状况影响犯罪率的机理做了解释，本节讨论两者关系实证研究所使用的数据、变量及计量分析策略。

一、计量模型与分析策略

按照犯罪经济学实证研究的惯例，本书接下来基于如下计量模型，讨论劳动力市场状况对刑事犯罪率上升的数量影响。

$$Crime_{it} = \beta Wagegap_{it} + X_{it}\gamma + Y_t + City_i + \varepsilon_{it} \quad (3-9)$$

式（3－9）中，因变量 $Crime_{it}$ 是第 i 个城市 t 年的刑事犯罪率。$Wagegap_{it}$ 代表城市 i 在 t 年的劳动力市场状况，是实证研究关注的核心变量。X_{it} 是城市层面的其他控制变量向量，具体包括刑罚威慑、人口结构和经济社会发展水平的相关变量；$City_i$ 代表城市固定效应；Y_t 代表年份固定效应，我们也把 Y_t 设定为年份趋势变量以作为基准回归的一个稳健性分析。依惯例，ε_{it} 是满足 i. i. d 假定的白噪声项。除了年份虚拟变量、城市固定效应和一些本身为百分比度量的变量，我们对式（3－9）左右两边的变量都做了对数变换，所以得出的估计系数可以简便地解释为弹性。

通常，基于横截面数据对犯罪供给方程式（3－9）进行简单的 OLS 估计，并不能得到劳动力市场状况影响刑事犯罪率的一致估计量。这是因为，一方面，一些不可观测的影响地区犯罪率的异质性因素，可能和地方劳动力市场状况或刑事犯罪率相关，从而出现典型的不可观测的异质性或遗漏变量偏误；另一方面，改革开放以来，我国刑事司法领域时常进行政策调整，例如著名的“严打”运动，这些政策调整可能会使刑事犯罪统计出现异质性变化，而且刑事犯罪和执法威慑相关变量本身也可能受到诸如“统计保护”、“统计黑数”等度量误差的困扰。有鉴于此，和国际犯罪经济学实证研究领域的主流做法保持一致，本章实证研究将基于一个全新的面板数据，利用固定效应模型讨论劳动力市场状况恶化对刑事犯罪率上升的数量影响，并重点对犯罪供给方程估计中的典型内生性问题展开讨论。

具体计量分析策略方面，就不可观测的异质性和遗漏变量而言，我们一方面在犯罪供给方程中加入更多文献提到的影响地区刑事犯罪率变化的重要控制变量，缓解地区层面可观察的异质性因素的困扰；另一方面，我们在基准回归设定中控制了每个地区层面的虚拟变量，固定效应模型的组内变化能够处理掉那些地方特色且随时间缓慢变化的影响因素。就刑事犯罪相关变量的度量误差和刑事政策调整造成的异常冲击来说，我们的策略是在地区固定效应模型分析的基础上，加入每个年度的时间虚拟变量进行控制；由于诸如“严打”或政策调整类变化往往是“至上而下”的统一调整，所以年度虚拟变量可以很好地捕捉这种时间维度的异常冲击；而同时控制地区和时间维度的固定效应，事实上也有助于缓解那种地区层面由于报案登记习惯等造成度量误差；另外，我们也尝试利用更多的替代性度量代替关键变量，或有选择地逐一舍去一些可疑的变量，对基准回归设定进行重复，观察主要回归结果是否受到影响。综上所述，本章实证研究的基准设定是双侧固定效应模型。

二、数据与变量定义

本章接下来的实证研究将基于2000~2008年全新的包含长江三角洲和珠江三角洲22个城市、一共192个观测点的非平衡面板数据①。和国内已有实证研究普遍采用的分省面板数据相比，这套数据的独特性和重要性至少体现在以下两点：①数据加总层次更低，一致性更好；②所应用的刑事犯罪率定义和刑罚威慑变量定义更契合国际研究惯例。本书所使用的刑事犯罪和执法威慑数据均来源于《长江和珠江三角洲及港澳台统计年鉴》（历年）和各个地方的年鉴。各城市其他经济社会变量的原始数据，均摘取自各省历年的统计年鉴。式（3-9）涉及的主要变量定义及统计描述情况如表3-1所示。以下对变量度量、构造及存在的问题做一些简要的讨论。

① 由于某些变量指标数据缺失，实际计量分析使用的样本数量略有差别。

表3－1　变量定义与统计描述

变量	观测值	定义与构造	均值	标准差
crime2	192	刑事犯罪率：每十万常住人口刑事犯罪立案数	714.55	267.99
rwagegap3	192	工资差距3：前三与末三行业平均工资之差	256.09	126.64
probcrack	192	破案率：当年破案数/立案数	0.46	0.13
probarst2	192	逮捕概率：刑事逮捕件数/破案数	0.40	0.19
density	192	人口密度	1247.52	814.00
urban	192	城市化率：户籍非农人口占总人口比重	0.46	0.21
unemploy	192	失业率：城镇登记失业率	3.14	0.69
rmale1524	192	年轻男性占比：15～24岁年轻男性占总人口比重	0.09	0.03
rgdp	192	人均实际GDP	324.75	147.75

注：工资收入差距和人均实际GDP均是价格平减过的值，基准年份为2000年。

和国际犯罪经济学实证研究的主流保持一致，本实证研究应用的刑事犯罪率定义为每十万人口的公安部门刑事犯罪立案数。该变量一个显而易见的缺陷是，未能对侵财和暴力犯罪进行区分，而两者的驱动因素可能有差别。但是，考虑到我国转型期侵财犯罪在总体刑事犯罪中占绝对比重，比例也一直比较稳定；而Fajnzylber等（2002）也曾指出，暴力犯罪往往伴随侵财目的，因而严格区分两者的意义可能比较有限。这个意义上，本章的加总刑事犯罪率定义，可以视为是主要反映了对侵财犯罪的影响。刑事犯罪率变量定义的另一个困扰是作为分母的地区人口变量的选择问题。由于户籍制度的影响，发达地区户籍人口和常住人口差别显著。显然，在这种情况下，利用户籍人口计算刑事犯罪率将导致地区刑事犯罪率被明显高估。对此，我们的做法是利用2000年普查数据及2004年开始逐年公布的城镇常住人口数，用线性插值法构造出城市的常住人口数，并以此作为基础计算城市每十万常住人口的刑事犯罪率，作为实证研究的因变量。为检查估计结果是否受这种犯罪率定义和构造的影响，我们分别使用外推法估算常住人口并计算的刑事犯罪率、每十万户籍人口的刑事犯罪率，以及分省面板数据计量分析中所采用的“不理想的”刑事犯罪率定义——每十万户籍人口逮捕数和起诉数[①]作为刑事犯罪率度量误差的稳健性检验。如果采用几个犯罪率的估计结果接近或可比，则说明我们的刑事犯罪率定义较少受到度量误差问题的困扰。

文献中一般用工资收入差距、低收入群体工资率或失业率，作为劳动力市场状况的度量指标。本章的计量分析对这三类指标都做了考察，但在具体分析中我们重点考察国内已有研究关注较少的行业工资收入差距。之所以没有把分析重心放在失业率指标上，我们的考虑有以下两点：①Macan 和 Bali（2010）曾指出，长期来看，失业率指标波动幅度较小，而且往往和其他影响犯罪率的经济指标的影响混合在一起，需要做较为复杂的工具变量估计等处理；②具体就我国现行官方公布失业率而言，已有的共识性判断是城镇部门登记失业率并非城市劳动力市场状况的良好度量；而且，在犯罪问题实证研究方面，章元等（2012）已经对此做了较充分的讨论，因而，虽然我们的计量分析也包括了失业率指标，但并不将其作为分析重点。

具体行业间工资不平等指标的构建方面，我们利用平减后工资最高的三个行业的平均工资，减去除了农林牧渔以外的工资最低的三个行业的平均工资，将其作为基准的行业工资收入差距度量（rwagegap3）。考虑到这个度量指标可能还是不能全面反映劳动力市场状况，我们进一步构建了另外两个行业工资收入差距指标作为补充，分别是平减后的最高工资行业的平均工资减去除了农林牧渔以外的最低工资行业的平均工资（rwagegap1），以及不同行业平均工资收入对数的标准离差（Standard Deviation of Log）。最后，除此之外，计量分析中，我们还使用工资收入最高、最低三行业平均工资的相对比值（wageinequa3），最高行业平均工资和最低行业平均工资之比（wageinequa1），以及行业实际平均工资收入等指标作为劳动力市场状况的补充度量，也将其作为一项稳健性分析，考察主要回归结果是否受到工资收入差距指标择取的影响。根据第三节的机理分析，我们预期工资收入差距扩大，对刑事犯罪率上升有正向影响。

犯罪供给方程的其他控制变量方面，和分省面板数据分析中应用间接的人均公检法支出不同，我们用直接的刑事犯罪破案率（Probcrack）作为

① 由于数据可得性限制，使用每十万人口刑事逮捕率和刑事起诉率作为刑事犯罪率的代理变量是我国犯罪问题已有分省面板数据计量分析中的一种惯例。这种不理想的刑事犯罪率定义显而易见的缺陷是，在刑事犯罪率较低的“严打”年份，逮捕和起诉比例较高，刑事犯罪率出现虚高和扭曲的现象。

惩罚概率（b）的度量，我们也进一步利用逮捕及起诉概率（Cprobarst）、五年及以上的重刑判罚概率（Cprobhrd）度量惩罚严厉程度。和威慑假说保持一致，我们预期惩罚概率和严厉程度上升将显著威慑刑事犯罪。人口结构变量方面，一般来说，年轻男性占比越高，犯罪率越高，由于缺乏逐年的人口结构统计数据，依惯例我们基于2000年和2010年两次普查的人口结构数据信息，利用线性插值法构建了15~24岁年轻男性在总人口中的占比变量。城市经济社会变量的异质性方面，我们还进一步控制了城镇化率（Urban）、人口密集度（Density）和人均实际GDP（Rgdp）。和城市犯罪领域的文献相一致，我们预期城镇化率提高和人口密集度增加，均意味着更多人口在城镇部门聚集犯罪率上升。最后，由于人均实际GDP同时捕捉了地区相对富裕程度和平均收入水平，两者对刑事犯罪的影响方向相反，其对犯罪率的影响需要计量分析作进一步确定。

第五节　计量分析结果

本部分计量分析结果的呈现逻辑如下：我们先报告基准回归，讨论不可观测的异质性和遗漏变量等因素对犯罪供给方程估计的影响；接着，考察不同犯罪率度量以及劳动力市场状况指标对基准回归的影响。之后，我们讨论方程形式设定和样本依赖等其他内生性问题。

一、基准回归

表3-2为基准回归的结果。其中，第（1）列省略了其余控制变量，与第（2）列、第（3）列构成对比，呈现可观测的异质性、年份固定效应及地区固定效应对估计结果的影响。第（4）列用时间趋势变量代替年份虚拟变量，观察核心估计结果是否有变化。第（5）列去除了构造并不理想的人口结构变量，第（6）列、第（7）列则进一步控制了惩罚严厉程度。

就我们关心的劳动力市场状况变量——工资收入差距而言，在所有的估计方程设定中均显著为正，本章理论分析的预测初步得到验证和肯定。地区层面可观测的异质性对犯罪供给方程估计也有显著影响。第（1）

列~第（3）列，不仅方程整体拟合系数显著提高，劳动力市场状况变量前面的估计系数也从0.225下降到0.167，并从不显著变得显著。第（2）列和第（3）列的对比表明，忽略地区层面不可观测的异质性因素，使得劳动力市场状况对犯罪率的影响被高估。第（4）列把基准回归第（3）列中的时间固定效应控制替换成为年份趋势变量后，劳动力市场状况和其他控制变量的估计比较接近或可比，而第（4）列中方程总体拟合系数略低，所以我们倾向于认为第（3）列的估计结果比较稳健，年份固定效应控制要优于年份趋势变量。最后，第（6）列和第（7）列的对比，再一次肯定了城市层面可观测异质性控制的重要性，加入完整的人口结构变量和经济社会变量控制后，劳动力市场状况对刑事犯罪率增加的影响从0.307下降到0.198。虽然，由于加入惩罚严厉程度的控制，样本显著缩小，但是第（3）列和第（7）列的对比显示，主要变量的估计系数和显著程度都维持不变或可比，这再次肯定了第（3）列基准回归结论的稳健性。

表3-2 劳动力市场状况影响刑事犯罪的基准回归

控制变量	因变量=log（crime2）						
	(1)	(2)	(3)	(4)	(5)	(6)	(7)
工资差距3	0.225 (0.206)	0.261*** (0.087)	0.167** (0.077)	0.197** (0.072)	0.205** (0.080)	0.307** (0.123)	0.198* (0.100)
破案率		-0.693*** (0.094)	-0.769*** (0.068)	-0.773*** (0.069)	-0.761*** (0.072)	-0.772*** (0.078)	-0.811*** (0.058)
逮捕概率		-0.499*** (0.061)	-0.759*** (0.064)	-0.718*** (0.058)	-0.695*** (0.041)	-0.755*** (0.082)	-0.839*** (0.081)
失业率		0.185*** (0.058)	0.057 (0.034)	0.024 (0.030)	0.061** (0.028)		0.092** (0.034)
人口密度		-0.125** (0.054)	0.100** (0.041)	0.117** (0.042)	0.132*** (0.045)		0.091** (0.039)
城市化率		-0.024 (0.082)	0.184* (0.105)	0.201** (0.087)	0.206 (0.127)		0.061 (0.151)
年轻男性比例		0.359*** (0.134)	-2.079** (0.825)	-1.844** (0.823)			-2.445*** (0.707)

续表

控制变量	因变量 = log（crime2）						
	(1)	(2)	(3)	(4)	(5)	(6)	(7)
人均实际 GDP		0.363*** (0.093)	0.053 (0.066)	0.040 (0.083)	0.004 (0.066)		0.045 (0.066)
年份趋势				0.036** (0.013)			
重刑率						-0.237*** (0.076)	-0.209** (0.076)
常数项	5.388*** (0.947)	3.386*** (0.626)	-2.134 (2.030)	-1.608 (2.069)	3.037*** (0.311)	3.268*** (0.558)	-3.325* (1.869)
观测值	198	192	192	192	192	127	121
R^2	0.182	0.596	0.814	0.760	0.789	0.806	0.863
截面数	22		22	22	22	18	18

注：(1) 依惯例，***、**、*分别代表在1%、5%、10%的置信水平上保持显著；
(2) 估计系数下方是经过异方差稳健性调整过的标准误；
(3) 表中报告的是固定效应模型的总体拟合系数；
(4) 除了第（2）列未控制地区固定效应，第（4）列用年份趋势变量取代年份虚拟变量控制，所有列均同时控制了城市和时间固定效应；
(5) 由于刑罚威慑统计数据缺失，不同方程设定中估计的样本量有所差别。

其他控制变量方面，第（3）列基准回归的估计结果显示，惩罚概率提高显著威慑了刑事犯罪，其中，破案率和条件逮捕概率的提高对犯罪率的弹性分别为-0.769和-0.759，这个估计结果在Levitt和Miles（2008）概括的主流刑罚威慑弹性的取值区间（-0.3～-1.1）内。刑罚威慑弹性方面，第（7）列的估计提示我们惩罚概率（Probability）提高的弹性要明显大于惩罚严厉程度（Severity）的弹性，后者仅为-0.209，这个发现与刑罚威慑实证研究的结果相一致，即惩罚概率的刑罚威慑弹性通常大于惩罚强度。作为劳动力市场状况衡量的另一个指标——失业率，对犯罪率的影响为正但不显著，可能的原因是我国现行城镇登记失业率并没有很好地捕捉城市劳动力市场的失业状况；或者失业率的影响已经体现在其他经济周期变量中。和预期一致，城镇化人口集聚和流动人口增加都显著增加了犯罪率。但是，令我们感到有些费解的是，当地15～24岁年轻人口在总人口中的比重为负并显著，这与国际研究大多发现该变量对犯罪率的影响为正不一致。对此，我们认为，一个可能的解释是，所应用的人口结构变量的构造并不理想，存在度量误差。第（5）列中，我们将人口结构变量去除后重复了第（3）列的估计，结果显示：包括劳动力市场状况在内的主要变量估计系数及显著程度大多不变或可比，这意味着虽然人口年龄结构变量的度量误差对其系数的正确估计产生影响，但是这并没有对本书主要发现构成根本挑战。最后，可能正是同时度量了地区的相对繁荣程度和部分捕捉了犯罪的机会成本，综合起来，人均实际 GDP 对犯罪率的影响为正但并不显著。

二、变量的度量误差问题

我们从以下两个方面检验基准回归是否对核心变量的度量误差保持稳健。

（一）刑事犯罪率的度量误差问题

刑事犯罪率的度量误差对计量分析结果有影响是犯罪问题实证分析经常提及的一个话题。理论上，形成度量误差的一个重要原因是不同时点、不同地区的犯罪报案率有差别。就本章的实证分析而言，我们认为：①由于基准回归同时控制了时间维度的冲击和地区固定效应，因而即便某地区报案率具有地方色彩，或者 2001 年的“严打”使得犯罪率存在异常波动，这种地区层面的报案率系统性差异和时间维度的统一截面冲击对基准回归结论的冲击也应当较为有限；②我们也采用其他刑事犯罪率的度量指标，例如应用不同的常住人口构造和户籍人口数计算了新的刑事犯罪率，以及分省层面普遍使用的刑事逮捕率和起诉率作为刑事犯罪率定义，对基准回归做了重复，如果不同刑事犯罪率构造作为因变量得到的估计结果比较接近或可比，那说明基准回归结果较少受到刑事犯罪率度量误差的影响。

表 3 - 3 是应用不同刑事犯罪率构造重复基准回归的结果。其中，第（1）列应用户籍人口定义的刑事犯罪率重复了表 3 - 2 第（3）列的估计，第（2）列进一步控制了惩罚严厉程度，重新估计了表 3 - 2 的第（7）列。相对应地，运用第二种常住人口计算方法构造的刑事犯罪率的估计结果则分别报告在第（3）列～第（4）列。令我们感到放心的是，虽然户籍人口显著低于常住人口数，导致地区刑事犯罪率虚高，使得劳动力市场状况对

犯罪率影响的估计系数明显增大，但是第（1）列~第（4）列工资差距变量前的估计系数均显著为正，且大体上和表3－2第（3）列的估计接近可比。再者，我们同样也使用刑事逮捕率和刑事起诉率对基准回归做了重复。虽然由于这种犯罪率定义自身的问题①，刑罚威慑变量方向与预期不一致，但是在不同方程形式设定下，劳动力市场状况影响刑事犯罪率的估计仍旧显著为正②。这些意味着，我们之前基准回归的结果应该较少受到度量误差的影响，比较稳健。表3－3各列中其他控制变量估计系数的方向和显著性，大体和表3－2接近，限于篇幅，这里不再展开。

表3－3　应用不同刑事犯罪率构造重复基准回归

控制变量	因变量 = log（crime3）		因变量 = log（crime2）	
	（1）	（2）	（3）	（4）
工资差距3	0.306***	0.309***	0.186**	0.189*
	（0.060）	（0.077）	（0.079）	（0.099）
破案率	－0.852***	－0.881***	－0.763***	－0.815***
	（0.052）	（0.057）	（0.070）	（0.057）
逮捕概率	－0.789***	－0.883***	－0.763***	－0.842***
	（0.064）	（0.080）	（0.059）	（0.081）
重刑率		－0.142**		－0.189**
		（0.058）		（0.073）
失业率	0.033	0.078**	0.040	0.093***
	（0.033）	（0.030）	（0.036）	（0.032）
人口密度	0.089**	0.076*	0.102**	0.087**
	（0.036）	（0.037）	（0.040）	（0.040）
城市化率	0.249**	0.204	0.200*	0.061
	（0.089）	（0.123）	（0.110）	（0.148）
年轻男性占比	－1.594*	－1.763**	－1.816**	－2.383***
	（0.890）	（0.668）	（0.851）	（0.728）

① 一定程度上，正是刑事犯罪率定义有问题，国内基于分省面板数据的犯罪问题的实证研究，往往得出刑罚威慑增加，犯罪率反而上升的“奇怪”结论。

② 限于篇幅，我们并没有报告这种“有问题”的刑事逮捕率和起诉率作为因变量的回归，如有需要请联系笔者，核心的劳动力变量系数对犯罪率的弹性分别为0.296和0.156，分别在95%的置信水平上保持显著。

续表

控制变量	因变量 = log（crime3）		因变量 = log（crime2）	
	（1）	（2）	（3）	（4）
人均实际 GDP	-0.009 （0.051）	-0.018 （0.046）	0.060 （0.062）	0.058 （0.066）
常数项	-0.861 （2.191）	-1.230 （1.593）	-1.539 （2.107）	-3.146 （1.905）
观测值	192	121	191	120
R^2	0.854	0.884	0.827	0.867
截面数	22	18	22	18

注：（1）表格技术性说明同前，所有列均同时控制了年份和城市固定效应（如无特殊说明，下同）；

（2）由于犯罪率和刑罚威慑数据的残缺，采用不同犯罪率定义时，估计数据样本大小略有差别。

（二）劳动力市场状况指标的度量误差问题

控制变量度量误差对估计结果也可能有影响。对此，我们的处理方法是应用更多类似的劳动力市场状况指标对基准回归结果进行重复估计。这种做法之下，我们实际上也可以更详细地考察多种劳动力市场状况指标对刑事犯罪率的影响，相关回归结果报告如表 3-4 所示。

表 3-4　应用不同劳动力市场状况指标重新估计基准回归

控制变量	因变量 = log（crime2）						
	（1）	（2）	（3）	（4）	（5）	（6）	（7）
工资差距 1	0.099* （0.051）						
工资差距比 3		0.290** （0.119）	0.249** （0.092）				
工资差距比 1				0.158** （0.073）	0.084* （0.042）		
工资对数离差						0.926*** （0.293）	0.933*** （0.289）

续表

控制变量	因变量 = log（crime2）						
	（1）	（2）	（3）	（4）	（5）	（6）	（7）
实际最低工资3		0.133 （0.148）					
实际最低工资1				0.132 （0.101）			
实际平均工资			-0.118 （0.219）		-0.101 （0.222）		-0.097 （0.214）
观测值	192	192	192	192	192	192	192
R^2	0.811	0.815	0.814	0.813	0.809	0.816	0.817
截面数	22	22	22	22	22	22	22

注：（1）表格的技术说明同前；

（2）表中省略的其他控制变量同表3-2第（3）列。

和基准回归中应用的前三个和末三个行业的平均工资收入的绝对差距不同，第（1）列我们用工资最高和最低的两个行业工资差距作为劳动力市场状况的度量；第（2）列~第（3）列则使用工资收入差距的相对比值作为劳动力市场收入不平等的度量，同时我们分别控制了平均工资最低的三个行业的实际平均工资，或者城镇平均工资作为相对工资收入差距的基数，对基准回归结果做了重复；而第（4）列~第（5）列则是应用最高、最低工资的两个行业的相对工资收入差距指标，重复了第（2）列~第（3）列的估计；最后，第（6）列~第（7）列中，我们应用行业工资收入对数的标准离差作为行业总体工资收入差距的度量，对基准回归做了重复，其中第（7）列则进一步控制了城市部门的平均工资。

总的来看，尽管由于不同工资不平等指标的均值大小存在差别，使得估计系数的绝对数值上有差别，但是第（1）列~第（7）列，不同工资收入差距指标前的估计系数均显著为正，这再一次印证了基准回归的判断，即以工资收入差距扩大为表征的劳动力市场状况恶化，是刑事犯罪率上升的重要原因。值得注意的是，由于平均工资收入提高不仅反映了潜在犯罪收益增加和绝对收入差距扩大，同时也捕捉了犯罪的机会成本上升，所以综合来看，该变量对犯罪率上升的影响并不确定。但是，第（3）列、第

(5) 列城镇平均工资收入（lrawage）高于最低工资前三行业的平均工资，对应的估计系数也从第（2）列、第（4）列的正变为负，这实际上从侧面验证了我们前面的观察，即不显著的平均工资变量和人均实际 GDP 同时捕捉了犯罪潜在收益和犯罪机会成本的共同影响。表 3 - 4 中，其余变量估计系数的大小及显著性均与基准回归接近或可比，此处不再展开。

三、更多劳动力市场指标控制与其余方程形式设定

除了劳动力市场状况指标度量误差的顾虑，我们还检查了基准回归是否受到方程形式设定及其他重要变量度量取舍的影响。表 3 - 5 的第（1）列 ~ 第（4）列分别显示应用不同组合的刑罚威慑变量对基准回归重复的结果，第（4）列进一步控制了刑事案件的条件审结概率。总的来看，虽然威慑变量系数略有调整，但劳动市场工资差距变量系数均保持显著，并与基准回归非常接近，说明基准回归结果比较稳健，较少受到刑罚威慑变量不同设定的影响。表 3 - 5 剩下的四列进一步应用其他设定对基准回归的稳健性做了检验。第（5）列用城镇实际可支配收入替代人均实际 GDP，第（6）列 ~ 第（8）列则直接使用实际平均工资最高的三个行业和实际平均工资最低的三个行业作为劳动力市场状况的变量控制，其中第（7）列同样舍去了年龄结构变量，第（8）列则利用常住人口规模作为城市规模的控制变量[①]。第（5）列的结果再次肯定了我们之前的猜测，即反映相对富裕程度的实际人均 GDP 不显著，是因为同时捕捉了收入水平上升的犯罪收益增加效应和犯罪机会成本上升效应。城镇部门实际可支配收入的系数显著为负，说明平均收入提升的犯罪机会成本上升效应超过了犯罪潜在收益增加的激励。另外，再次让我们对基准回归结果感到放心的是，第（6）列 ~ 第（8）列作为犯罪潜在收益表征的平均工资上升增加了犯罪的激励，而低收入群体聚集的低收入行业平均工资上升提高了犯罪的机会成本，犯罪率倾向于下降。

---

① 本章前期版本在交流时，也有人指出，教育变量可能也对犯罪率有影响。我们认为：一是在静态阶段的犯罪决策模型中，并不涉及人力资本积累，这时候教育变量对犯罪决策的影响实际上包含在收入变量中；事实上，如果要专门讨论教育和犯罪问题，需要在更合适的包含人力资本积累的动态框架进行讨论，如 Huang 等（2004），显然这已超出本书讨论范围。二是实证研究中，我们已经控制了大部分犯罪问题研究文献提示的地区层面的异质性，并且同时控制了所有城市和年份的固定效应，所以遗漏教育变量对核心估计结果带来根本性挑战或冲击的可能性很小。

表 3－5　更多劳动力市场指标控制与方程形式设定

控制变量	因变量＝log（crime2）							
	（1）	（2）	（3）	（4）	（5）	（6）	（7）	（8）
工资差距3	0.168 ** (0.079)	0.152 * (0.077)	0.148 * (0.075)	0.158 * (0.080)	0.212 *** (0.069)			
最高实际工资3						0.304 ** (0.115)	0.370 *** (0.121)	0.360 ** (0.139)
最低实际工资3						－0.174 (0.107)	－0.300 ** (0.142)	－0.220 ** (0.105)
破案率			－0.768 *** (0.059)	－0.396 *** (0.121)	－0.839 *** (0.086)	－0.790 *** (0.071)	－0.777 *** (0.065)	－0.773 *** (0.069)
逮捕率	－0.764 *** (0.048)	－0.755 *** (0.044)	－0.741 *** (0.063)	－0.418 *** (0.097)	－0.781 *** (0.069)	－0.763 *** (0.069)	－0.703 *** (0.048)	－0.747 *** (0.066)
审结概率				－0.383 *** (0.086)				
人均实际GDP	0.056 (0.066)	0.028 (0.065)	0.021 (0.065)	0.033 (0.065)				
居民实际收入					－0.215 * (0.119)			
常住人口数								－0.573 (0.354)
常数项	－2.199 (1.789)	－2.057 (2.073)	－1.916 (2.264)	－1.250 (2.022)	－0.327 (1.793)	－1.591 (1.761)	3.384 *** (0.721)	2.430 (2.478)
观测值	192	177	177	192	192	192	192	192
R^2	0.814	0.814	0.815	0.831	0.819	0.814	0.793	0.825
截面数	22	22	22	22	22	22	22	22

注：（1）各列省略的控制变量是失业率、人口密度、城镇化率、年龄结构；

（2）第（3）列～第（8）列应用的是条件逮捕概率2（逮捕案件数/总破案数）；第（1）列、第（2）列应用的是逮捕率（逮捕案件数/总立案数）。

四、其他内生性和样本依赖问题

除了关键变量的度量误差和方程形式设定以外，对基准回归结果可能构成不一致影响的因素，还包括某些变量的内生性问题及样本选择和依赖问题。虽然，由于关注点差异和数据可得性局限，我们无法逐一对可能存在内生性偏误的变量展开讨论，但是我们确实通过舍去可疑变量检查了基准回归的稳健性，相关结果如表 3－6 所示。其中，第（1）列去除了通常认为和犯罪率之间存在典型共时决定偏误（Simultaneous Bias）的刑罚威慑变量，第（2）列去除了不理想的失业率度量，第（3）列去除了城市化率，第（4）列则尝试加入滞后项缓解劳动力指标和犯罪率之间的共时决定偏误。总体上，除了第（1）列由于舍去刑罚威慑变量后样本异质性显著提高、标准差变大，使得劳动力市场状况变量的估计系数变得不显著，在所有估计中劳动力市场状况对刑事犯罪的影响均显著为正，且系数大小和基准回归维持可比。以上检验说明，虽然这些变量可能存在可疑的内生性问题，但基准回归估计较少受到这些内生性问题的冲击，结果比较稳健。

表 3－6　其他内生性问题

控制变量	因变量 = log（crime2）			
	（1）	（2）	（3）	（4）
工资差距 3	0.153 （0.193）	0.172* （0.088）	0.155* （0.077）	0.137* （0.071）
破案率		－0.771*** （0.075）	－0.747*** （0.071）	－0.679*** （0.083）
逮捕概率		－0.766*** （0.069）	－0.775*** （0.064）	－0.739*** （0.088）
人口密度	0.034 （0.051）	0.100** （0.041）	0.073 （0.045）	0.126** （0.046）
城镇化率	－0.102 （0.237）	0.198* （0.098）		0.002 （0.102）

续表

控制变量	因变量 = log（crime2）			
	（1）	（2）	（3）	（4）
年轻男性占比	-0.295 （1.476）	-2.110** （0.813）	-2.311*** （0.813）	-1.843** （0.824）
人均实际 GDP	0.460*** （0.123）	0.055 （0.065）	0.065 （0.060）	-0.067 （0.046）
失业率	0.092 （0.090）		0.044 （0.037）	0.058 （0.043）
犯罪率一阶滞后				0.244*** （0.072）
常数项	1.950 （3.734）	-2.070 （1.973）	-2.649 （1.984）	-2.518 （2.108）
观测值	192	192	198	170
R^2	0.297	0.809	0.811	0.839
截面数	22	22	22	22

注：回归结果的技术性说明同前。

基准回归结果是否对样本敏感方面，我们做了如下四个方面的检查：

首先，我们把样本分成大城市①和小城市两个子样本，对基准回归做了重复，对应的结果如表 3-7 前两列所示。

其次，由于“严打”可能对犯罪率统计有异常冲击，而不同地方 2001～2002 年“严打”开展的时间略有差别；有鉴于此，我们将 2001 年和 2002 年的观察点从回归样本中逐一删除，观察基准回归结果是否受到影响。另外，2008 年的经济金融危机对我国外向型经济的劳动力市场可能有异常冲击，因而我们也去除了当年的样本，这些估计结果分别如第（3）列～第（6）列所示。

再次，考虑到 2004 年我国官方统计才开始统一公布年度常住人口数量，

① 本书应用了一个简单的大小城市区分标准，将 2005 年常住人口超过 500 万人的归类为大城市，不足 500 万人的归类为小城市。按照这个区分标准，22 个样本城市中，大城市和小城市各占一半。

而2003年前后劳动力市场的有关统计中细分行业从16个调整到19个，虽然这两个问题事实上在控制了年份虚拟变量后应该得到较大的缓解和处理，但是这里我们还是将分析样本缩减到只包含2004年以后的样本点，将其作为一个样本依赖敏感性的检验。

最后，我们也使用隔一年的偶数年样本对基准回归结论进行了重复计算。这两项检查的结果如表3-7最后两列所示。除了第（1）列、第（2）列分别基于大城市和小城市样本，劳动力市场状况对犯罪率上升影响的估计有些差别以外，其余各列劳动力市场状况的估计系数和基准回归都显著为正，弹性系数分布在0.15~0.19，和基准回归结果比较接近。这个发现说明，我们之前的估计结果较少受到样本依赖问题的困扰。另外，值得注意的是，样本大城市的工资差距扩大对犯罪率的影响显著高于小城市，所估计的弹性系数接近小城市样本的2倍，这个发现一定程度上支持了我们对城市化进程劳动力影响犯罪的判断，即控制了劳动力市场工资差距、刑罚威慑等主要变量之后，工资收入差距扩大在大城市对犯罪率有更大的影响，这说明犯罪向发达地区大城市集聚，除了Becker（1968）提到的威慑和劳动力市场等传统因素，城市与犯罪文献提及的大城市社会交往、同群效应对区域犯罪率的放大效应也同时存在。

表3-7 样本依赖问题

控制变量	因变量 = log（crime2）							
	（1）	（2）	（3）	（4）	（5）	（6）	（7）	（8）
工资差距3	0.214*	0.113*	0.154*	0.187**	0.181**	0.148*	0.180*	0.168*
	(0.106)	(0.060)	(0.084)	(0.073)	(0.076)	(0.084)	(0.088)	(0.093)
常数项	-2.761	-0.324	-1.685	-1.421	-0.744	-0.260	-1.689	-2.038
	(3.070)	(2.446)	(1.773)	(1.997)	(1.615)	(1.821)	(3.264)	(1.774)
观测值	93	99	170	170	148	127	105	107
R^2	0.812	0.898	0.830	0.819	0.846	0.842	0.813	0.822
截面数	11	11	22	22	22	22	21	22

注：（1）其他控制变量方面和基准回归表3-2第（3）列保持一致；

（2）第（3）列、第（4）列、第（5）列和第（6）列分别去除了2001年，2002年，2001年和2002年以及2001年、2002年和2008年对应的观测点；

（3）除了失业率变量在有些设定下变得不显著，其他变量估计系数与显著性与表3-2的基准回归均可比。

五、小结与分解讨论

按照表3－2第（3）列的估计，工资收入差距每扩大1%，将导致刑事犯罪率平均上升0.167%。这个结果略低于国内已有研究总体收入不平等影响刑事犯罪率的估计，但是和Fagan和Freeman（1999）有关工资差距对侵财犯罪影响的弹性估计比较接近。基于这个估计弹性，我们也粗略计算了样本大城市和小城市刑事犯罪率差异，多大程度上可以由劳动力市场状况差别和刑罚威慑差异得到解释。按照户籍人口刑事犯罪率衡量，样本大城市的刑事犯罪率分别是同时期全国刑事犯罪率和样本小城市的约4倍和2.3倍。而如果按照常住人口计算，样本大城市刑事犯罪率有所下降，但是刑事犯罪率仍旧达到全国刑事犯罪率的2.2倍，是样本小城市刑事犯罪率的1.16倍。以上对比，一定程度上印证了大城市及发达地区犯罪率集聚的现象判断。一般认为，发达地区大城市刑事犯罪率高的原因包括：大城市集聚了更多非法获利机会，犯罪潜在收益更高；另外，大城市刑事犯罪人数更多，人口更加密集，犯罪受到惩罚的概率相应下降。解释因素方面，作为犯罪潜在收益度量的劳动力市场工资收入差距，样本大城市的实际工资收入差距比小城市平均高出25.09%。惩罚概率方面，按照刑事破案率度量，样本大城市犯罪被发现的概率比小城市平均约低8.3%。因而，按照表3－2第（3）列的弹性系数估计，样本大城市刑事犯罪率高于小城市，分别有大约26.18%和39.89%可以由大城市更高的犯罪潜在收益和相对低的惩罚概率得到解释。我们也用另一个劳动力市场状况指标——最高、最低行业工资收入差距及表3－4第（1）列的估计结果做了类似的计算，结果表明：劳动力市场工资收入差距大概可以解释23.17%的样本大城市刑事犯罪率相对小城市偏高的问题。

第六节 结论与政策启示

作为最大的发展中国家和正在全面崛起的大国，中国经济“增长奇迹”背后伴随的负面社会现象，正受到越来越多研究者和政策家们的关注和重视，也是中国下一步经济社会和谐发展亟须面对并妥善解决的重要环节和关隘。本书关注我国经济快速发展背景下的刑事犯罪率攀升问题。但和已有研究大多关注宏观收入差距的影响不同，我们探讨刑事犯罪的发达地区“集聚”和向外来人口“集中”背后的劳动力市场机制，并利用全新的东部发达地区的城市面板数据对此展开详细的实证分析。基于双侧固定效应模型的回归估计结果显示，工资收入差距每上升 1%，将导致刑事犯罪率平均上升 0.167%。我们还发现，就实证分析涉及的 2000～2008 年 22 个发达地区城市样本而言，样本大城市刑事犯罪率偏高，平均分别有大约 26.18% 和 39.89% 可以由大城市更高的犯罪潜在收益集聚以及相对更低的犯罪被发现概率中得到解释。以上估计结果对犯罪供给方程常见的不可观测的异质性、遗漏变量、关键变量的度量误差以及样本选择等内生性问题均保持稳健，因而对我国转型期刑事犯罪治理的公共政策制定存在相应的参考价值。

就当前我国新型城镇化发展道路而言，本章实证研究发现最直接的政策蕴涵是：新时期应当通过多样化的政策组合设计，着力改善并提升城市部门低收入群体在劳动力市场中的竞争力和生存状况，尤其要通过技能培训、在岗培训计划等方式，增强农村转移劳动力的人力资本积累提升边际产出，要打破劳动力市场的“二元”分割，实行平等就业制度，只有这样才能更好地发挥并兑现城镇化发展的要素集聚效益。作为已有文献的补充，本章提醒既有犯罪治理的公共政策应当充分注意城市劳动力市场传导机制，应当关注城市外来务工群体生存境况改善，这事实上也是呼应了中共十八大和十八届三中全会第一次在国家层面明确提出要加速推进农业转移人口的市民化，提升城镇化发展的质量。最后，结合我们的估计，就化解城市劳动力集聚的刑事犯罪率攀升问题，未来的研究还需要继续降低加总维度，探寻哪些劳动力市场政策更加有利于改善低收入群体竞争力，减弱他们参与非法市场的激励。

第四章　收入差距与刑事犯罪：基于不同犯罪类型的再考察

第一节　问题的提出

第三章基于发达地区的城市面板数据，对我国城市化进程中农业转移人口和农村转移劳动力向城镇集聚，所伴生的刑事犯罪率上升现象背后的劳动力市场传导机制，做了详细的计量分析。虽然，相比既有文献，不论所应用的刑事犯罪率定义和数据，还是使用更加丰富多样且加总层面更低的劳动力市场状况指标，第三章的实证研究实际上都做了一定的边际创新和有益拓展。然而，就犯罪治理的公共政策而言，已有研究似乎还遗漏掉一个重要的研究侧面。到目前为止，第三章有关劳动力市场状况影响犯罪的实证研究，并没有对不同犯罪类型做出区分考察，然而不同犯罪类型对激励变化的反应可能存在差异；并且，从更有针对性的犯罪治理政策设计制定来看，这种犯罪类型的差异性激励反应，也许并不能简单不加分辨地被“忽视”。

另外，由于数据所得限制，现有应用分省面板数据从实证研究视角，讨论我国经济社会转型期刑事犯罪问题的文献，也普遍没有对犯罪类型进行区分；而与此同时，和之前章节样本的缺陷相似，已有研究大体也都只涵盖了20世纪90年代以来的分省样本，对我国改革开放初期较为独特的20世纪80年代的样本基本没有过多涉及。值得注意的是，20世纪80年代初期，我国的市场化改革正在起步，传统社会纽带、价值元素的作用和市场逐利逻辑都存在相应的影响，因而在经济发展、社会转型和城市化方面，都呈现出许多过渡性的独特特征，犯罪参与背后的影响因素，可能也存在一些有别于市场化改革深入时期的“新”情况，值得进一步仔细审视和认真考察。然而，由于20世纪80年代我国劳动力市场的薪酬体系总体还是工资职级对应的计划体制占主导，因而有别于第三章对丰富多样劳动力市场变量的影响分别展开考察，本章的犯罪问题实证研究中，我们将分析重点放在总体收入差距对不同犯罪类型的差异化影响。

当然，除了基于不同犯罪类型，对第三章劳动力市场状况影响犯罪问题的实证研究做出补充性考察，本章以收入差距扩大影响我国经济社会转型期刑事犯罪率为研究主题，事实上也是呼应和进一步深化了国内现有法经济学实证研究领域，有关收入差距扩大导致刑事犯罪率上升的一系列文献讨论。改革开放38年以来，我国的经济建设取得了举世瞩目的成就，人民生活水平持续提高。但是，经济快速增长的同时，我国的收入差距持续扩大，1995年以来总体居民收入不平等的基尼系数，已经在0.4这一国际警戒线以上运行。收入差距持续扩大对我国经济社会和谐发展带来诸多不利的挑战。这其中，收入差距扩大对我国经济社会转型期刑事犯罪率不断攀升可能存在的影响，近些年开始受到越来越多研究者们的注意和重视。基于国家层级的加总数据，胡联合等（2005）首次运用现代计量经济学分析方法，对贫困和收入差距对我国刑事犯罪率攀升的影响展开初步的计量分析。之后，黄少安和陈屹立（2006）、陈春良和易君健（2009）以及吴一平和芮萌（2010）的一系列实证研究，将国内这一领域的讨论进一步推向深入。迄今为止，比较一致的判断是：收入差距扩大和城市部门劳动力市场状况的恶化是我国转型期刑事犯罪率攀升的重要原因。相应地，陈刚（2011）的研究指出，旨在改善低收入群体生存状况的社会福利支出增加对犯罪治理存在积极意义。

虽然，这些国内研究对我国转型期刑事犯罪率上升背后的收入差距因素做了积极的探索，也得出了一些有意义的政策建议；但是，毋庸讳言，相比国际文献，这个领域的国内研究还存在许多不足，有待进一步补充和拓展。本章尝试对此做出一些努力，我们对国内已有研究的边际推进和贡献主要体现在：使用全新的浙江省20世纪80年代的县级面板数据对收入差距和刑事犯罪率的数量关系展开详细的计量分析；和已有研究普遍没有区分犯罪类型不同，我们将实证分析的重点聚焦在收入差距扩大对不同犯罪类型可能存在的差异性影响上，并讨论其对犯罪治理存在的不同政策蕴涵。

事实上，不同犯罪类型的区分分析，在国际主流犯罪经济学实证研究文献中受到普遍重视；许多时候被视为是检验和区分不同犯罪理论假说的重要判别依据。除了第一节，本章余下内容的安排如下：第二节梳理收入差距扩大对犯罪率影响的理论和实证研究文献，并在此基础上说明本书的创新所在；第三节讨论计量分析的模型设定、变量定义、数据来源和方法论；第四节报告实证分析结果；第五节讨论主要回归结果的稳健性问题；第六节是本章总结并讨论相关实证研究发现的政策蕴涵。

第二节　文献梳理与创新[①]

收入差距对犯罪的影响一直是犯罪社会学和犯罪经济学研究的重要课题。理论方面，众多犯罪社会学和犯罪经济学假说都肯定了收入差距扩大将导致犯罪率上升，但是所主张的传导机制和犯罪类型影响方面存在差别。总体上，犯罪社会学的解释立足于社会环境对个体行为的型塑，强调收入差距、贫困化引发的社会失序、混乱、紧张以及犯罪亚文化滋生导致对抗性社会心理或“相对剥夺感”的上升，于是作为不满情绪表达的暴力犯罪增加。与此不同，Becker（1968）开创的犯罪经济学，注重从逐利因素和个体理性选择视角理解犯罪现象，认为收入差距扩大改变了犯罪参与的激励结构，侵财犯罪增加。这个研究视角下的早期模型主张收入差距扩大通过非法市场劳动工资率上升、合法市场工资率下降的替代效应，使得犯罪分子在非法劳动中分配更多的时间，宏观犯罪率上升；新近基于劳动搜寻和一般均衡框架的宏观犯罪模型，则强调收入差距扩大导致更多劳动者符合进入犯罪市场的“门槛工资条件”，潜在犯罪供给规模增加，犯罪率上升。

与理论方面相对“一致”的预测不同，有关收入差距与犯罪关系的经验研究存在分歧。总体上，早期不论犯罪经济学还是社会学的实证研究，均基于发达国家的截面数据，大多发现收入差距、贫困与犯罪率显著正相关。然而，由于基于截面数据的计量分析可能存在不可观测的异质性问题，

① 更详细的文献概览，请参考陈春良和史晋川：《收入差距、劳动力市场状况与犯罪研究动态》，《经济学动态》2011 年第 8 期。

从而导致估计结果出现偏误，因而，早期研究结论的稳健性受到质疑。于是，20 世纪 90 年代以来，利用面板数据技术控制犯罪供给方程中不可观测的异质性并处理相关内生性问题，成为这个领域实证研究的主流。现今，有关收入差距扩大对犯罪影响的估计，虽然已经得出较为稳健的结果，但是研究结论并不一致。后续研究的分歧尤其体现在：收入差距扩大影响侵财犯罪还是暴力犯罪；旨在改善低收入群体收入状况的公共政策，又在多大程度上有利于犯罪率下降。另外，与早期研究主要关注发达国家不同，近些年世界银行的一系列研究开始重视发展中国家样本，并在经济增长和发展背景下阐释收入差距扩大影响犯罪的相关福利内涵。

国内研究方面，我国改革开放以来收入差距扩大所伴生的刑事犯罪率攀升问题近些年开始受到越来越多研究者们的关注。基于国家层级加总的时间序列数据，胡联合等（2005）、白雪梅和王少谨（2006）、黄少安和陈屹立（2006）以及王安和魏建（2009），均对此问题的实证研究做出了一定的探索和努力。但是，由于犯罪时间序列相对较短，而历次“严打”运动的影响和犯罪统计口径的调整，都使得变量序列的稳定性与结构变化成为问题，故回归结果的稳健性值得进一步探讨。最近，虽然也有国内研究开始注意利用分省面板数据，对诸如收入差距、流动人口、快速城市化、社会福利弱化、城市失业率，以及刑罚威慑等因素对我国转型期刑事犯罪的影响展开讨论，相关研究发现如表 4－1 所示。然而，令人感到遗憾的是，这些分省面板数据基本没有包括我国改革开放以来较为独特的 20 世纪 80 年代的样本。更为关键的是，由于数据可得性限制，已有分省面板数据的研究中，犯罪率定义均出自检察院口径加总的刑事逮捕或公诉数统计，缺乏犯罪类型细分，因而，无法就收入差距对不同犯罪类型的差异化影响做更为深入的考察，收入差距扩大被默认为只对侵财犯罪产生影响。

表 4－1　我国转型期收入差距与刑事犯罪的相关经验研究

论文	数据	收入差距	犯罪率	主要发现
胡联合等（2005）	TS：1978～2003 年	a、d、e	α、β、γ	正相关，未报告弹性
白雪梅和王少谨（2007）	TS：1981～2005 年	a、d	α、β、γ	半对数弹性 0.391$^{\alpha a}$、0.175$^{\beta a}$和 0.315$^{\gamma a}$
黄少安和陈屹立（2006）	TS：1978～2005 年	a、b、c、d	α、β、γ	1.744$^{\alpha a}$、0.935$^{\alpha b}$、2.24$^{\alpha c}$、1.482$^{\alpha d}$

续表

论文	数据	收入差距	犯罪率	主要发现
王安和魏建（2009）	TS：1981～2006 年	a	$\beta_{(诈骗)}$、$\gamma_{(伤害)}$	3.6～14.2
陈春良和易君健（2009）	PD：1988～2004 年	d	□	0.37
史晋川和吴兴杰（2010）	PD：1997～2007 年	d、e	□	半对数弹性 0.23～0.54
吴一平和芮萌（2011）	PD：1988～2007 年	d	□	至少为 0.187

注：（1）资料来源：各参考文献的相关数据表格；

（2）a——全国基尼系数、b——城市基尼系数、c——农村基尼系数、d——城乡收入差距（城乡收入比或分省基尼系数）、e——地区收入差距；

（3）α——加总的刑事犯罪率、β——侵财犯罪、γ——暴力犯罪、□——刑事逮捕率（或起诉率）；

（4）上标表示相应的弹性，例如，上标 αa 代表加总的刑事犯罪率对全国基尼系数的弹性；

（5）TS——国家层级的时间序列，PD——分省面板数据。

已有研究的这个默认判断，即收入差距扩大只对逐利型犯罪率上升有影响，与我国改革开放以来刑事犯罪率变化的典型事实也并不一致。图 4－1 描绘了 1981 年以来我国典型暴力犯罪（杀害、抢劫和侵犯人身犯罪）在总刑事犯罪中的占比，从中不难看出，暴力犯罪占比在不同时间段有较大的差异，20 世纪 80 年代暴力犯罪的增长速度明显快于总体刑事犯罪。本章接下来的实证研究将从以下两个方面对国内已有文献构成补充。

首先，基于面板数据分析技术，我们用全新的浙江省 20 世纪 80 年代的县级面板数据对收入差距影响犯罪率的关系展开定量分析。众所周知，20 世纪 80 年代我国的市场化改革刚起步，市场价格机制在经济生活中的影响开始显现，这个阶段城市化进程和人口流动对传统社会各种联系纽带也带来了相应的冲击，但是传统社会或前市场社会的行为模式和运行逻辑的影响仍旧存在，因而我们预期这个时期收入差距扩大等逐利因素对犯罪参与的影响，要小于 1990 年之后市场化改革日益深入的时期。与此相对应，犯罪社会学假说所主张的收入差距扩大导致社会异质性、紧张感增加，对暴力犯罪的影响不容忽视。

其次，和分省面板逮捕率数据普遍没有区分犯罪类型不同，我们实证研究所采用的犯罪率源于公安机关的刑事立案数，并存在不同的犯罪类型细分，因而可以对收入差距扩大影响暴力犯罪还是侵财犯罪这个犯罪经济学实证研究的重要主题进行更进一步的考察。

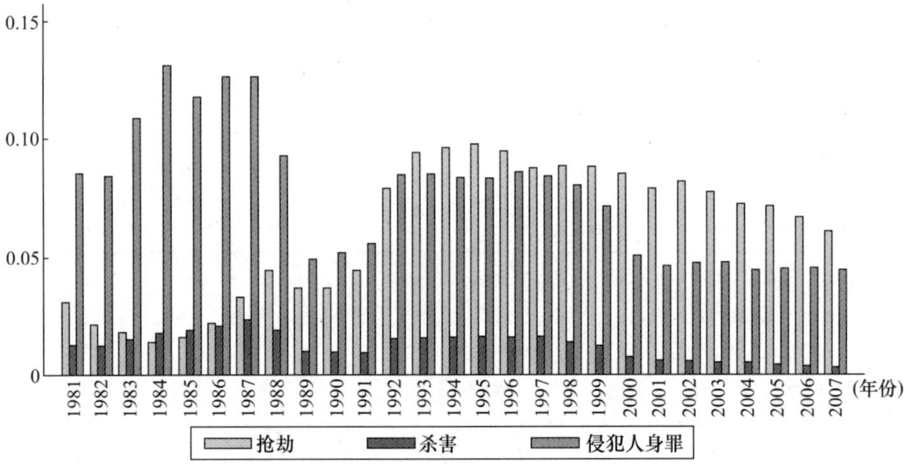

图 4－1　1981～2007 年典型暴力犯罪在总刑事犯罪率中的占比

注：(1) 每个年份的三个柱形从左到右依次是抢劫（Robbery）、杀害（Homicide）和侵犯人身犯罪（Crimes Against），侵犯人身犯罪包括标准犯罪实证经济学定义的杀害、人身伤害、强奸、抢劫、流氓、投毒、纵火、爆炸犯罪；

(2) 刑事犯罪率原始数据来源于《中国法律年鉴》（历年）。

第三节　数据与计量分析策略

第二节简单回顾了收入差距扩大影响犯罪的理论和经验研究文献，并在此基础上说明了本书的必要性和创新之处。基于 Ehrlich（1973）开创的收入差距与刑事犯罪的理论框架及相关扩展①，本节讨论犯罪经济学假说检

① Ehrlich（1973）首次在一个标准的犯罪—劳动时间配置框架下，推导了非法市场和合法市场工资收入差距扩大对犯罪参与影响的理论模型，并讨论了实证分析中非法市场和合法市场工资率差距对应宏观收入差距的问题。后续，Chiu 和 Madden（1998）以及 Burdett 等（2003）则直接从宏观收入分布入手，论证了收入差距扩大对宏观犯罪率上升的影响。现今，收入差距、劳动力市场状况与犯罪问题实证研究的主流文献，基本都是依循 Ehrlich（1973）和 Ehrlich（1996）有关犯罪市场问题的理论和实证研究框架。国内研究方面，陈春良和易君健（2009）结合我国转型期的相关典型因素，对 Ehrlich（1973）的基准模型做了扩展，以此讨论我国转型期收入差距扩大对刑事犯罪率攀升的影响。

验中标准犯罪供给模型对应的计量模型设定，以及相关数据来源、变量定义及计量分析策略。

一、计量模型和分析策略

一个标准的犯罪供给方程（Offence Supply）[①] 通常包括三个方面的解释变量：分别是表征惩罚概率（p）和强度（T）的执法威慑变量，度量劳动力市场状况的经济社会变量以及人口结构特征变量。结合我国经济社会转型期的实际情况，我们利用以下固定效应模型讨论收入差距扩大对刑事犯罪率上升的影响。

$$Cr_{it} = \alpha I_{it} + X'_{it}\beta + \gamma_i + Y_t + \eta_{it},\ i = 1,\ \cdots,\ N;\ t = 1,\ \cdots,\ T \qquad (4-1)$$

式（4－1）中，Cr_{it}表示第 i 个县第 t 年的刑事犯罪率；I_{it}表示第 i 个县第 t 年的居民收入差距，这是核心自变量；X_{it}为控制变量向量，代表影响犯罪行为的其他社会经济因素，包括人均收入水平、城市化率、刑罚威慑强度以及人口结构变量；γ_i 为县虚拟变量向量，控制县层面的固定效应；Y_t为年份虚拟变量向量，控制年份固定效应；η_{it}为误差项。为检验回归结果的稳健性，我们也把 Y_t 设为时间趋势，作为一项敏感性分析。除了虚拟变量，其余进入式（4－1）的变量我们均取了对数变换。

犯罪供给方程的估计中，常见的内生性问题的困扰包括：不可观测的异质性、遗漏变量、度量误差以及执法变量和犯罪率变量之间的反向因果或共时决定（Simultaneity）问题（Levitt and Miles，2008）。具体就式（4－1）的普通 OLS 估计来说，由于一些无法观测的地方性社会文化或地域制度差异，可能与当地犯罪活动密切相关，因而遗漏变量和不可观测的异质性因素将导致估计结果有偏误。对此，我们一方面通过增加县级层面的经济社会变量，控制可观测到的典型的异质性因素；另一方面，主要通过固定效应模型分析处理不可观测的异质性和遗漏变量问题。县级固定效应的组内变换（Within Group）将捕捉或极大缓解县级层面沿时间变化缓慢但影响当地犯罪率的特殊因素。

---

① 有关犯罪供给方程的标准设定，Ehrlich（1996）做了最为详细的理论总结，Ehrlich 和 Liu（1999）对犯罪经济学理论指引下的犯罪供给方程设定对计量分析结果的影响，做了进一步的澄清和解释。事实上，现今国际犯罪经济学领域里有影响力的相关实证研究，也都是使用这个“教科书”式设定。

另外，考虑到20世纪80年代我国公安部曾统一出台对刑事犯罪影响深远的“严打”政策，1989年又专门对刑事犯罪“立案不实”做了专门整治，以上两个刑事政策调整对犯罪率变量的度量误差都有明显的异质性影响，因而我们的固定效应模型分析中也控制了不同年份的时间虚拟变量。值得注意的是，由于“严打”运动和“立案不实”整改均是“自上而下”的执法政策性调整，因而，时间维度的固定效应可以捕捉并极大缓解这种县级截面相同，但影响时间维度的异常外生性冲击。针对具体刑事犯罪率变量的度量误差，我们也选用不同的刑事犯罪率指标定义对主要回归结果进行重复和对照分析。如果不同犯罪率指标的主要回归结果比较接近，则说明度量误差的影响比较有限。最后，针对执法变量和犯罪率之间存在的共时决定及反向因果问题，对收入差距影响犯罪率的估计可能造成影响，我们也尝试通过工具变量（IV）的2SLS方法进行相应的处理和讨论。综上所述，和收入差距与刑事犯罪问题的主流实证研究文献保持一致，我们计量分析中的基准设定是双侧固定效应模型（Two - way Fixed Effect Model），而计量分析部分所涉及的较为复杂的内生性问题，我们将在稳健性检验部分展开详细讨论。

二、数据来源与变量定义

本章接下来的计量分析基于1980~1989年浙江省31个县一共310个观测点的平衡面板数据。由于不是所有县都报告细分犯罪类型，因而针对不同犯罪类型的犯罪供给方程进行估计时，可以使用的子样本的数量将有所缩减。数据来源方面，刑事犯罪立案数和破案数的原始数据，都摘录自公开出版的地方公安志或公安年鉴，数据的严肃性和一致性有所保证；另外，为保证统计口径尽可能一致，分县经济社会变量的原始数据均摘录自《浙江60年统计资料汇编》。计量分析使用样本的统计描述和变量构建如表4-2所示，更详细的数据来源和相关说明见附录1。以下对变量的定义、构造以及可能存在的问题做一些简单的讨论。

由于受数据可得性限制，迄今为止国内基于分省面板数据的犯罪问题的实证研究中，刑事犯罪率被普遍“无奈地”定义为检察机关公布的刑事逮捕率和刑事起诉率。这种犯罪率定义存在两个重要缺陷。

首先，所度量的犯罪率高低和反映检察部门执法严厉程度的批准逮捕概率及移送起诉概率直接相关，于是，由于“严打”年份极高的起诉率和逮捕率，在实际犯罪率较低的“严打”年份将反而出现犯罪率“虚高”的假象，这样一来犯罪供给方程的估计将明显受到度量误差（Measurement Error）的影响。

其次，由于执法资源稀缺，一般只有较为严重的刑事犯罪才由检察部门移送起诉，因而刑事逮捕率和起诉率不仅无法准确度量刑事犯罪的实际发生规模，同时对刑事犯罪的实际构成也形成扭曲。

表 4－2　变量定义与统计描述

变量	观测值	定义	均值	标准差
crime1	310	刑事犯罪率：每十万人口的刑事犯罪立案数	86. 30	55. 35
clearrt	310	破案率：刑事破案数与总刑事立案数之比	0. 72	0. 09
scrime1	250	重特大犯罪率：每十万人口的重特大案件立案数	9. 98	11. 38
nscrime1	250	非重特大犯罪率：每十万人口的非重特大案件立案数	73. 89	48. 76
sclearrt	250	重特大案件破案率	0. 87	0. 11
nsclearrt	250	非重特大案件破案率	0. 70	0. 09
inequality1	310	收入差距＝城镇部门平均工资/农民人均纯收入	2. 55	0. 87
urban	310	城市化率：非农业人口占总人口的比重	0. 09	0. 04
sexratio	310	性别比：总人口中男性的比例	108. 33	3. 78
raverwage	310	城镇部门实际平均工资（1978＝100）	8. 34	4. 83

注：性别比为百分比，破案率和重特大案件破案率以及城市化率均为正常数值。

与这种分省数据的犯罪率定义不同，但是与国际主流犯罪经济学文献保持一致，本章实证研究的犯罪率（crime1）定义为每十万人口的公安机关刑事案件立案数。除了数据加总层面更低，更直接准确反映刑事犯罪的实际规模，我们所采用的刑事立案率的另一个重要优势是存在不同犯罪类型的细分，从而可以就收入差距对不同犯罪类型可能存在差异性影响展开详细的计量分析与检验。另外，和国际犯罪问题实证研究的惯例保持一致，我们计量分析使用的暴力犯罪定义（violent1）包括了1979年《中华人民共和国刑法》定义的杀人、伤害、强奸、抢劫、流氓、纵火、投毒和爆炸犯罪；侵财犯罪率（property1）为加总刑事犯罪率（crime1）与暴力犯罪率（violent1）之差。除了侵财犯罪和暴力犯罪，犯罪率定义中我们也区分了重特大案件犯罪率（scrime1）和非重特大案件犯罪率（nscrime1）；重特大案件犯罪主要由社会影响较为恶劣的暴力犯罪和超过一定金额的侵财犯罪构成。

本章实证研究部分应用的收入差距定义为城镇部门平均工资与农村人均纯收入之比。考虑到20世纪80年代工资收入是我国城镇部门居民的主要收入来源，城镇部门的平均工资是城镇部门可支配收入的理想代理变量。另外，虽然基尼系数是衡量居民收入差距更为理想的指标，但是由于缺乏县级层面统一的基尼系数①，我们只能选取各县级层面的城乡收入差距作为总体居民收入差距的代理变量。已有收入差距的相关研究表明，我国的城乡收入差距对全国总体居民收入差距具有很大的解释力；因此，采用城乡收入差距作为总体收入差距代理变量的做法，在应用分省或更低加总层次的面板数据研究收入差距影响的文献中非常普遍。

除了收入差距，犯罪供给方程式（4－1）中控制的其他变量包括破案率（Clearrt）、城镇部门实际平均工资（Raverwage，基准年份为1978年）、城市化率（Urban）和性别比（Sexratio）。结合犯罪经济学的相关实证研究文献，我们预期表征犯罪被发现概率（p）的刑事案件破案率上升，将威慑犯罪分子减少犯罪供给；城市化比重上升，意味着更多潜在获利机会的集聚，因而对犯罪参与有积极的激励效应。虽然，犯罪供给方程中最理想的人口结构度量变量是15~24岁男性在总人口中的比重，但是分县的年度人口统计中并没有报告具体的年龄结构指标，因而我们用总体性别比作为年轻男性比例的代理变量。最后，沿着Ehrlich（1973）的分析思路，方程式（4－1）中我们也控制了同样反映劳动收入状况的城镇部门的实际平均工资水平。然而，由于平均工资可以同时是非法活动获利和合法劳动所得的代理变量，并且两者对犯罪率的影响方向相反，因而城镇部门平均工资提高对犯罪率的影响并不确定，需要计量分析做进一步的明确。

① 我们也注意到吴一平和芮萌（2010）曾经基于居民收入调查的五等分组信息，利用简化的基尼系数计算公式计算分省层面的基尼系数，并以此回归收入差距对刑事犯罪率的影响。不可否认，这种探索性的做法有其合理性和相应的价值。但是就我们的研究所依赖的样本而言，分县层面上并没有这部分统计数据信息，因而收入差距度量上我们还是依循国内已有研究惯例，用城乡收入差距作为总体收入差距的代理变量。

第四节　计量分析结果

为了检验不可观测的异质性因素对犯罪供给方程估计的影响，计量分析结果报告中我们遵循从简单到复杂的原则，先逐步添加控制变量，并逐一控制地区固定效应和年份固定效应。另外，为了和已有研究结果形成对比分析，我们先重复了收入差距影响加总刑事犯罪率的基准回归，进而报告针对不同犯罪类型的估计。更为复杂的反向因果、共时决定等内生性偏误、样本选择等问题对回归结果影响的分析，我们集中放在第五节讨论有关回归结果的稳健性问题。

一、基准回归

表4－3显示了收入差距影响刑事犯罪的双向固定效应模型的估计结果。其中，第（1）列～第（5）列分别对比了普通OLS、单一维度的固定效应控制以及双向固定效应模型的估计结果。作为一项稳健性分析，第（6）列利用时间趋势代替时间虚拟变量对第（5）列的回归结果做了重复；为了体现“严打”年份犯罪率异常波动的影响，我们也在时间趋势方程设定中加入“严打”虚拟变量（sthd1）[①]。和我们之前的预测一致，忽略县级层面不可观测的异质性因素，将导致收入差距对刑事犯罪率的影响被显著低估：第（1）列～第（2）列，收入差距变量的估计系数从0.074增大到0.221，并且从不显著变为在10%的置信水平上显著。值得注意的是，第（4）列和第（5）列的对比则表明，时间维度的异质性冲击主要对刑罚威慑变量的估计有影响，相反，对收入差距影响犯罪率的估计的影响不大；控制年份虚拟变量以后，破案率变量的弹性系数下降了将近一半，从第（4）列的－1.527下降到第（5）列的－0.877，收入差距对刑事犯罪率的弹性从

① 由于“严打”运动开始于1983年8月中下旬，因而“严打”年份的虚拟变量定义为1984～1986年均为1，其余年份为0。更为复杂的“严打”虚拟变量设定，对执法威慑效应估计的影响详见第五章的讨论。

0. 218 略微降低到 0. 190。第（1）列和第（3）列以及第（2）列和第（5）列的对比表明，控制可观测的异质性因素对收入差距影响刑事犯罪率的估计有显著影响，控制可观测的异质性因素以后，回归方程的总体拟合优度显著提升，同时收入差距的系数估计也有明显变化。最后，令我们感到放心的是，虽然第（6）列控制时间趋势变量之后，回归方程的总体拟合优度有所下降，但是包括收入差距在内的主要变量的估计系数都与第（5）列非常接近，这表明第（5）列的估计结果比较稳健。因而，接下来我们主要基于第（5）列对主要变量的估计系数展开简单讨论。

表 4－3　收入差距与刑事犯罪的双向固定效应模型估计

变量	因变量：lcrime1（刑事犯罪率）					
	（1）	（2）	（3）	（4）	（5）	（6）
收入差距	0. 074 （0. 085）	0. 221* （0. 110）	0. 334*** （0. 087）	0. 218** （0. 099）	0. 190** （0. 082）	0. 214*** （0. 077）
破案率			－1. 398*** （0. 239）	－1. 527*** （0. 219）	－0. 877*** （0. 164）	－1. 424*** （0. 203）
性别比			－2. 104*** （0. 671）	－7. 126 （5. 119）	－2. 859 （2. 828）	－4. 002 （4. 020）
城市化水平			0. 481*** （0. 072）	0. 059 （0. 210）	0. 586** （0. 265）	0. 426 （0. 252）
平均工资			0. 069 （0. 089）	0. 320*** （0. 082）	－0. 128 （0. 115）	－0. 066 （0. 186）
年份趋势						0. 033 （0. 021）
“严打”哑变量						－0. 419*** （0. 021）
常数项	4. 261*** （0. 079）	4. 276*** （0. 095）	14. 439*** （3. 124）	36. 485 （24. 217）	19. 097 （13. 344）	23. 450 （19. 032）
年份固定效应	No	Yes	No	No	Yes	No

续表

变量	因变量：lcrime1（刑事犯罪率）					
	（1）	（2）	（3）	（4）	（5）	（6）
地区固定效应	No	Yes	No	Yes	Yes	Yes
时间趋势变量	No	No	No	No	No	Yes
观测数	310	310	310	310	310	310
拟合优度	0.002	0.656	0.227	0.262	0.726	0.509
观测截面数	/	31	/	31	31	31

注：（1）***、**、*分别代表在1%、5%、10%的置信水平上保持显著；

（2）括号内数字是组间异方差稳健标准误；

（3）固定效应模型中所报告的拟合优度（R－square）为总体（Overall）拟合优度。

表4－3第（5）列的估计结果表明，收入差距每上升1%，将导致加总刑事犯罪率平均上升0.19%。这个弹性系数略高于Fajnzylber等（2002）基于39个国家的跨国面板数据所估计出来的结果（其估计结果表明，暴力犯罪的代表——抢劫犯罪和谋杀犯罪对收入差距的弹性在0.1左右①），但是低于Kelly（2000）基于美国分县面板数据估计出来的暴力犯罪对收入差距的弹性（1.33），而与其估计出来的侵财犯罪对收入差距的弹性（0.15）比较接近；另外，这个估计结果也略低于陈春良和易君健（2009）基于我国1988～2004年分省面板数据的估计（0.37），同样普遍低于表4－1所列举的国内基于1990年之后样本的相关实证研究的估计。这些对比一定程度上支持了我们之前的研究预期，即相比市场化改革深入展开阶段，市场化改革刚起步的20世纪80年代，收入差距扩大等逐利因素对刑事犯罪率的影响还正在累积。

除了收入差距变量，影响20世纪80年代浙江分县市刑事犯罪率上升的重要因素还包括快速的城市化和执法威慑的减弱。我们的估计结果显示，惩罚概率的弹性为－0.877，这个估计结果也在Levitt（2004）所列举的代表性文献中刑罚威慑效应估计的弹性系数区间（－1.3～－0.1）；同样反映

① 后续Soares（2004）、Gibson和Kim（2008）在同样的框架内，进一步控制时间维度的异质性冲击，发现收入差距对谋杀和抢劫犯罪率的影响进一步减弱。

执法威慑程度的“严打”运动虚拟变量，对犯罪率下降有显著的影响；平均而言，“严打”期间加总刑事犯罪率下降了42%左右。城市化每上升1%，犯罪率平均上升0.586%左右。另外，平均收入水平上升有利于犯罪率下降，但可能正是由于城镇部门平均工资水平本身也可以是非法收入的代理变量，因而，平均收入水平上升导致犯罪率下降的影响部分被抵消甚至不太显著。最后，性别比的估计结果与我们的预期不一致，这可能是因为总体性别比并非年轻（15～24岁）男性人口的良好度量。由于这个变量不是本章讨论的核心，此处不再详细展开，后文回归结果稳健性讨论中，我们将进一步讨论该人口结构变量对我们估计结果的可能影响。

二、收入差距对不同犯罪类型的影响

许多文献都发现收入差距及刑罚威慑对不同犯罪类型存在差异化影响，这种犯罪类型上的差异信息对犯罪治理的公共政策制定和公共资源的合理配置异常重要。作为基准计量分析的补充，接下来我们对不同犯罪类型的犯罪供给方程进行估计，揭示收入差距扩大对我国经济社会转型期不同类型的刑事犯罪可能存在的差异化影响。

（一）重特大犯罪与非重特大犯罪

表4－4显示了区分重特大犯罪和非重特大犯罪的犯罪供给方程的估计结果。由于只有25个县报告了年度重特大犯罪，因而，表4－4总样本量为250个观测单位。其中，第（1）列和第（2）列分别是非重特大犯罪和重特大犯罪决定方程的估计结果；为了形成对比，我们也将相同观测子样本的加总刑事犯罪率的回归结果放在第（3）列。考虑到1983年末开始持续三年的“严打”运动对犯罪统计数据可能存在异常冲击，我们在表4－4第（4）列中将“严打”期间（1984～1986年）的样本去除，将其作为回归结果的一个稳健性分析。另外，之前的基准回归分析已经表明，忽略县级层面和时间维度可观测的异质性及不可观测的异质因素，都将导致犯罪供给方程的估计结果有偏误。有鉴于此，针对不同类型的犯罪供给方程的估计中，我们沿用了表4－3第（5）列的设定，即加入所有控制变量并同时控制分县固定效应和年份虚拟变量。

表 4 -4　收入差距对不同犯罪类型的影响

变量	非重特大犯罪率	重特大犯罪率	刑事犯罪率	刑事犯罪率
	(1)	(2)	(3)	(4)
收入差距	0.321***	0.413*	0.338***	0.340***
	(0.111)	(0.219)	(0.089)	(0.108)
性别比	-5.249*	0.931	-5.436*	-6.554**
	(2.908)	(4.626)	(2.834)	(3.142)
城市化水平	0.926***	0.760**	0.924***	1.088***
	(0.200)	(0.312)	(0.208)	(0.262)
平均工资	-0.047	0.076	-0.045	-0.041
	(0.103)	(0.121)	(0.084)	(0.099)
非重特大案件破案率	-1.022***			
	(0.148)			
重特大案件破案率		-0.669***		
		(0.230)		
破案率			-1.053***	-1.060***
			(0.157)	(0.162)
常数项	30.805**	0.196	31.983**	37.381**
	(13.483)	(21.647)	(13.237)	(14.459)
年份固定效应	Yes	Yes	Yes	Yes
地区固定效应	Yes	Yes	Yes	Yes
观测值	250	250	250	175
拟合优度	0.714	0.866	0.764	0.730
观测截面数	25	25	25	25

注：(1) 更详细的数据描述参见附录 1；

(2) ***、**、*分别代表在 1%、5%、10% 的置信水平上保持显著；

(3) 括号内数字是组间异方差稳健标准误；

(4) 固定效应模型中所报告的拟合优度（R - square）为总体（Overall）拟合优度。

首先，和基准回归的发现保持一致，表 4 -4 第（1）列、第（2）列和第（3）列的估计结果显示，收入差距扩大对刑事犯罪率上升的影响显著为正。其中，第（1）列和第（3）列的估计系数比较接近，而第（2）列收入差距前面的弹性系数最大。考虑到重特大犯罪（Scrime）主要由严重的暴力犯罪和一定数额以上的盗窃、诈骗及抢劫犯罪构成；因而，以上估计结果表明，至少就我们所分析的浙江省20世纪80年代的样本而言，收入差距扩大不仅导致获利机会增加、犯罪的机会成本下降、参与犯罪的激励上升；与此同时，收入差距扩大也让低收入群体感到“相对剥夺感”上升，从而通过暴力犯罪表达自己对现行分配秩序的不满，暴力犯罪率上升。从绝对数值来看，暴力犯罪对收入差距的弹性（0.413）甚至超过对加总刑事犯罪率的弹性（0.338）。沿着经典犯罪经济学及犯罪社会学有关侵财犯罪和暴力犯罪滋生原因及传导机理的理论解释，尽管由于缺乏数据，我们无法就更详细的传导机理进行辨析，但是以上估计结果似乎一定程度上肯定了这个阶段犯罪社会学预测的收入差距扩大导致犯罪率上升的社会异质性、紧张感和亚文化冲突等因素的影响不容忽视。我们的发现和Kelly（2000）基于美国县级面板数据的发现比较一致。另外，由于重特大犯罪在加总刑事犯罪率中所占份额较小，因而一定程度上表4－4第（1）列和第（3）列的主要估计结果均比较接近，也提醒我们，以上回归结果较少受到刑事犯罪率度量误差的影响。

其次，表4－4中，以惩罚概率为表征的刑罚威慑效应的估计结果显示，偏暴力的重特大犯罪的威慑弹性较小（－0.669）；相反，偏侵财的加总刑事犯罪（－1.053）和非重特大犯罪（－1.022）的威慑弹性均较大。这个估计结果和国际犯罪经济学实证研究的主流发现也保持了一致，即一般来说侵财犯罪对惩罚概率上升的反应较为敏感；相反，由于情绪冲动等因素的影响，暴力犯罪对惩罚条件调整的反应则相对被弱化。一定程度上，以上发现也从侧面肯定了表4－4的估计结果较为合理。

再次，令我们感到放心的是，表4－4第（3）列和第（4）列的对比表明，我们关于收入差距扩大对刑事犯罪率影响的估计结果，较少受到“严打”之类的时间维度异质性冲击的影响，估计结果比较稳健。

最后，表4－4各列主要控制变量的估计结果与表4－3类似，限于篇幅不再展开。

（二）暴力犯罪与侵财犯罪

为了进一步呈现收入差距扩大对不同犯罪类型的差异化影响，和国际犯罪经济学实证研究的主流做法保持一致，我们也在数据可得的基础上，将犯罪类型区分为暴力犯罪（Violent Crimes）和侵财犯罪（Property

Crimes），重复了表4－4的估计。由于数据可得性限制，只有部分县市报告了细分的犯罪类型，因而我们回归分析的样本量明显减少。区分暴力犯罪和侵财犯罪进行计量分析的另一个挑战是，暴力犯罪和侵财犯罪并没有完全对应一致的惩罚概率（p），这使得我们的犯罪供给方程估计将面临遗漏变量偏误的影响。但是，考虑到许多暴力犯罪都是重特大案件，而侵财犯罪在我国现阶段的加总刑事犯罪率构成中占很高的比重，因而我们分别用重特大案件破案率和一般案件破案率，作为暴力犯罪和侵财犯罪估计中刑罚威慑变量的代理变量。另外，为检验犯罪率定义和测量误差对估计结果的可能影响，我们也采用Saridakis（2004）的定义，将具有侵财性质的抢劫犯罪从暴力犯罪中分离出来进行重新估计。如果不同犯罪率定义的估计结果接近，则表明我们的结论较少受到犯罪率变量度量误差的影响。最后，从犯罪严重程度上看，暴力犯罪最严重而侵财犯罪最轻，因而沿着表4－4的估计结果推理，我们预期暴力犯罪对收入差距的弹性要大于侵财犯罪。

表4－5第（1）列和第（2）列是标准犯罪经济学实证研究中定义的暴力犯罪和侵财犯罪的估计结果，第（3）列、第（4）列的估计则是采用Saridakis（2004）的暴力犯罪率定义。同样为了和之前的估计构成呼应和对比，我们也在余下的第（5）列、第（6）列中分别报告了基于相同子样本（Sub－sample）的加总刑事犯罪和重特大犯罪的估计结果。

首先，在所有的六个估计方程中，收入差距变量全部显著为正，这再次肯定了我们基准回归的发现，即收入差距扩大是我国经济社会转型期刑事犯罪率攀升的重要原因。

其次，和表4－4中区分不同犯罪类型回归分析的发现保持一致，第（1）列中暴力犯罪的收入差距弹性为0.873，显著大于第（2）列中侵财犯罪的估计（0.291）。

另外，值得注意的是，从经典理论中犯罪行为的逐利和情绪驱动二分来看，暴力犯罪情绪情感驱动最强，侵财犯罪中逐利因素驱动的比重最大，重特大犯罪和加总的刑事犯罪刚好是两种犯罪驱动因素在不同程度上的混合。所以，和表4－4的基本逻辑保持一致，我们预期至少就我们计量分析所依托的浙江省20世纪80年代的独特样本而言，四种犯罪类型的收入差距弹性从大到小依次是暴力犯罪、重特大犯罪、加总的刑事犯罪、侵财犯罪。

一定程度上，表4－5中基于相同子样本的第（1）列、第（2）列、第（5）列、第（6）列收入差距弹性系数的绝对数值排序和以上预测正好保持一致（0.873＞0.856＞0.321＞0.291）；而且，侵财和暴力犯罪构成比较接近的不同犯罪率指标中，两两之间收入差距的弹性系数估计均比较接近，再次肯定了我们的估计结果较少受到犯罪率度量误差的影响。而以上收入差距弹性系数的排序对照也再次支撑了我们之前的判断和猜想，即20世纪80年代的浙江收入差距扩大引致犯罪的“犯罪社会学式”传导路径的影响不容忽视。最后，值得注意的是，按照侵财犯罪和暴力犯罪驱动因素的逐利及情绪二分式推理逻辑，如果收入差距扩大只是唯一的通过社会异质性上升、社会联系纽带弱化、社会紧张感增加以及亚文化冲突等传导机制导致暴力犯罪增加，那么从暴力犯罪中分离出犯罪程度较轻且具有侵财目的的抢劫犯罪之后，相应的收入差距的估计系数应该进一步增大。然而，与这种假说的预测不一致，分离出抢劫犯罪后暴力犯罪对收入差距的弹性系数从第（1）列的0.873下降到第（3）列的0.495；这意味着就当时的暴力犯罪决策而言，“情绪情感式”紧张因素并不是唯一的驱动力量，侵财和逐利因素的影响同样不能忽视。如果考虑到侵财犯罪和暴力犯罪存在重叠的情形，以上估计结果还说明了，20世纪80年代浙江的暴力犯罪有些可能是“谋财”引发的“害命”。这个结果一定意义上也肯定了我们之前的判断，即就我们分析的浙江县域样本而言，市场化逐利因素对犯罪参与开始呈现影响，而收入差距扩大所引发的“相对剥夺感”和“社会异质性”等因素导致暴力犯罪明显上升。

表4-5　收入差距对暴力犯罪与侵财犯罪的差异性影响

变量	暴力犯罪1	侵财犯罪1	暴力犯罪2	侵财犯罪2	加总刑事犯罪	重特大犯罪
	(1)	(2)	(3)	(4)	(5)	(6)
收入差距	0.873***	0.291**	0.495***	0.313**	0.321**	0.856**
	(0.195)	(0.122)	(0.161)	(0.121)	(0.113)	(0.287)
破案率		-1.110***		-1.127***	-1.006***	
		(0.256)		(0.260)	(0.261)	
重特大案件破案率	0.109		0.179			-0.471*
	(0.233)		(0.163)			(0.230)
性别比	6.165	-9.096***	5.683*	-8.979***	-7.481***	8.208*
	(3.774)	(2.388)	(3.162)	(2.387)	(2.298)	(4.578)
城市化水平	0.644	1.264***	0.660	1.264***	1.189***	0.327
	(0.455)	(0.310)	(0.391)	(0.308)	(0.293)	(0.619)

续表

变量	暴力犯罪 1	侵财犯罪 1	暴力犯罪 2	侵财犯罪 2	加总刑事犯罪	重特大犯罪
	(1)	(2)	(3)	(4)	(5)	(6)
平均工资	0.014	-0.066	0.168*	-0.072	-0.072	-0.119
	(0.085)	(0.114)	(0.080)	(0.112)	(0.108)	(0.116)
常数项	-26.602	49.524***	-24.163	48.960***	41.859***	-37.348
	(18.328)	(11.171)	(15.120)	(11.191)	(10.806)	(21.194)
年份固定效应	Yes	Yes	Yes	Yes	Yes	Yes
地区固定效应	Yes	Yes	Yes	Yes	Yes	Yes
观测值	130	130	130	130	130	130
拟合优度	0.366	0.823	0.287	0.827	0.812	0.869
观测截面数	13	13	13	13	13	13

注：回归表格的相关说明同前。

第五节　内生性、样本选择与稳健性讨论

如前文所述，犯罪供给方程估计中典型的内生性偏误包括不可观测的异质性、遗漏变量、度量误差以及执法变量和犯罪率之间的共时决定问题。其中，执法变量和犯罪率之间的共时决定偏误是刑罚威慑实证研究文献的核心关注点[①]；略有不同的是，有关收入差距、劳动力市场状况和犯罪率的实证研究文献则将分重点聚焦于前面几种内生性问题的考量[②]。考虑到第四

---

① 执法变量和犯罪率之间的共时决定偏误是指：虽然执法威慑类支出增加可以降低犯罪率，但是犯罪率高的地区，地方政府在执法威慑方面的边际收益也更高，这将激励执法威慑方面的公共支出增加。共时决定偏误的存在将导致执法威慑的影响被低估，Levitt（1997）的一系列研究是工具变量方法破除共时决定偏误的突出代表。这个领域的最新研究成果包括 Drago 等（2009）以及 Buonanno 和 Raphael（2013）。第五章将对执法威慑在犯罪治理中的作用进行更加细致的考察和讨论。

② 失业率和犯罪问题的实证研究是个例外。原因是长期失业率指标波动幅度较窄，并且往往与周期性的酒精消费等的影响混合在一起。国内研究方面，章元等（2011）注意到我国失业率指标的度量误差和内生性问题，并利用工具变量法对此偏误做了出色的处理。

节已经就不可观测的异质性、遗漏变量、犯罪率度量误差等内生性问题做了较为详细的讨论，本节的稳健性分析中，重点关注执法变量和犯罪率之间的共时决定偏误对估计结果的影响，并分析包括人口结构变量在内的变量度量误差对主要估计结果的可能影响。最后，我们也利用不同的子样本对主要回归结论进行重复，检验主要结论是否受到样本选择的影响。

一、人口结构变量度量误差的影响

许多研究都发现，年轻男性的犯罪率显著高于其他年龄段的人口。因而，在犯罪供给方程估计中，15～24岁年轻男性在总人口中的比重是一个重要的控制变量。由于缺乏分年度的人口年龄结构变量，之前的回归分析中，我们用性别比作为人口结构的代理变量。一定程度上，这种不理想的度量，使得表4－3中人口结构变量出现和理论预期不一致的估计结果。为了进一步检验人口结构变量度量误差对基准回归结果的影响，我们在表4－6第（1）列中显示了去除这个度量误差变量的估计结果。与此同时，我们也利用第三次人口普查（1982年）县一级的人口年龄结构数据，构造了一个新的人口结构变量——“15～24岁男性占比”，对基准回归结果进行了重复，具体结果如表4－6第（2）列所示。令我们感到放心的是，不论去除度量误差变量还是使用新的度量，本章计量分析关注的核心变量收入差距前面的估计系数均保持显著，并且系数大小和表4－3第（5）列的基准回归结果均较为接近。另外，和已有实证研究的发现保持一致，使用了新的度量指标后，表4－6第（2）列的估计结果显示年轻男性比重增加对犯罪率上升有显著为正的影响。以上两个方面的发现意味着，虽然我们之前的回归分析所应用的人口结构度量指标并不理想，也造成了人口结构变量对犯罪率影响的估计有偏误，但是这并未对本章的基准回归结论构成根本性的冲击。

表4－6　相关变量度量误差及内生性对估计结果的影响

变量	因变量：加总刑事犯罪率（lcrime1）			
	（1）	（2）	（3）	（4）
收入差距	0.224**	0.169*	0.238**	0.170**
	（0.093）	（0.086）	（0.104）	（0.077）

续表

变量	因变量：加总刑事犯罪率（lcrime1）			
	(1)	(2)	(3)	(4)
破案率	−0.853*** (0.163)	−0.832*** (0.118)		−0.742*** (0.157)
城市化水平	0.606** (0.265)	0.425** (0.166)	0.460* (0.262)	0.461* (0.245)
平均工资	−0.154 (0.112)	−0.129 (0.084)	−0.174 (0.134)	−0.143 (0.090)
15~24岁男性占比		0.022*** (0.008)		
性别比			−1.138 (2.813)	−2.230 (2.305)
犯罪率一阶滞后				0.319*** (0.071)
常数项	5.800*** (0.662)	4.843*** (0.518)	11.072 (13.210)	14.646 (10.964)
年份固定效应	Yes	Yes	Yes	Yes
地区固定效应	Yes	Yes	Yes	Yes
观测值	310	310	310	310
拟合优度	0.723	0.731	0.670	0.755
观测截面数	31	31	31	31

注：（1）回归表格的相关说明同前；

（2）我们用1982年人口普查的年龄结构数据构造了1980~1989年各年15~24岁年轻男性总人口数①。

二、共时决定偏误的影响

为检验执法变量和犯罪率之间的共时决定偏误是否对本章的主要结论

① 具体构造中，我们使用了一个非常严格甚至不大现实的假定：各年份不同年龄人口流入流出与1982年保持一致，即1981年15~24岁对应1982年普查中的16~25岁，依次类推。

构成挑战，我们首先延续前文的做法，通过去除破案率变量观察收入差距变量前面的估计系数是否有明显差别。其次，我们也参考包括 Fajnzylber 等（2002）在内的对执法变量共时决定内生性问题的缓解做法，即通过在犯罪供给方程右边添加犯罪率变量的一阶滞后项，观察执法变量内生性问题对核心回归结果的影响。再次，我们也利用工具变量的 2SLS 估计方法对执法变量的内生性问题做了处理。最后，考虑到收入差距变量可能存在其他内生性问题的隐忧，我们也尝试用 2SLS 估计方法对内生性问题做了进一步的讨论。相关回归结果分别如表 4－6 的后两列以及表 4－7 所示。

表 4－6 第（3）列中我们去除了破案率变量对表 4－3 第（5）列的基准回归结果进行了重复，第（4）列则通过添加犯罪率变量的一阶滞后缓解执法变量内生性问题的困扰。这两列的估计结果显示，核心的收入差距变量的显著性及系数大小均与基准回归结果比较接近，并且其他控制变量的估计也大致相同①。以上结果初步表明，执法变量内生性问题对本章的基本结论没有构成根本性的挑战，这个发现与 Fajnzylber 等（2000）基于跨国数据研究的发现保持一致的。沿着 Levitt（1997）的工具变量估计思路，表 4－7 第（1）列中我们利用市（区）一级的破案率作为县一级破案率的工具变量（IV），进一步讨论破案率变量和犯罪率之间的共时决定对主要估计结果的影响。值得注意的是，由于每个地级市（区）下面均管辖若干个经济社会发展均存在一定异质性差异的县，因而特定某个县犯罪形势不大可能直接影响或决定市（区）一级在执法支出方面的调整；反过来，由于公检法系统的垂直管理特性，市一级执法支出或政策的统一调整将对县一级的执法变量产生直接影响。有鉴于此，市（区）一级的执法变量可能是县一级执法变量的理想工具变量②。基于类似的推理，如果县一级的收入差距变量可能受到县级其他潜在内生性问题的困扰，例如反向因果关系等，那么市（区）一级的收入差距受其辖区内某个县这种特定内生性问题干扰的可能性则相对要小得多；反过来，市（区）一级收入差距改善类项目的实施，势必影响县一级的收入差距。因而，在这个意义上，市（区）一级的收入差距变量可以是县一级收入差距变量的理想工具变量。

---

① 我们也尝试了动态面板数据的 GMM 设定，收入差距变量的估计系数及显著性大体维持不变或可比。限于篇幅，此处不再对这种估计做进一步展开。

② 类似这种工具变量的设定思路在 Liu（2008）对外商直接投资对地区技术溢出效应的分析中有所应用和涉及。

表 4－7　基于工具变量法的变量内生性讨论与检验

变量	因变量：加总刑事犯罪率（lcrime1）	
	（1）	（2）
收入差距	0. 146 *	0. 433 **
	（0. 088）	（0. 172）
破案率	－1. 912 ***	－0. 852 ***
	（0. 316）	（0. 134）
性别比	－4. 746 *	－1. 594
	（2. 801）	（2. 348）
城市化水平	0. 738 ***	0. 613 ***
	（0. 178）	（0. 153）
平均工资	－0. 079	－0. 168
	（0. 092）	（0. 106）
常数项	6. 573 ***	13. 819
	（0. 431）	（10. 884）
第一阶段回归		
市（区）一级收入差距	/	0. 604 ***
		（0. 084）
市（区）一级破案率	0. 457 ***	/
	（0. 101）	
变量内生性检验		
Wu－Hausman 检验	16. 678（p＝0. 0001）	2. 355（p＝0. 126）
Durbin 检验	12. 864（p＝0. 0003）	2. 741（p＝0. 0978）
工具变量有效性检验		
最小特征根检验	51. 289	80. 108
年份固定效应	Yes	Yes
地区固定效应	Yes	Yes
观测值	300	310
拟合优度	0. 7858	0. 834
观测截面数	30	31

注：（1）回归表格的相关说明同前；

（2）Stock 和 Yogo（2005）检验的最小特征根临界统计量为 16. 38（5% 的置信水平）；

（3）变量内生性检验和工具变量有效性检验的更多细节，参考 Cameron 和 Trivedi（2009）；

（4）由于缺乏江山县对应的衢州市（区）一级的破案率数据，所以第（1）列的样本数为 300。

从以上分析思路出发，表4－7第（1）列显示了使用市一级破案率作为工具变量，破解执法变量和犯罪率之间共时决定性偏误的2SLS估计；第（2）列则是应用市一级收入差距作为县一级收入差距的工具变量处理其他可能存在的内生性隐忧的2SLS估计。表4－7的中间部分，我们对所关注变量的内生性和工具变量的有效性都做了检验，同时也分别报告了第一阶段回归中工具变量对应的估计系数。

首先，和Levitt（1996，1997）以及Drago等（2009）的发现一致，相比表4－3第（5）列的估计，加入工具变量之后的2SLS估计显示，执法变量和犯罪率之间的共时决定偏误使得执法威慑的影响被明显低估，破案率的2SLS估计系数接近原有回归系数的两倍。变量内生性的Wu－Hausman检验及Durbin检验都表明，破案率作为外生变量的零假设被显著拒绝；与此同时，源于Stock和Yogo（2005）的工具变量有效性的最小特征根检验提示该工具变量并非弱工具变量（Weak IV）。

其次，虽然表4－7第（1）列对执法变量和犯罪率之间的共时决定做了有成效的纠正估计后，收入差距变量的估计系数（0.146）略有缩小，然而和基准回归的结果（0.19）仍旧基本可比，这个比较结果再次呼应了表4－6的发现，即执法变量和犯罪率之间的共时决定性偏误对基准回归的基本结论并没有构成根本性的改变。

最后，和应用工具变量方法研究失业率对犯罪问题影响的许多发现大体类似，表4－7第（2）列使用市一级收入差距作为县一级收入差距的工具变量后，基准回归中的收入差距变量系数略有提高，从原来的0.19上升到0.43。然而，后续的内生性检验结果却表明，在5%的置信水平下，我们无法拒绝收入差距变量是外生变量的零假设；并且工具变量有效性检验显示，市一级收入差距变量是有效的工具变量。这个估计结果一定程度上让我们对之前的主要回归结论更加放心，即在综合考虑了可观测和不可观测的异质性、遗漏变量及度量误差影响之后，收入差距变量的其余潜在内生性问题对核心估计结果的挑战较为有限。事实上，这个发现和国际收入差距与犯罪率问题实证研究鲜有关注反向因果等内生性问题也是相一致的。

三、样本选择与稳健性讨论

为了进一步检验第四节的计量分析结果是否对样本选择敏感，接下来我们利用两个略有不同的样本对以上主要回归结果进行了重复。第一个样本覆盖的时间段比基准回归更长，包括1979年和1990年的数据，然而同样只有部分县（市）报告了这两年的数据，因而实际样本量略有缩小，具体估计结果如表4－8所示。第二个样本则是在基准回归分析所依赖的31个县（市）的基础上，将部分1990年以后观测值的县级犯罪率数据加入分析中来，更详细的数据和子样本情况参见附录1，具体分析结果如表4－9所示。表4－8第（1）列～第（5）列依次分别是自变量为加总的一般刑事犯罪率、重特大犯罪率、非重特大犯罪率、暴力犯罪和侵财犯罪的估计结果。再次令我们感到放心的是，所有估计方程中收入差距及刑罚威慑变量的系数均与预期保持一致，大部分估计结果与表4－3、表4－4、表4－5中对应的估计系数也比较接近；并且除了侵财犯罪的估计，由于标准差较大变得不显著，其他四列中收入差距的估计系数都保持显著。另外，从估计系数的绝对数值来看，与之前的发现同样保持一致，收入差距扩大对不同类型的犯罪存在差异化影响；其中，暴力犯罪的收入差距弹性最大，侵财犯罪的弹性系数最小。

表4－8　基于不同样本的收入差距对刑事犯罪影响的估计

变量	刑事犯罪率	重特大犯罪率	非重特大犯罪率	暴力犯罪1	侵财犯罪1
	(1)	(2)	(3)	(4)	(5)
收入差距	0.189*	0.425**	0.200*	0.706**	0.136
	(0.098)	(0.153)	(0.105)	(0.236)	(0.147)
性别比	1.913	7.498***	1.610	14.210**	-6.268*
	(2.817)	(2.441)	(2.616)	(6.048)	(3.259)
城市化水平	0.805***	0.701	0.799***	0.646	1.059**
	(0.220)	(0.486)	(0.230)	(0.517)	(0.342)
平均工资	-0.043	-0.012	-0.041	-0.001	-0.061
	(0.083)	(0.153)	(0.114)	(0.104)	(0.113)
破案率	-0.840***				-0.987***
	(0.210)				(0.272)
重特大案件破案率		-0.687***		0.051	
		(0.221)		(0.302)	
非重特大案件破案率			-0.929***		
			(0.184)		

续表

变量	刑事犯罪率	重特大犯罪率	非重特大犯罪率	暴力犯罪1	侵财犯罪1
	(1)	(2)	(3)	(4)	(5)
常数项	-3.264 (13.069)	-32.667** (11.917)	-2.566 (12.274)	-64.344** (27.174)	35.609** (14.871)
年份固定效应	Yes	Yes	Yes	Yes	Yes
地区固定效应	Yes	Yes	Yes	Yes	Yes
观测值	216	192	192	120	120
拟合优度	0.837	0.904	0.862	0.663	0.854
观测截面数	18	16	16	10	10

注：回归表格的相关说明同前。

最后，相比表4-3的基准回归，表4-9中基于更长时间段样本的回归分析表明，虽然标准差变大使得重特大犯罪的收入差距系数估计变得不显著，但是第（1）列、第（2）列中核心的收入差距变量和刑罚威慑变量的估计系数大小和显著性基本保持不变或者可比。并且，一定程度上也再次肯定了我们之前估计结果的合理性，加入1990年观测值以后，加总刑事犯罪供给方程估计中收入差距的弹性系数略有增加，从表4-3第（5）列的0.19上升到表4-9第（1）列的0.223，暴力犯罪对收入差距的弹性从原来的表4-4中的0.413下降到0.389。这个对比也在一定程度上加深了我们的判断，即随着市场化改革的推进，收入差距扩大对犯罪率的影响中逐利因素的驱动将更加突出和显著。综上所述，表4-8和表4-9的估计结果表明，我们之前的估计比较稳健，较少受到样本选择因素的影响。

表4-9　更长时间样本中的收入差距对刑事犯罪率影响的固定效应模型分析

变量	因变量：lcrime1（刑事犯罪率）	因变量：lscrime1（重特大犯罪率）
	(1)	(2)
收入差距	0.223** (0.091)	0.389 (0.235)
性别比	-0.979 (2.345)	0.199 (3.345)
城市化水平	0.570** (0.249)	0.653* (0.319)

续表

变量	因变量：lcrime1（刑事犯罪率）	因变量：lscrime1（重特大犯罪率）
	(1)	(2)
平均工资	-0.204 (0.131)	0.059 (0.155)
破案率	-0.760*** (0.154)	
重特大案件破案率		-0.622*** (0.165)
常数项	10.133 (11.272)	3.612 (15.854)
年份固定效应	Yes	Yes
地区固定效应	Yes	Yes
观测值	360	292
拟合优度	0.819	0.913
观测截面数	31	25

注：（1）相关说明同前表；

（2）更详细的样本构成参见附录1的说明。

第六节　结论与政策启示

经济增长发展进程中，收入差距扩大和劳动力市场状况恶化，可能“诱使”低收入群体寻找非法的收入增加路径，或者通过非法活动表达自己对现行分配秩序的不满，同时不稳定的投资环境对未来的经济增长发展不利，进一步强化了微观层面参与犯罪的激励。近些年，类似这种收入差距扩大、犯罪率上升与经济增长之间可能存在的劣均衡陷阱，开始引起发展经济学家们的广泛重视，甚至被冠以“新拉美病”。基于全新的浙江省20世纪80年代的县级面板数据，本章对收入差距扩大对我国转型期刑事犯罪率上升的数量关系展开详细的定性定量分析，并着重就收入差距扩大对不同犯罪类型的差异性影响做了较为充分的讨论。我们的基准双向固定效应模型的估计结果显示，收入差距每上升 1%，刑事犯罪率平均上升 0.19%；我们发现，收入差距扩大对暴力犯罪的影响非常显著，所估计的弹性系数甚至大于侵财犯罪。这意味着，至少就 20 世纪 80 年代的浙江县级样本而言，收入不平等程度的加大，不仅导致参与犯罪的机会成本下降，潜在收益上升，同时收入差距扩大引发的“相对剥夺感”上升等“情感式”紧张因素对犯罪决策的影响不容忽视。我们的估计结果对犯罪供给方程估计中可能存在的县级层面不可观测的异质性和时间维度的异常冲击、犯罪率度量误差、执法变量与犯罪率之间的共时决定偏误以及样本选择等典型内生性问题均保持稳健，因而对我国经济社会转型期犯罪治理的公共政策制定也存在相应的参考价值。从犯罪治理公共政策资源的最优配置来看，以上估计结果也意味着改善劳动力市场状况，并通过宣传媒介等手段缓解不同收入阶层之间的紧张社会心理，对降低犯罪率增进社会主义和谐社会建设将起到积极作用。事实上，这个发现与当下民生改善计划在各级政府工作中备受重视在一定程度上也是相呼应的。

第五章　治乱无须用重典吗
——对我国转型期刑罚威慑与犯罪治理关系的再考察

第一节　问题的提出

第三章基于长三角和珠三角的城市面板数据，对我国城市化进程中犯罪率向发达地区“集聚”的劳动力市场机制，做了较为详细的计量分析；第四章则进一步补充讨论了，由于我国经济社会转型期同时存在传统社会力量和市场逐利逻辑的双重影响，收入差距扩大对不同犯罪类型影响的表现，可能和发达国家成熟市场经济环境下的情况有所不同。从犯罪治理角度来看，以上两章实证研究估计的直接政策蕴涵是：改善低收入群体生存状况，或更加有针对性地通过培训等手段，提升低收入群体在地区劳动力市场上的竞争力，可能有助于缓解或化解我国城市化进程中农业转移人口在发达地区和城镇集聚，所带来的以犯罪率上升为表征的负面影响。然而，从具体犯罪治理的公共资源配置视角来看，如果考虑到公共资源的有限性约束，我们显然还有必要对犯罪治理另一种典型工具——刑罚威慑，在我国经济社会转型期和城市化推进进程的犯罪治理作用，做进一步的讨论和厘清。

如前文所述，我国改革开放以来经济快速增长和社会转型伴生的刑事犯罪率的迅速攀升及社会不稳定问题，近年来也开始受到越来越多关注中国增长发展的学者及政策制定者们的重视。然而，现今这些讨论我国转型期刑事犯罪率上升背后影响因素的文献，普遍存在两个令人感到“困惑”的倾向：一是大多数研究都只专注于讨论收入差距持续扩大、流动人口增多、快速的城市化、失业率上升以及性别比例失调等经济社会因素对刑事犯罪率上升的影响；相反，对犯罪治理中颇为关键的刑罚威慑效应估计缺乏应有的关注和重视。二是为数不多专门讨论我国转型期犯罪治理的经济学文献，往往得出一个一定程度上令人惊讶且与犯罪治理中刑罚威慑受到普遍重视的现实不相一致的论断——刑罚威慑不重要，有些研究甚至更进一步认为“治乱无须重典”。

从经验研究角度来看，现有研究之所以未能找到刑罚威慑提升减少犯罪的有利证据，最可能的原因是犯罪决定方程估计时，没有恰当处理公共执法的内生性偏误，尤其是犯罪率和刑罚威慑之间的共时决定所导致的刑罚威慑效应被低估。作为之前章节宏观计量分析的补充，本章基于浙江省的县级面板数据，利用工具变量法和1983年“严打”生成的惩罚严厉程度外生变化的“自然实验”场景，分别对犯罪治理中惩罚概率增加和严厉程度提升的威慑效应展开估计，并讨论相应的犯罪治理政策蕴含。在基准犯罪决定方程估计的基础上，分别利用静态面板数据的工具变量估计法和动态面板数据的广义矩估计（GMM）处理联立内生性问题，考察表征惩罚确定性的破案率提升的犯罪威慑效应，以及以“严打”为代表的惩罚严厉程度的短期上升对犯罪治理的可能影响。本书经计量分析发现，不论惩罚概率增加还是严厉程度提升都显著威慑了刑事犯罪，破案率对刑事犯罪的威慑弹性约为 -0.884；考虑了执法威慑的内生性问题后，惩罚确定性的威慑弹性估计有进一步提升；“严打”期间惩罚严厉程度提升大约使得刑事犯罪率下降29%，或让刑事犯罪率每年偏离长期犯罪率增长路径 -6.7%。

除了本节，本章余下内容的结构安排如下：第二节简单回顾犯罪经济学有关刑罚威慑的文献，并在此基础上进一步说明本章的研究动机和创新；第三节是一个简单的刑罚威慑影响犯罪率的理论模型；第四节阐述计量分析策略、数据来源及变量定义；第五节报告计量分析的基准结果；第六节讨论内生性和估计结论的稳健性；第七节是结论和政策启示。

第二节　文献梳理与研究动机

尽管，刑罚威慑的古典思想至少可以追溯到意大利的贝卡利亚和英国的边沁的论著，但现代犯罪经济学有关刑罚威慑的研究却是直接发端于 Becker（1968）的文章。在这篇开创性文献中，Becker（1968）将犯罪行为典型化为一个不确定性条件下的理性选择问题。于是，惩罚确定性上升和严厉程度增加，都将导致犯罪预期成本增加，理性犯罪分子将减少犯罪活动供给或降低犯罪严厉程度。由于在 Becker（1968）的分析框架中，惩罚主要通过降低犯罪分子的期望效用而使得犯罪供给减少，因而也被称为犯罪威慑假说。从一定意义上来说，正是因为刑罚威慑效应与犯罪分子是否响应激励调整直接相关，Becker（1968）之后犯罪经济学实证研究的一个核心问题就是对犯罪威慑假说展开实证检验。

一、刑罚威慑效应估计的实证研究文献

尽管直观上我们都认同犯罪的预期惩罚增加使犯罪率下降，然而除了 Ehrlich（1975，1977a，1977b）有关死刑判罚威慑杀人犯罪的一系列研究，早期有关刑罚威慑的实证研究中鲜有惩罚概率或警察规模增加威慑犯罪参与的有力证据。在 Cameron（1988）综述的 22 项早期研究中，18 项都表明表征执法威慑上升的警察规模增加与犯罪率之间不存在负相关关系，甚至两者正相关。之所以如此，在 Levitt（1997）看来，关键原因在于：早期基于截面数据的回归分析，往往很难避免诸如不可观测的异质性和遗漏变量等问题；而且，刑罚威慑和犯罪率之间还存在典型的联立内生性问题，即犯罪率较高的地方，公共执法的边际产出相应更大，激励地方政府在执法威慑上投入更多资源，犯罪率与刑罚威慑之间的共时决定特征，导致普通 OLS 估计中刑罚威慑效应被低估。于是，20 世纪 90 年代以来，犯罪经济学有关刑罚威慑效应的实证研究都将研究重点集中在如何讨论并解决以上内生性偏误问题。现今，比较有代表性的研究思路有以下三条：一是以 Levitt（1996，1997，1998，2002）的一系列研究为代表的工具变量法估计；二是以 Marvell 和 Moody（1994，1996）为代表的格兰杰因果检验；三是 Corman 和 Morcan（2000）基于高频时间序列数据的计量分析。

从技术上说，Marvell 和 Moody（1994，1996）以及 Corman 和 Morcan（2000）都是基于时间序列的格兰杰因果检验，通过添加自变量和因变量的滞后项来讨论内生性问题的影响。Levitt 的一系列研究则主要利用公共政策

生成的执法变量外生变动的“自然实验”场景，以此识别犯罪供给方程①，这种做法现在几乎已经是刑罚威慑领域实证研究的标准作业方案。Levitt 的研究中应用的“自然实验”场景包括监狱拥挤状况诉讼、警察雇佣的政治周期、青少年转化为成年人时的惩罚跃升、加利福尼亚州的“三犯出局”法案以及以监禁意外死亡率为表征的监狱环境。后续，沿着 Levitt 基于“自然实验”的工具变量法研究思路，Di Tella 和 Schargrodsky（2004）用阿根廷首都清真寺可能受到恐怖袭击威胁为自然实验场景，讨论警察规模增加对街面盗窃和抢劫犯罪的威慑效应；Evans 和 Owens（2007）利用克林顿政府在警察雇佣项目上的调整差异，估计警察规模变化对地区犯罪率的影响；Lin（2009）用州一级税率作为工具变量讨论犯罪率和警察规模之间的联立内生性问题；近几年，Drago 等（2009）、Buonanno 和 Raphael（2013）的研究则用意大利议会 2006 年通过的“集体宽大处理法案”（Collective Clemency Bill）估计监禁预期增加 1 年对犯罪率的影响；Ater 等（2014）利用以色列不同地区执法组织内部关押犯人的职责结构调整的政策推进差异，估计犯人关押移交给监禁部门负责后，警察负担减轻所导致的逮捕率增加对犯罪率下降的影响。

二、有关我国刑事犯罪率上升的实证研究及本章的研究动机

就我国转型期刑事犯罪率攀升而言，近年来不少国内法学、经济学的实证研究已经开始尝试对此做出各种解释。总的来看，国内现有研究普遍将讨论重点放在诸如收入差距扩大、流动人口增加、失业率上升、劳动力市场状况恶化和性别比例失调等经济社会影响因素上，对犯罪决定方程中刑罚威慑变量的讨论和检查缺乏应有的关注和重视，于是，不少估计结果都出现执法威慑变量估计系数为正的“尴尬”情形；犯罪治理政策方面，大多已有研究认为应该偏重于“胡萝卜”式的社会福利支出以及增加劳动力市场保障项目方面的努力。具体刑罚威慑效应估计方面，基于国家层级的时间序列数据，陈屹立和张卫国（2010）利用现代计量经济学方法对惩罚概率及重刑惩罚的威慑效应做了初步研究。然而，由于时间序列太短，

---

① 有关 Levitt 犯罪经济学研究的综述可以参考史晋川和陈春良（2009）的综述。

所能控制的变量相对有限，而 1992 年盗窃犯罪统计口径修订和历次“严打”运动可能对犯罪率时间序列造成异常冲击，所以研究结论的稳健性值得进一步探讨。最近，基于分省面板数据，陈硕（2012）、陈硕和章元（2013）对我国犯罪治理中的公共执法威慑问题做了专门的计量分析。但是，这两项研究都使用相对间接的公检法支出作为执法威慑度量，并且所考察的代表惩罚严厉程度上升的“严打”区间，集中在持续时间较短、执行存在地区差异、代表性和影响力都相对一般的 1996 年“严打”，因而他们研究得出我国经济社会转型时期“治乱无须重典”的经验论断及政策建议，有必要进一步加以辨别和推敲。

综上所述，本章接下来的研究将尝试从以下几个方面对已有文献构成创新和补充：

首先，基于全新的浙江省县级面板数据，我们使用更为直接的破案率作为惩罚确定性的度量，讨论惩罚概率提升对犯罪治理的影响，并借助工具变量估计和广义矩估计处理刑罚威慑效应估计中内生性偏误的影响；由于数据允许，我们还对惩罚概率提升对不同犯罪类型的差异化影响进行考察。

其次，惩罚严厉性方面，同样基于“严打”运动生成的外生刑事政策调整，但是我们将分析聚焦在更具有广泛影响和争议的 1983 年“严打”，考察“严打”型惩罚严厉程度提升对犯罪率下降的短期效应，并分析其对长期犯罪率演进和犯罪治理的影响。显然，使用新的威慑度量变量、应用的研究方法、对犯罪类型的差异分析以及考察短暂的惩罚严厉程度调整对犯罪治理的长短期影响，这些对更进一步思考我国转型期刑事犯罪政策背后的经济逻辑，都存在极高的价值；同时对国际犯罪经济学有关刑罚威慑问题的实证研究也构成相应的补充。

第三节 刑罚威慑与犯罪的理论模型

作为后续实证研究的基础，本节在一个扩展但简化的 Becker（1968）模型中，推导刑罚威慑对犯罪参与影响的比较静态，并对相关传导机制做出梳理和说明。

一、基准犯罪决策模型

沿着 Becker（1968）的分析思路，一个代表性行为个体参与犯罪市场活动，可以视为“仿佛”（As If）求解一个如下不确定条件下预期效用最大化（即 max EU）问题。

$$
\begin{aligned}
&EU = pU(Y_i - F_i) + (1-p)U(Y_i) \\
&Y_i = W_i(t_i) + W_l(t_l) \\
&s.t.: \ t_i + t_l + t_c \leqslant T
\end{aligned}
\tag{5-1}
$$

式（5－1）中，p 为外生给定的犯罪被发现并被惩罚的概率，F_i 为犯罪活动受到的惩罚；Y_i 为行为人综合了“精神道德”成本等方面考虑后的从事合法市场和非法活动的收入总和；t_i、t_l、t_c 分别表示非法市场、合法市场及闲暇的时间配置，T 为总的时间禀赋；相应的 W_l 和 W_i 分别为合法劳动时间和非法劳动时间对应的报酬。于是，和第三章的模型求解思路相似，求解行为人预期效用最大化的一阶条件（FOC）为：

$$\frac{\partial EU}{\partial t_i} = pU'(Y_i - F_i)(w_i - w_l - f_i) + (1-p)U'(Y_i)(w_i - w_l) = 0 \tag{5-2}$$

相应的效用最大化问题对应的二阶条件可以表示为：

$$
\begin{aligned}
D_{11} = &p[U''(Y_i - F_i)(w_i - w_l - f_i)^2 + U'(Y_i - F_i)(w'_i - w'_l - f'_i)] + \\
&(1-p)[U''(Y_i)(w_i - w_l)^2 + U'(Y_i)(w'_i - w'_l)]
\end{aligned}
\tag{5-3}
$$

为确保以上二阶条件成立，即 $D_{11} < 0$。进一步假定：行为人风险规避 $U'' < 0$，行为人在两个市场上的边际报酬递减，即 $w_i < 0$、$w_l < 0$；犯罪的边际惩罚递增，即 $f'_i > 0$。

值得注意的是，行为人预期效用最大化的一阶条件，实际上定义了行为人在非法市场上的最优时间配置。因而，根据隐函数求导法则对式（5－2）进行求导，可以得到行为人非法市场时间配置 t_i^* 对惩罚概率（p）提升的比较静态：

$$\frac{\partial t_i}{\partial p} = -\left(\frac{\partial D_1}{\partial p}\right) \Big/ \left(\frac{\partial D_1}{\partial t_i}\right) = -\frac{U'(Y_i - F_i)(w_i - w_l - f_i) - U'(Y_i)(w_i - w_l)}{D_{11}} \tag{5-4}$$

经整理可得：

$$\frac{\partial t_i}{\partial p}=\frac{U'(Y_i)}{p\times D_{11}}<0 \tag{5-5}$$

类似地，非法市场上的时间配置 t_i^* 对惩罚严厉程度提升的比较静态可以表示为：

$$\frac{\partial t_i}{\partial f_i}=-\left(\frac{\partial D_1}{\partial f_i}\right)\Big/\left(\frac{\partial D_1}{\partial t_i}\right)=\frac{pU'(Y_i-F_i)}{D_{11}}<0 \tag{5-6}$$

以上推导表明，不论惩罚概率提高还是严厉程度增加，均提升了犯罪的预期惩罚成本，相应的行为人将在非法活动中减少时间配置。最后，类似地，通过求解合法市场和非法市场的工资收入差距对非法时间配置的比较静态，我们也可以讨论劳动力市场状况变化对非法时间配置的影响。

二、刑罚威慑与犯罪供给

值得注意的是，式（5－2）所定义的一阶条件实际上只概括了行为人非法劳动时间配置的内点解情形；现实中，实际上许多人并未进入非法市场，因而进一步讨论以上效用最大化问题的角点解情况。对行为人预期效用最大化问题的库恩—塔克条件展开分析，不难发现，决定行为人是否进入非法市场的条件是，配置在非法市场上的第一个单位劳动时间所对应的预期收入，必须超过合法市场的所得，否则行为人将选择不进入非法市场，即：

$$p(w_i-f_i)+(1-p)w_i>w_l \tag{5-7}$$

于是，从整个市场的角度来看，如果将潜在行为人进入非法市场对应的临界（合法）工资率定义为 w_l^T，意味着合法市场上工资率低于的 w_l^T 的那些个体将选择进入非法市场配置劳动时间。进一步，分别求解非法市场临界工资率 w_l^T 对惩罚概率和惩罚严厉程度提升的比较静态，可得：

$$\frac{\partial w_l^T}{\partial p}=-f_i<0,\ \frac{\partial w_l^T}{\partial f_i}=-p<0 \tag{5-8}$$

以上比较静态结果意味着，惩罚概率和严厉程度提升都将降低非法市场的临界工资率 w_l^T，意味着此时只有那些合法市场工资收入依旧低于临界工资率的个体才选择进入非法市场，非法市场的参与人数减少，犯罪率降低。综上所述，市场层面的宏观犯罪供给实际上是所有合法市场报酬低于非法市场临界工资率的个体的非法劳动时间配置 t_i^* 的累积总和。最终，宏观犯罪供给函数可以简单地表达为：

$$O = O(p, f, w, u) \tag{5-9}$$

式（5－9）中，w 为度量犯罪潜在收益的收入变量向量，而 u 为影响宏观犯罪率的其他因素。

第四节　数据与计量分析策略

第三节基于一个简单的犯罪—劳动时间配置扩展模型，分别从犯罪时间配置决策和宏观犯罪供给两个层面对刑罚威慑影响犯罪的机理做了说明。本节介绍本章实证研究的计量分析策略，并对研究数据和变量定义构建做出说明。

一、计量分析策略

按照犯罪经济学研究惯例，本书利用如下计量模型对式（5－9）对应的犯罪供给方程展开计量分析。

$$Cr_{it} = \alpha P_{it} + X'_{it}\beta + \gamma_i + Y_t + \varepsilon_{it},\ i = 1, \cdots, N;\ t = 1, \cdots, T \tag{5-10}$$

式（5－10）中，Cr_{it}表示第 i 个县第 t 年的刑事犯罪率；P_{it}代表第 i 个县第 t 年的刑罚威慑，包括惩罚确定性和惩罚的严厉程度，这是本书的核心自变量；X_{it}为控制变量向量，代表影响犯罪行为的其他社会经济因素，包括收入差距、人均收入水平、城市化率以及人口变量；γ_i 为县市虚拟变量向量，控制县级市固定效应；Y_t 为年份虚拟变量向量，控制年份固定效应；ε_{it}为误差项。除了虚拟变量，进入回归方程即式（5－10）的变量均取了对数变化，因而估计系数可以直接解释为弹性。

通常，就犯罪供给方程式（5－10）的普通 OLS 估计并不能得到一致的刑罚威慑效应。这是因为：地区层面可观测的某些异质性因素以及不可观测的地域及制度文化因素，可能与当地犯罪率或执法威慑相关，但这些因素没有被纳入式（5－10）中，这将产生遗漏变量和不可观测的异质性偏误。对此，我们一方面在犯罪供给方程中添加县域层面可能影响犯罪率的经济社会变量；另一方面，主要通过固定效应模型分析对之加以控制。固定效应模型的组内变化，可以有效地处理县域层面沿时间变化缓慢但却影响犯罪率的因素。另外，我国转型期刑事政策不时面临调整，例如20世纪80年代的“严打”运动等，这意味着犯罪率统计在时间维度上也面临异常冲击。因而，犯罪供给方程的固定效应模型分析中，我们也控制了年份虚拟变量，缓解执法政策调整的异质性冲击。综上所述，本章计量分析的基准回归设定是双侧固定效应模型。

除了遗漏变量和不可观测的异质性问题，就犯罪供给方程式（5-10）的计量分析而言，更关键的挑战是刑罚威慑变量和犯罪率之间存在典型的联立内生问题，即尽管执法威慑提升可以减少犯罪，但是犯罪率高的地方，公共执法的边际产出也更高，这将激励地方当局增加执法威慑方面的努力和投入，联立内生性的存在使得式（5-10）的识别成为困难。破解这种联立内生性的一个代表性思路是找到一个刑罚威慑的外生工具变量 Z_{it}，该变量与县域层面的刑事犯罪率无直接关联，而且 Z_{it} 只通过 P_{it} 影响地区刑事犯罪率，进而借助两阶段的最小二乘法估计（2SLS）如下联立方程组，将可以识别犯罪供给方程。

$$
\begin{aligned}
Cr_{it} &= \alpha P_{it} + X'_{it}\beta + \gamma_i + Y_t + \varepsilon_{it},\ i=1,\ \cdots,\ N;\ t=1,\ \cdots,\ T \\
P_{it} &= \theta Z_{it} + X'_{it}\beta_2 + \gamma_i + Y_t + \varepsilon_{it},\ i=1,\ \cdots,\ N;\ t=1,\ \cdots,\ T
\end{aligned}
\tag{5-11}
$$

具体就惩罚概率的内生性而言，我们将利用上一层级行政区的公共执法及行政支出变量作为下一层级辖区惩罚概率的工具变量。这种工具变量的择取和构造的合理性在于，我国公共执法存在垂直管理特征，上一级行政区的公共执法调整将直接影响下一级辖区的公共执法变量，例如，刑事政策上的专项打击、统一行动等项目；但反过来，由于市一级的行政区下辖多个辖区、县级市和县，因而具体某个下一级辖区的刑事犯罪状况，不大可能直接影响或决定上一级行政区的执法策略。因而，上一级行政区市的公共执法威慑和公共支出的相关变量，可以作为县一级公共执法变量的合适工具变量；我们有望通过这种上一级执法努力调整产生的外在冲击，识别下一级层面的犯罪供给方程。另外，除了这种工具变量估计思路，实际联立内生性问题的讨论中，我们也利用动态面板数据的广义矩估计方法，对执法变量与犯罪率变量之间的联立内生性问题的处理做出补充考察。

惩罚严厉程度的内生性方面，我们主要借助1983年的“严打”运动生成的惩罚严厉程度变化的暂时性调整，估计严厉程度上升对刑事犯罪率下降的影响。值得注意的是，1983年的“严打”运动是一场“自上而下”的统一刑事政策调整，判罚严厉程度调整与县级层面的犯罪率并不相关；并且，从时间点上看，1982 年以来犯罪率就已经开始出现下降趋势，因而本次“严打”并非是对犯罪率普遍高企的直接政策回应，可以将其视为一个检验惩罚严厉程度的威慑效应的外生冲击。另外，有别于美国“三犯出局”（Three Strike）法案主要对不同犯罪类型设置差别的严厉程度递增，1983 年“严打”运动虽然也有重点打击的犯罪类型，但是其主要特征却是持续时间的固定性和执行上“杀一儆百”的普遍严厉性。所以，控制了其他影响犯罪率的变量后，“严打”前后时期与“严打”期间的犯罪率变化比较，实际上是体现了惩罚严厉程度调整，对跨时期犯罪率变化总的威慑影响。

具体估计策略方面①，我们有如下几个方面的设计和考虑：一是通过一个直接的“严打”虚拟变量，捕捉“严打”时期惩罚严厉程度提升对犯罪率下降的总体影响。二是注意到“严打”期间惩罚严厉程度提升，实际上强化和放大了惩罚概率的威慑强度，因为此时相同的惩罚概率将面临比非严打时期更严厉的惩罚，我们通过一个“严打”虚拟变量和惩罚概率变量的交叉项，体现这种惩罚严厉程度提升的威慑放大效应。三是由于部分县也汇报了年度监禁人口数，因而我们也将基于这个信息构造一个惩罚严厉程度的直接度量，以此作为间接的惩罚严厉威慑犯罪分析的补充。

二、数据来源与变量定义

本章接下来的实证研究将基于 1980～1990 年浙江省 33 个县一共 385 个点的非平衡面板数据。由于并非所有县都报告细分的犯罪类型，因而当涉及具体细分刑事犯罪率的回归方程时，回归分析的样本量将有所缩小。我们的刑事犯罪率和执法威慑指标的原始数据，均来源于公开出版的县级公安志（年鉴），因而数据的严肃性和一致性有所保证。另外，回归分析中涉及的其他经济社会变量指标数据均摘取自《浙江 60 年统计资料汇编》，分年龄段人口指标数据则来自各县市的“三普”和“四普”统计调查资料。变量定义、构造和基本统计性状描述如表 5－1 所示。以下对变量定义和构造可能存在的问题略作讨论。

① 有关犯罪威慑估计策略的讨论，笔者受惠于和 Ehrlich 教授、Zhiqiang Liu 教授的一系列交流合作。

表 5－1　变量定义与统计描述

变量	观测值	定义	均值	标准差
crime1	385	刑事犯罪率：每十万人口的刑事犯罪立案数	91.81	68.57
clearrt	385	刑事犯罪破案率	0.71	0.10
scrime1	316	重特大犯罪率：每十万人口的重特大犯罪立案数	10.67	12.57
sclearrt	316	重特大犯罪破案率	0.87	0.12
nscrime1	316	非重特大犯罪率＝刑事犯罪率－重特大犯罪率	78.72	60.85
nsclearrt	316	非重特大犯罪破案率	0.69	0.10
inequality	385	收入差距：城乡收入比	2.61	0.97
urban	385	城市化：非农户籍人口比重	0.10	0.04
yngmale82	385	15～24 岁的男性在总人口中的占比	10.60	0.85
rgdp	385	人均实际 GDP（1978 年＝100）	5.88	3.00
primprison	178	监禁概率：单位破获案件的监禁人数	1.03	1

注：（1）由于只有部分县报告重特大犯罪立案数，因而重特大犯罪率和非重特大犯罪率的观测样本有所缩小；

（2）除了总人口中 15～24 岁年轻男性的比例（yngmale82）为百分比，其余变量均为水平值。

和已有基于分省面板数据研究使用的犯罪率定义不同①，但是与国际犯罪经济学实证研究的惯例保持一致，本章实证研究使用的犯罪率定义为每十万人口的公安部门刑事犯罪立案数。除了加总层次较低，相比已有研究，该刑事犯罪率数据的另一个明显优势是存在不同的犯罪类型细分，一共有 27 个县报告了重特大犯罪的立案和破案情况。可以注意到，重特大犯罪主要由暴力犯罪和超过一定金额的盗窃犯罪构成，因而我们实际上可以把重特大犯罪率和非重特大犯罪率分别视为暴力犯罪和侵财犯罪的近似度量。按照主流犯罪经济学假说的预测，刑罚威慑对侵财犯罪和暴力犯罪存在差异化影响；总体上，逐利因素驱动的侵财犯罪的威慑弹性往往大于与情感

① 由于数据可得性限制，已有基于我国分省面板数据的犯罪问题研究中，犯罪率定义普遍为刑事逮捕率和刑事起诉率，即每十万人口的刑事逮捕人数和刑事起诉人数。这种犯罪率定义存在两个重要的缺陷：一是由于司法资源稀缺的限制，一般只有较重的犯罪才移送起诉，所以，将刑事逮捕率和起诉率定义作为犯罪率的衡量指标，实际上是扭曲了实际犯罪构成；二是刑事逮捕率和起诉率缺乏更详细的犯罪类型细分，因而无法进一步区分刑罚威慑对不同犯罪类型可能存在的差异性影响。

或情绪发挥关系更密切的暴力犯罪。因此，我们预测刑罚威慑对非重特大犯罪的威慑效应要大于重特大犯罪。另外，值得注意的是，由于重特大犯罪在总刑事犯罪中只占较小的份额，因而以上犯罪类型区分，事实上也让我们得以检验计量分析结果是否受到犯罪率可能存在的度量误差的影响。如果总刑事犯罪率与非重特大犯罪率的回归结果较为接近，则说明我们的回归结果比较稳健，较少受到犯罪率度量误差问题的困扰。

犯罪经济学实证研究中，直接的刑罚威慑变量通常包括犯罪被发现概率（p_r）、犯罪受到惩罚的概率（p_c）以及惩罚严厉强度（f）。与标准做法略有差异，本章核心变量刑罚威慑的定义为刑事犯罪破案率。由于在20世纪80年代，公安机关破案之后，犯罪分子被惩罚和定罪的概率几乎确定，法官的自由裁量权实际上相当有限，因而刑事犯罪破案率实际上同时捕捉了标准犯罪模型中犯罪被发现概率（p_r）和惩罚定罪概率（p_c）的影响。在这个意义上，我们所使用的刑事案件破案率，应该是比较理想的刑罚威慑的代理变量。另外，虽然由于数据可得性的限制，我们没能在所有回归中直接控制犯罪被惩罚的严厉程度（f），但是由于“严打”运动的基本特征是犯罪惩罚强度的急剧上升，因而通过设定“严打”年份的虚拟变量，事实上我们可以间接地捕捉到刑罚严厉程度上升对犯罪参与的威慑效应。另外，在部分报告年度监禁关押人数的县样本，我们也进一步用单位破获案件的监禁人数（Primprison）作为惩罚严厉程度的度量，进一步考察惩罚严厉程度对犯罪率的影响。

除了刑罚威慑变量，犯罪供给方程式（5-10）中的其余控制变量包括城乡收入差距（Inequality）、城市化率（Urban）、15~24岁的年轻男性占总人口的比例（Yngmale82）以及人均实际GDP（rgdp）。其中，作为总体收入差距的代理变量，城乡收入差距被定义为城镇部门的实际工资与农村人均纯收入之比。由于收入差距度量了参与犯罪的机会成本与潜在获益之间的差别，因而我们预期城乡收入差距扩大将导致犯罪率上升。城市化进程的加快使得更多流动人口在城市部门集聚，人口流动性增加和潜在获利机会的聚集导致参与犯罪活动的激励上升，所以城市化对犯罪率上升将有正向影响。另外，和已有分省面板数据的研究文献保持一致，我们同样将非农人口比重作为城市化率的度量。人口结构是犯罪供给方程中一个重要控制变量。许多犯罪经济学文献都发现，年轻男性人口的犯罪倾向较大，因而15~24岁的男性占总人口的比重一般与地区犯罪率正相关。最后，由于人均实际 GDP 可能同时是犯罪的机会成本和潜在收益的度量，这两种效应对犯罪参与的激励正好相反，因而人均实际 GDP 对犯罪率的影响实际上并不确定，需要进一步的计量经济分析加以明确。

第五节　基准回归结果

为了和已有研究形成对比，我们先重复了标准犯罪供给方程的回归结果，分别估计惩罚概率上升和惩罚严厉程度增加的威慑效应。更复杂的威慑变量的内生性问题及样本依赖等问题，对回归结论稳健性可能存在的影响，将在第六节详细展开。

一、惩罚概率的威慑效应

表 5－2 显示了标准犯罪供给方程的估计结果，前面四列的因变量为总刑事犯罪率，后面四列的因变量对犯罪类型做了区分，分别为重特大刑事犯罪率和非重特大刑事犯罪率。第（1）列～第（4）列，我们分别呈现了县域层面可观测的异质性、县域及时间维度的异常性冲击对估计结果可能的影响。其中，第（1）列和第（2）列的对比表明，忽略县域层面的异质性，将导致惩罚确定性的威慑效应被低估；第（2）列和第（3）列的对比进一步表明，忽略县域固定效应，同样导致惩罚概率的威慑效应被低估，这说明县域不可观测的异质性与惩罚概率负相关；第（3）列和第（4）列的对比显示，增加了年份固定效应的控制后，回归方程的拟合优度显著提升，忽略该维度的异常冲击使得威慑弹性被显著高估，时间维度的异质性与惩罚概率正相关。最终，表 5－2 第（4）列的估计结果表明，犯罪发现概率每上升 1%，刑事犯罪率平均将下降 0.884%。这个威慑弹性略高于 Ehrlich（1973）所估计的惩罚概率对侵财犯罪的弹性（－0.796），但低于其估计的惩罚概率对抢劫的弹性（－1.3）。犯罪供给方程的其余控制变量方面，和预期保持一致，收入差距扩大、快速城市化和年轻男性在总人口中的占比上升，都是 20 世纪 80 年代浙江刑事犯罪率上升的重要原因。

表 5－2　惩罚概率上升的威慑效应估计

控制变量	因变量：总刑事犯罪率				重特大犯罪率		非重特大犯罪率	
	（1）	（2）	（3）	（4）	（5）	（6）	（7）	（8）
总破案率	－1.558***	－1.694***	－1.842***	－0.884***				
	（0.197）	（0.171）	（0.165）	（0.155）				
收入差距		0.242***	0.298**	0.092		0.154		0.268*
		（0.092）	（0.113）	（0.094）		（0.124）		（0.142）
城镇化率		0.397***	0.418*	0.561***		0.706***		0.613*
		（0.089）	（0.247）	（0.204）		（0.202）		（0.305）
年轻男性占比		－0.456	－0.311	0.598		0.924**		0.119
		（0.342）	（0.551）	（0.424）		（0.403）		（0.707）
人均实际GDP		0.179**	0.325**	－0.153		－0.065		0.187
		（0.070）	（0.121）	（0.166）		（0.180）		（0.341）
非重特大破案率					－0.863***	－0.952***		
					（0.169）	（0.160）		
重特大破案率							－0.761***	－0.728***
							（0.238）	（0.219）
常数项	3.792***	5.262***	4.627***	5.064***	5.570***	4.656***	1.406***	1.843
	（0.070）	（0.975）	（1.526）	（1.166）	（0.068）	（1.192）	（0.056）	（2.009）
县固定效应	No	No	Yes	Yes	Yes	Yes	Yes	Yes
年份固定效应	No	No	No	Yes	Yes	Yes	Yes	Yes
观测值	385	385	385	385	316	316	316	316
拟合系数	0.185	0.295	0.411	0.806	0.746	0.773	0.884	0.888
截面数			33	33	27	27	27	27

注：*、**、***分别代表在10%、5%、1%的置信水平上保持显著，括号中是异方差稳健的t值，固定效应模型报告总体（Overall）拟合系数，余同。

由于表5－2前四列的对比已经表明，不论忽略时间层面的异质性冲击还是县域不可观测的异质性，都将导致惩罚概率的威慑效应估计出现偏误。

因而，在接下来四列的回归估计中，同时控制了时间和县两个维度的固定效应。如前文所述，重特大犯罪通常由暴力犯罪和超过一定犯罪金额的严重盗窃案件组成；因而，在一定意义上，也和主流犯罪经济学实证研究的发现保持一致：表5－2第（6）列中确定性对非重特大犯罪的威慑弹性为－0.952，第（8）列中犯罪被发现概率每上升1%，将导致重特大犯罪率减少0.728%。可以注意到，从犯罪严重程度来看，加总刑事犯罪率是重特大犯罪和非重特大犯罪的混合，第（4）列犯罪被发现概率对总刑事犯罪率的弹性（－0.884），正好介于惩罚概率对重特大和非重特大犯罪的威慑弹性之间。这个结果，一定程度上从侧面肯定了以上刑罚威慑效应估计的合理性。另外，考虑到非重特大犯罪在总犯罪率中占据绝对比例，而第（6）列非重特大犯罪供给方程估计中，各项系数均与第（4）列的估计结果较为接近或可比，因而以上结果实际上也提示我们，基准回归结果对刑事犯罪率变量可能存在的度量误差保持稳健。

二、惩罚严厉程度的威慑效应

参照之前的计量分析策略设计，具体回归分析中我们从以下三个方面考察惩罚严厉程度的犯罪威慑效应：

首先，表5－3第（1）列中，我们重复了表5－2第（4）列的估计，但是剔除了“严打”年份的观测值，这种设定方法有两个好处：一是可以检查之前对惩罚概率威慑效应的估计是否受异常年份观测值的影响。二是前后惩罚概率弹性估计值的对比变化，也可以初步显示“严打”年份惩罚严厉性上升的威慑效应。表5－3第（1）列的估计结果显示，去除“严打”年份的观测值后，惩罚概率的威慑弹性略有缩小，从原先的－0.884降到－0.852。这表明，一方面，我们之前的估计结果较少受到刑事政策异常调整的影响；另一方面，也初步提示“严打”期间惩罚严厉程度提升对犯罪存在一定的威慑效应。于是，在第（2）列中，我们用一个“严打”年份的虚拟变量[①]捕捉“严打”期间总体犯罪率下降情况。估计结果显示，控制可

① 1983年开始的“严打”，实际持续时间是1983年8月到1986年底。我们将“严打”虚拟变量设定为1984～1986年为1，其余年份为0；后面我们也讨论虚拟变量的不同设定对估计结果的影响。

能影响刑事犯罪率变化的其他变量之后，“严打”期间受惩罚严厉程度上升的影响，犯罪率比1983年平均下降了约29%。进一步区分犯罪类型的第（5）列和第（7）列的估计结果表明，惩罚严厉程度上升对非重特大犯罪的影响更加显著，控制其他影响因素之后，“严打”期间惩罚严厉程度上升使得非重特大犯罪率下降约34.7%，重特大犯罪率下降约15.6%。严厉程度提升对两类犯罪威慑的差异化影响，一方面，呼应了之前惩罚概率提升对偏侵财的非重特大犯罪有更大影响；另一方面，和Levitt（1996）、Drago等（2009）以及Buonanno和Raphael等（2013）的发现一致，即严厉程度提升对侵财犯罪有更大的威慑效应。

其次，表5-3第（3）列在第（2）列基准设定的基础上加入了“严打”虚拟变量和惩罚概率的交叉项，如果“严打”期间惩罚严厉程度提升放大了惩罚概率的威慑弹性，那么以上交叉项应当和惩罚概率威慑效应的估计系数同方向。表5-3第（3）列的估计结果显示，惩罚概率和“严打”虚拟变量的交叉项（Sthdlclearrt）为-0.587，并在10%的置信水平上显著，这意味着其他条件不变，严厉程度提升大概使得惩罚确定性的威慑效应相比非“严打”时期增加了68.6%（0.587/0.856）。类似地，表5-3第（6）列和第（8）列分别基于不同犯罪类型对这种设定做了重复。令我们感到放心的是，这两列的估计结果再一次肯定了“严打”期间惩罚严厉程度放大了惩罚概率威慑弹性的假说；和前面的估计保持一致，相比较而言，非重特大犯罪率对惩罚严厉程度上升的威慑作用要大于重特大犯罪，前者放大了近68%，而后者仅约20%，并且不显著。

最后，作为间接利用“严打”运动估计惩罚严厉的犯罪威慑效应做法的补充，我们也在表5-3第（4）列加入了单位破获案件的监禁人数作为惩罚严厉程度的度量。虽然，由于只有部分县报告了每年新关押的监禁人数，我们分析的样本数明显减少，但是惩罚概率、“严打”虚拟变量的估计系数均和第（2）列的估计非常接近，而且监禁判罚增加也显著威慑犯罪，所估计弹性系数和Levitt（1996）估计监禁对侵财犯罪的威慑弹性（-0.4~-0.3）较为接近。以上估计结果说明，虽然没有直接控制惩罚严厉程度使得基准回归面临遗漏变量偏误的风险，但是显然这个遗漏变量问题并没有对基准回归结果构成根本挑战。

表5-3　惩罚严厉程度上升的犯罪威慑效应

控制变量	因变量：总刑事犯罪率				重特大犯罪率		非重特大犯罪率	
	(1)	(2)	(3)	(4)	(5)	(6)	(7)	(8)
总破案率	-0.852***	-0.901***	-0.856***	-0.905***				
	(0.161)	(0.153)	(0.157)	(0.173)				
严打虚拟变量1		-0.290***	-0.492***	-0.297***	-0.347***	-0.579***	-0.156	-0.170*
		(0.053)	(0.126)	(0.045)	(0.065)	(0.167)	(0.091)	(0.095)
严打×破案率			-0.587*					
			(0.290)					
监禁概率				-0.307***				
				(0.077)				
非重特大破案率					-0.972***	-0.927***		
					(0.160)	(0.165)		
						-0.627*		
						(0.364)		
重特大破案率							-0.711***	-0.689***
							(0.212)	(0.236)
交叉项2								-0.139
								(0.378)
常数项	5.064***	3.931***	3.936***	5.895***	4.879***	4.882***	2.046	2.050
	(1.366)	(1.055)	(1.047)	(0.807)	(1.225)	(1.180)	(2.040)	(2.035)
观测值	286	385	385	178	316	316	316	316
拟合系数	0.795	0.803	0.805	0.871	0.767	0.770	0.883	0.883
截面数	33	33	33	16	27	27	27	27

注：(1) 回归方程的技术性说明同前；

(2) 所有列均控制了时间和地区维度的固定效应；

(3) 交叉项1：严打×非重特大破案率；交叉项2：严打×重特大破案率。

(4) 四个控制变量情况和表5-2较为接近，略。

第六节　内生性问题和稳健性讨论

第五节的计量分析利用双侧固定效应模型，对犯罪供给方程估计中不可观测的异质性、遗漏变量及犯罪率变量的度量误差等问题的影响做了考察分析。本节有关内生性和稳健性问题的讨论，将重点关注惩罚概率变量与犯罪率之间的联立内生性，以及惩罚严厉程度对犯罪的威慑效应的估计是否受"严打"虚拟变量及方程形式设定的影响。考虑到基准回归分析的样本只包括各县20世纪80年代的观测值，利用覆盖时间更长的样本对基准设定进行重复，检验之前的计量分析结论是否存在样本依赖问题。

一、惩罚概率与犯罪率之间的共时决定问题

惩罚概率提升增加了对犯罪的威慑。但是，犯罪率高的地方，犯罪破案的边际产出也将提升，这将激励地方政府提高在这方面的支出破案率。这种执法努力与犯罪率之间存在的共时决定（联立）问题，使得惩罚概率的威慑效应很可能被低估。我们分别利用静态面板数据的工具变量估计和动态面板数据的广义矩估计法，对这种共时决定问题的影响展开讨论。

工具变量法估计的核心是找到一个和县层面执法变量相关，但是本身与县级犯罪率没有直接联系的工具变量。本章认为，地区一级的刑事案件破案率和地区人均行政管理费支出可能是两个可以选择的工具变量。由于公安系统存在一定的垂直管理特性，地区刑事案件破案率上升，一定程度上说明地（市）公安系统整体在公共执法上可能有更多的投入，或公共支出的产出效率有较好的提升，这将影响县（市）一级执法威慑变量的波动。反之，由于一个地区一般都至少管辖5～6个县[①]，所辖县的经济社会条件也存在一定差别，因而具体某个县的刑事犯罪情况一般不可能直接影响或决定整个地区加总层面的公共执法策略调整。沿着类似的推理逻辑，由于20世纪80年代公检法支出是行政管理支出的一部分，因而地区人均行政管

① 不计市辖区，浙江省目前有11个地级市，一共管辖56个县级市。

理支出增加的年份，县的公共执法支出可能相应上升；但是具体某个县的刑事犯罪形势，显然不可能直接影响地区加总的行政管理支出规模。

具体到基于工具变量的回归估计中，我们分别使用以上两个工具变量对惩罚确定性和严厉程度的主要回归结果做了重复。其中，表5－4第（1）列利用单一工具变量重复了表5－2第（4）列的估计，第（2）列则用两个工具变量重新估计了表5－3第（2）列的估计结果。一阶段回归估计和豪斯曼（Hausman）检验值也报告在对应列中。

首先，和我们选择工具变量的预期设想保持一致，两列的工具变量一阶段回归方程中，地区刑事案件破案率和人均行政管理费支出，与县一级的刑事破案率均显著正相关，地区公共执法支出增加或执法效率提高，均导致县刑事破案率显著上升。

其次，表5－4第（1）列和表5－2第（4）列的对比显示，基于2SLS的工具变量法估计所得到的惩罚概率的威慑弹性系数平均提高了近两倍，进一步的豪斯曼内生性检验肯定了工具变量估计的有效性。这说明忽略执法变量与犯罪率之间的联立内生性，将导致惩罚概率威慑效应被低估。我们基准回归估计和2SLS工具变量估计结果的差异，略高于Ehrlich（1973）的发现（从－0.853到－1.303），但是低于Levitt（1996）应用工具变量法估计监禁减少犯罪效应的前后对比（从－0.1到－0.4～－0.3）；表5－4第（1）列中惩罚概率威慑弹性系数的绝对数值，也略高于Ehrlich（1973）对抢劫犯罪的威慑弹性估计（－1.303）。

最后，表5－4第（2）列和表5－3第（2）列中表征惩罚严厉程度威慑效应的"严打"虚拟变量的估计系数并没有很大差别，相比1983年，"严打"期间惩罚严厉程度上升导致犯罪率下降了约25%，这表明"严打"运动的威慑效应估计较少受到惩罚概率变量内生性问题的影响。

表5－4 基于工具变量法的刑罚威慑效应估计

控制变量	因变量：总刑事犯罪率	
	（1）	（2）
总破案率	－1.679***	－1.950***
	（0.325）	（0.362）
收入差距	0.105	0.091
	（0.081）	（0.084）

续表

控制变量	因变量：总刑事犯罪率	
	（1）	（2）
城镇化率	0.754*** (0.174)	0.714*** (0.183)
年轻男性占比	0.396 (0.307)	0.367 (0.333)
人均实际 GDP	-0.213* (0.127)	-0.282** (0.121)
严打虚拟变量 1		-0.250*** (0.067)
常数项	5.618*** (0.945)	4.867*** (1.043)
豪斯曼检验	8.17	9.94
一阶段回归		
市一级破案率	0.357*** (0.054)	0.361*** (0.057)
市一级人均行政管理支出	/	0.047** (0.019)
观测值	373	349
截面数	33	31

注：（1）工具变量一阶段回归的自变量为县破案率，其余控制变量系数报告从略；

（2）两列均控制了县与时间固定效应；

（3）由于地区破案率和行政管理支出的数据可得性，工具变量回归时样本量有所缩减。

引入动态面板数据的广义矩估计方法，对执法威慑与犯罪率之间的共时决定问题做进一步考察的基本动机是，在犯罪供给方程式（5－10）的左边加入犯罪率的一阶滞后体现地区犯罪的惯性和累积因素，可以缓解犯罪供给方程估计中的内生性问题。但是，此时由于地区虚拟变量与一阶滞后犯罪率变量相关，而且进行固定效应组内变化的滞后项与方程的残差项负相关，这将导致进行固定效应变化的估计将不一致①。对此，Arellano 和 Bond（1991）建议用一阶差分广义矩估计量（FD－GMM）加以处理，基本想法是假定加入滞后项后式（5－10）的残差序列不相关，则一阶差分变换后滞后的水平值变量，可以作为差分变量的工具变量。当样本量较大时，满足残差序列的不相关条件，则基于 FD－GMM 的估计可以得到一致估计量。虽然 FD－GMM 的引入一定程度上缓解了动态方程中的滞后项内生性问题。然而，后续研究发现 FD－GMM 可能存在弱工具变量问题，于是，Blundell 和 Bond（1998）建议使用一个新的系统广义矩估计量（SYS－GMM）进行估计。SYS－GMM 的基本步骤是在已有的 FD－GMM 估计量的基础上，通过合理的初始条件设定，进一步添加一阶差分变量的滞后项作为水平值变量的工具变量。蒙特卡罗模拟表明，即使在有限样本情形下 SYS－GMM的估计结果依然非常稳健。

表5－5分别显示了利用一阶差分和系统广义矩估计量，对基准犯罪供给方程重新估计的结果。其中，第（1）列、第（2）列重复了表5－2第（4）列的估计，第（3）列应用系统广义矩估计量重新估计了表5－3的第（4）列。广义矩估计中工具变量过渡识别条件的 Sargan 检验值和残差序列的自相关检验情况，分别报告在对应列下方。第（1）列、第（2）列和第（3）列的滞后项估计系数均为正，初步肯定了我们犯罪供给方程引入动态结构的合理性，县级犯罪率具有惯性和累积特征。不论残差序列的自相关检验还是变量过度约束的 Sargan 检验都提示，表5－5中三种广义矩估计设定合理，工具变量择取也均有效。对应列惩罚概率威慑弹性系数的对比，进一步肯定了之前基于静态面板数据工具变量法估计的发现，即由于联立内生性问题，惩罚概率对犯罪率的威慑效应被低估。再次令我们放心的是，表5－5第（3）列的估计表明，惩罚确定性的内生性问题对惩罚严厉程度威慑犯罪的估计影响较为有限，相比1983年，“严打”使得犯罪率下降约25.1%。

① 更详细的动态面板数据广义矩估计技术细节的讨论，可以参考 Bond 等（2001）。

表 5-5　犯罪供给方程的动态广义矩估计

控制变量	因变量：总刑事犯罪率		
	(1)	(2)	(3)
	FD-GMM	SYS-GMM	SYS-GMM
犯罪率一阶滞后	0.125 (0.083)	0.309*** (0.068)	0.298*** (0.066)
总破案率	-1.195*** (0.150)	-1.043*** (0.147)	-1.095*** (0.148)
总破案率一阶滞后	0.051 (0.213)	0.089 (0.211)	0.180 (0.193)
总破案率二阶滞后	0.117 (0.202)	0.248 (0.188)	0.226 (0.193)
严打虚拟变量 1			-0.251*** (0.047)
常数项	3.392*** (1.218)	3.458*** (1.150)	2.647** (1.112)
AR (1)	0.001	0.000	0.000
AR (2)	0.645	0.956	0.967
Sargan Test	0.199	0.266	0.317
观测值	291	324	324
截面数	33	33	33

注：(1) AR (1) 和 AR (2) 分别显示残差序列的一阶和二阶自相关检验的 p 统计值，GMM 估计要求变量不存在二阶序列相关，而一阶序列相关并不影响 GMM 估计的有效性；Sargan Test 报告的是工具变量的过度识别检验的 p 统计值，其原假设是所有工具变量是有效的；
(2) 所有列均包含县及时间固定效应；
(3) 其他技术细节说明同前表；
(4) 四个控制变量情况和表 5-2 较为接近，略。

二、惩罚严厉程度威慑犯罪估计的稳健性

惩罚严厉程度威慑犯罪估计的稳健性方面，我们主要检查了“严打”虚拟变量的定义变化以及估计方程的不同设定对基准估计结果的影响。

首先，1983 年的“严打”运动实际上开始于 1983 年 8 月中旬，虽然各地第一波逮捕时间略有差别，但都在 8 月中下旬。全国层面上，有关“严打”时期惩罚严厉性提升的两个核心的法律文件——《关于严惩严重危害社会治安的犯罪分子的决定》、《关于迅速审判严重危害社会治安的犯罪分子的程序的决定》，均在 1983 年 9 月 2 日开始由全国人大常委会通过、颁布并施行。有鉴于此，我们对“严打”虚拟变量设定做了调整，将 1983 年补充设为 0.33（考虑“严打”的影响是 9 月初开始），其余年份的设定不变，以检验不同的“严打”虚拟变量设定是否对威慑效应的估计结果有影响。

其次，方程设定方面，我们将犯罪供给方程式（5 - 10）中的年份固定效应替换为年份趋势变量，并通过添加一个“严打”虚拟变量与年份趋势变量的交叉项，考察“严打”运动对刑事犯罪率的长期演变路径的影响。

表 5 - 6 第（1）列、第（2）列分别重复了表 5 - 3 中第（2）列和第（3）列的估计结果。由于参照的仅是 1983 年的部分月份，所以“严打”虚拟变量的估计数值有所增大，但如果用相对应的单位区间比较来看，“严打”期间刑事犯罪率下降约 27.8%（0.415 × 2/3），和表 5 - 3 第（2）列的估计较为接近。另外，同样和“严打”期间惩罚严厉性提升放大了惩罚概率的威慑效应的假说保持一致，表 5 - 6 第（2）列中“严打”虚拟变量和惩罚概率变量的交叉项显著为负，相比非“严打”时期惩罚确定性的威慑弹性增加了近 71%，这个估计结果与表 5 - 3 的估计较为相近，再一次肯定了基准估计较少受到“严打”虚拟变量设定的影响。最后，在表 5 - 6 的后两列，分别用两种“严打”虚拟变量的设定，估计了包含时间趋势的犯罪供给方程，考察“严打”对犯罪率增长路径的偏离影响。最终估计结果显示，在 20 世纪 80 年代的浙江样本县，刑事犯罪率大概以每年 11.4% ~ 11.7% 的比例增长，而控制其他控制变量后，“严打”期间惩罚严厉程度的上升，使得刑事犯罪率的“增长率”每年下降 6.7% ~ 6.9%，“严打”三年下来，犯罪率平均比 1983 年下降了 21.48%。

表 5－6　不同的“严打”虚拟变量设定和长期影响估计

控制变量	因变量：总刑事犯罪率			
	(1)	(2)	(3)	(4)
总破案率	－0.901*** (0.153)	－0.844*** (0.157)	－1.550*** (0.150)	－1.544*** (0.148)
严打虚拟变量 3	－0.415*** (0.076)	－0.599*** (0.142)		0.098 (0.248)
交叉项 3		－0.539* (0.291)		
严打虚拟变量 1			0.097 (0.243)	
交叉项 4			－0.067** (0.031)	
时间趋势			0.114*** (0.020)	0.117*** (0.020)
交叉项 5				－0.069** (0.032)
常数项	4.056*** (1.047)	4.052*** (1.039)	5.370*** (1.045)	5.456*** (1.040)
观测值	385	385	385	385
R^2	0.803	0.805	0.641	0.642
截面数	33	33	33	33

注：（1）回归方程的技术细节说明同前；

（2）前两列控制了年份固定效应；

（3）严打虚拟变量 3（sthd3）定义为 1983 年为 0.33，1984～1986 年等于 1，其他年份等于 0；

（4）交叉项 3＝严打虚拟变量 3×总破案率、交叉项 4＝严打虚拟变量 1×时间趋势、交叉项 5＝严打虚拟变量 3×时间趋势；

（5）四个控制变量估计结果和表 5－3 接近，略。

三、样本依赖性问题

由于基准回归所使用的样本只包括 1979～1990 年的县样本，因而我们最后也在数据可得的基础上利用涵盖更长时间段的样本，对刑罚威慑犯罪的主要结果进行了重新估计。详细样本的构成情况参见附录 1。在详细报告主要结果之前，有几点需要略作说明。

首先，由于 1990 年后的样本中，年轻男性在总人口中占比的信息缺失严重，我们用人口结构中男性的占比作为代理变量；当然，也在具体处置中，将该年龄结构变量删除，检查主要回归结果是否受到影响。

其次，考虑到 1992 年公安部对盗窃犯罪做了重新定义，1997 年我国对《中华人民共和国刑法》做了大量修订，为了避开这些调整的可能影响，我们也进一步对样本做了不同时间段的截取，分别将稳健性分析的子样本截至 1992 年之前和 1997 年之前。

最后，和之前的计量分析保持一致，我们在所有列都控制了县和年份固定效应，以缓解不可观测的异质性和遗漏变量等问题带来的影响。表 5 - 7 的前三列是我们所拥有的观测值的估计结果，第（4）列将样本截至 1992 年，第（5）列则是截至 1997 的样本；第（3）列去除了人口结构变量和第（2）列构成对比，检查主要回归结果是否受到影响。

最终，虽然包含了 1990 年之后的样本估计，这五列的估计结果中惩罚概率的威慑弹性数值略有下降，而表征惩罚严厉性的“严打”变量对犯罪的威慑影响略有上升，但是总的来看，还是和基准的回归结果较为相近。这说明，我们基准回归的结论应该是较少受到样本局限于 20 世纪 80 年代的影响，估计结果较为稳健。

表 5 - 7　基于不同样本的刑罚威慑效应稳健性检查

控制变量	因变量：总刑事犯罪率				
	(1)	(2)	(3)	(4)	(5)
总破案率	-0.605***	-0.629***	-0.628***	-0.869***	-0.626***
	(0.158)	(0.151)	(0.152)	(0.148)	(0.161)
严打虚拟变量 1		-0.355***	-0.352***	-0.296***	-0.360***
		(0.077)	(0.075)	(0.055)	(0.078)
收入差距	0.057	0.029	0.031	0.117	0.044
	(0.084)	(0.079)	(0.080)	(0.080)	(0.084)

续表

控制变量	因变量：总刑事犯罪率				
	(1)	(2)	(3)	(4)	(5)
城市化率	0.363*	0.274	0.266	0.436**	0.398*
	(0.211)	(0.183)	(0.180)	(0.179)	(0.199)
男性占比	-1.000	-0.669		-0.129	-0.590
	(2.366)	(2.329)		(2.262)	(2.486)
人均实际 GDP	0.093	0.017	0.010	-0.205*	-0.026
	(0.225)	(0.194)	(0.189)	(0.117)	(0.214)
常数项	9.104	7.807	4.660***	5.846	7.783
	(11.139)	(10.914)	(0.513)	(10.625)	(11.710)
观测值	492	492	492	400	459
R^2	0.850	0.848	0.848	0.836	0.815
截面数	33	33	33	33	33

注：(1) 回归结果的技术性说明同前；

(2) 所有设定都控制了县和年份固定效应。

第七节　结论及政策启示

近年来，我国经济快速增长和社会加速转型所伴生的刑事犯罪率攀升等负面社会现象，正受到越来越多研究者们的关注和重视，也成为新时期我国政府改善社会治理秩序，提升可持续发展能力，需要着重面对并加以解决的重要议题。现有关于我国转型期刑事犯罪问题的实证研究文献中，刑罚威慑效应的估计没有得到应有的重视和适当的处理，相应的犯罪治理政策的讨论倾向于认为，刑罚威慑不重要或治乱无须重典。这种研究取向和论断，与公共执法在犯罪治理中的基础性地位和作用的现实并不相符，亟须从实证研究角度对之加以辨别和澄清。

从经验研究角度看，之所以没能发现公共执法威慑犯罪的有力证据，最可能的解释是因为没有恰当处理刑罚威慑与犯罪治理之间的联立性内生问题。基于一个全新的20世纪80年代浙江省33个县的面板数据，我们分别利用工具变量法、动态面板数据的广义矩估计方法以及1983年的“严打”运动所生成的惩罚严厉程度变动的外生自然实验场景，对公共执法中惩罚的确定性和严厉程度的犯罪威慑效应做了细致的考察。基于双侧固定效应模型的基准估计结果显示，犯罪惩罚概率每上升1%，平均而言将导致犯罪率下降0.884个百分点；我们发现惩罚概率提升和严厉程度增加，对偏侵财型的非重特大犯罪的刑罚威慑弹性要大于偏暴力型的重特大犯罪。而利用地区刑事破案率和人均行政管理费支出作为县级层面犯罪被发现概率的工具变量之后，两阶段最小二乘法的估计结果显示，刑罚威慑和犯罪率之间的共时决定，使得惩罚概率对犯罪率的威慑弹性被显著低估。

另外，虽然未能直接度量惩罚严厉程度的犯罪威慑效应，但是由于20世纪80年代我国刑事政策中独特的“严打”运动的典型特征正是犯罪惩罚严厉程度的显著上升，因而通过度量“严打”运动的犯罪威慑效应，我们事实上可以得到惩罚严厉程度威慑效应的部分间接证据。我们的估计结果显示，平均而言，表征惩罚严厉程度上升的“严打”时期，犯罪率相比“严打”前期年份下降了21%～29%，惩罚严厉程度上升的犯罪威慑效应还体现在放大了惩罚概率的威慑力度。以上估计结果对犯罪供给方程可能存在的遗漏变量、不可观测的异质性、犯罪率的度量误差以及样本选择等常见内生性问题均保持稳健。对我国转型期犯罪治理政策而言，本章估计结论的直接政策的蕴涵是：当下的犯罪治理应当保持“两手抓”和双边发力，既要通过教育培训等政策工具，改善低收入群体的生存状况和发展前景，同时也要通过增加街面警察数量提升破案概率，辅以严厉的犯罪惩罚，维持应有的犯罪威慑力度，唯有如此才能实现更加有效的犯罪治理。

第六章 风险偏好、信任与农民工参与抗争活动的意愿

第一节 问题的提出

第三章、第四章、第五章从宏观加总的计量分析视角，对我国城市化进程中劳动力流动与犯罪问题做了实证分析，重点考察了城市劳动力市场状况和总体收入差距变化对犯罪率增加的影响，同时也对犯罪治理中的执法威慑问题做了讨论。这些研究发现，劳动力市场状况的恶化和以惩罚确定性为代表的刑罚威慑弱化，是犯罪率上升的两个主要原因。相应地，通过改善低收入群体在城市劳动力市场的生存状况，尤其是着眼于以提升劳动边际产出为目标的培训或人力资本储备的政策措施，将有利于犯罪治理局面的持续改善。然而，就我国改革开放以来城市化发展和社会转型的基本现实背景来说，以上基于宏观加总层面的计量分析对我国转型时期刑事犯罪率变化的考察和讨论，可能还存在一些不足或有待进一步补充。尤其是，如果注意到我国现阶段犯罪率向经济相对发达地区“集聚”和向外来人口“集中”的基本特点，我们显然还必须更进一步回答外来劳动力的特征、生存情况及心理习惯等，使他们在现阶段城市犯罪治理对象中长时间存在过度表达（Over－representative）问题。

值得注意的是，与犯罪经济学领域基于微观调查样本的实证研究碰到的常见困难类似，从微观个体层面研究农民工犯罪的过度表达问题，碰到的首要挑战就是微观个体层面的犯罪决策和行为在事先实际上不可观测。因而，如果像早期犯罪学领域有关犯罪矫治项目类的研究，例如，Berk 等

(1980) 以在关押或犯罪被抓获的个体为主要研究对象，那么此时将面临典型的样本选择偏误问题（Sample Selection Bias)，同时也可能存在较为显著的报告性偏误（Reporting Bias)。于是，进入20世纪90年代以来，基于宏观加总即市场层面数据的计量分析，成为检验犯罪模型的基准设定。但是，最近这几年的文献进展又有所变化，基于微观调查的研究开始重新受到重视，这其中不同于前期研究的主要创新改进思路是利用罪犯释放后的连续观察，考察惩罚严厉性、监狱中的社会交往对重新犯罪决策的影响。在一定程度上是受到这种文献上新转向的启发，综合考虑到数据可得性和我国现阶段犯罪向农民工群体集中的基本事实，我们试图换一个相对间接的角度，主要从风险偏好和社会性偏好入手考察其对农民工参与危险行为意愿的影响，希冀对前几章的犯罪宏观计量分析做出补充。

具体来说，本章和第七章的微观计量分析，将基于农业转移人口市民化和价值观调查数据，重点对农业转移人口的风险偏好特征、信任心理及幸福感、焦虑等心理情况进行勾勒描述，并尝试考察这些偏好、心理特征可能受哪些因素影响，同时又在多大程度上与主观幸福状态及参与抗争活动的意愿相关联。理论上看，这两章的微观计量分析对已有研究构成有益的补充，还体现在以下两点：

第一，从犯罪治理资源配置，尤其是执法威慑的有效性来看，Becker (1968) 曾指出，如果犯罪分子是风险容忍或偏好型，那么理论上惩罚确定性的犯罪威慑效应（Deterrence Effect）要大于惩罚严厉程度的犯罪减少效应，在这个意义上进一步对农民工层面的风险偏好情况进行细致考察，有利于映射城市部门犯罪治理的资源优化配置问题。

第二，已有倡导通过公共服务均等化促进农民工市民化的政策检验或研究，往往专注于政策供给方的研究；相反，从需求方对这些公共服务的满意度及重要程度评价较为罕见；并且，只关注供给总量，我们事实上也很难知道在存在资源约束的条件下，公共服务覆盖在短期和中长期内应当存在怎样的侧重点差别和优先序安排，而这些政策措施配置最终又对农民工的总体幸福感、焦虑感等有怎样的影响。显然，对所有这些问题的回答，都需要基于农民工个体调查的实证研究，做出进一步的分辨、澄清和解释。

除了第一节提出问题，本章余下内容的结构安排如下：第二节介绍农业转移人口市民化与价值观调查的基本情况，以及本书微观计量所使用样本的整体情况；第三节简要介绍行为经济学有关偏好表达的研究方法概况，以及本书研究样本的风险偏好、信任及相关偏好的总体统计情况，并在此基础上讨论教育、收入等因素对农民工风险偏好的影响；第四节讨论偏好特征对农民工参与抗争行为的影响机理，以及微观计量分析的变量定义、计量分析策略等；第五节报告偏好特征影响农民工参与抗争行为以及支持抗争行为的计量分析结果，并讨论主要计量研究结果的稳健性问题；第六节报告本章的结论并讨论相关政策。

第二节 农业转移人口市民化与价值观调查简介

一定意义上和最近几年犯罪经济学的研究开始注重微观个体数据的做法保持一致，作为宏观犯罪供给方程估计的补充，本章基于农业转移人口市民化和价值观调查，对我国现阶段农民工在犯罪对象中存在过度表达的个体层面因素做进一步考察。本节介绍调查设计的基本思路、核心逻辑、主要架构、调查开展情况以及样本的主要情况。

一、调查的设计思路和基本架构

“农业转移人口市民化与价值观调查”（Floating Worker Value Survey，FWVS），最初是由笔者主持的清华大学中国农村研究院的博士后种子基金、中国博士后基金以及国家自然科学基金支持的前期研究项目。本项调查设计的最初动机是注意到以下两个研究方向可能存在的连接。

（1）与20世纪90年代以来的研究普遍基于宏观加总数据不同，最近几年犯罪经济学的实证研究中，微观个体数据受到普遍的重视和关注，代表性的研究至少包括Chen和Shapiro（2007）、Drago等（2009）；然而，就我国转型期刑事犯罪问题的实证研究来看，迄今为止宏观面板数据方面的实证研究已经有较多的尝试，但是基于微观调查数据的拓展和探索却基本阙如。

（2）作为我国现阶段犯罪问题研究中的一个突出现象，即农民工在犯罪个体中始终占据畸高比重，发达地区每年发布的社会治安报告中，外来农民工犯罪往往占70%以上的比重，长三角的一些城市这个比例甚至高达95%；对此，现如今有关农民工市民化的调查研究鲜有直接正视和处理，较为普遍间接的处理方式是应用社会融入假说，认为通过公共服务均等化等政策措施改善农民工融入当地社会的状况，将有利于城市社会治理和管理的改善。具体实证研究中，农民工生存状况和社会融入指标设计，关注的大多数是相对宏观和作为结果类型的经济融入类变量和测度；相反，对相对微观具体作为过程的农民工城镇化进程中的偏好特征、心理特征、价值观以及主观幸福感等情况，总体上涉及还相对较少。但是，不论是犯罪经济学、行为经济学还是从微观人力资本研究的最新进展来看，这些性格、偏好和心理方面的特征元素，对理解个体人力资本积累以及许多风险性行为却是存在很重要的探究价值。

基于以上两个方面的连接考虑，我们在2012年底开始设计“农民工市民化和价值观专项调查”，希望在现有农民工融入调查研究框架的基础上，增加相关的行为偏好、信任、社会交往及幸福感等方面的模块，了解城镇化进程中农民工的偏好情况及其影响因素，并进一步考察对参与抗争性行为及主观幸福感等的影响。具体问卷设计方面，我们的基础问卷选取的是中国人民大学2005年国家社科重大课题的“城市化进程中的农民工问题研究”的调查问卷，增加的是行为偏好、信任、歧视、焦虑感和幸福感等问卷模块，在问法和问题设计方面主要参考了该领域较为主流的一些调查。例如，价值观和幸福感方面，我们参考了世界价值观调查（WVS）的一些问法；行为偏好测定方面，我们主要借鉴了行为经济学方面的最新研究文献，具体包括Almlund等（2011）、Chew等（2011）。最终，本调查所使用调查问卷的核心架构包含以下几个模块：家庭情况、行为偏好、社会交往、就业和收入、住房和居住条件、社会融入、信任、歧视、焦虑感和幸福感。更详细的问卷设计情况，请参考附录2。

二、调查开展与样本情况

具体调查的组织和开展，我们分三个阶段进行。第一阶段是2012年底，我们组织杭州的大学生在寒假社会实践调查中，对第一个版本的问卷进行了返乡试调查。2013年3月和4月，结合试调查反馈的情况对问卷做了进一步的修改完善，并在2013年7月组织了第一轮在浙江省内相对正式的调查，2014年2月开展了覆盖省份更多的第二轮调查。这两轮调查皆由培训过的在校大学生将问卷带回老家进行访谈式调查，每个调查员最多调查份数为10份，我们最终按照调查问卷回收情况支付了相应的报酬。两轮调查下来，经过筛选、删除一些无效问卷后，我们最终使用的问卷总数为1625份，问卷回收率为81.25%；其中，第一轮有效问卷数为343份，第二轮有效问卷数为1282份。由于并不是所有问卷都完整地回答了所有调查题目，所以在详细统计计量分析中所使用的样本数略有差别。更具体的问卷地区分布情况，请参考附录3有关农民工现居住地和来源地描述。以下对微观计量分析所使用调查样本的年龄、性别、婚姻、受教育情况、工作和收入情况以及在城镇的居住情况，略作描述和讨论。

首先，年龄方面，我们返乡调查的农民工样本的年龄均值为34岁，略低于国家统计局2012年的农民工监测数据的年龄均值；返乡调查农民工样本的男性年龄均值略高于女性，前者为35岁，后者为32岁，男性占整个调查样本的65%。年龄结构方面，40岁及以下是返乡调查的农民工主体，占总样本数的72%，高于国家统计局2012年的农民工监测数据近10个百分点，可能原因是返乡调查的大学生调查员更倾向于和年龄差距相对小的人进行调查访问。受教育方面，我们返乡调查的样本中，56%的农民工都只受过初中及以下的学校教育，高中及中专文化的大约占25%，大专及以上的仅占19%，总体受教育比例略高于国家统计局2012年农民工监测数据。婚姻方面，所调查样本中已婚比例占67%，结婚年龄均值为24岁，男性和女性的平均年龄几乎没有差异。

其次，工作强度方面，调查样本的农民工工作强度依旧较大，每周工作时间均值是6.1天，每天工作约9.2小时。工作报酬方面，领固定工资和基本工资加提成的大概相当，分别占34%和32%，计件工资占比约为21%；样本月工资均值为3496元，男性高于女性，分别为3745元和3057元；近60%的农民工和雇主签订了劳动合同，显著高于国家统计局2013年的农民工监测数据。工作行业分布方面，制造业的从业人员占40%，服务业和批发零售业的从业占比分列第二名、第三名。更详细的样本工作行业分布情况见表6-1。

表6-1　调查样本的工作行业分布情况

指标	编码	样本（份）	占比（%）
制造业	1	463	40.2
建筑业	2	134	11.6

续表

指标	编码	样本（份）	占比（%）
批发和零售业	3	161	14.0
交通运输、仓储和邮政业	4	40	3.5
住宿和餐饮业	5	78	6.8
居民服务、修理和其他服务业	6	224	19.5
其他行业	77	51	4.4

资料来源：农民工市民化与价值观调查（2013～2014年），下同。

最后，家庭方面，52%的农民工是携家带口外出打工，和亲戚一起外出的约占19%；家庭收入方面，51%的农民工家庭年收入不到5万元。居住方面，近六成的调查样本都租住私人住房，仅有13%的住单位宿舍，样本月住房租金为425元；六成左右的农民工有老乡居住在附近。我们返乡调查的样本中，农民工群体的工资水平和租住个人住房的比重均显著高于国家统计局2013年的农民工监测数据，但是和我们之前在浙江省嘉善县做的农民工居住专项调查的发现比较接近，一个可能原因是调研样本在浙江省内的比重较高，即大多数接受返乡调查的外来农业转移人口都是在经济相对发达的地区工作。更详细的调查样本的相关信息统计情况见表6－2。

表6－2　调查样本的基本情况统计

年龄				
观测数	20岁以下	20～30岁	30～40岁	40岁以上
1581	6.45%	40.42%	25.30%	28.00%
受教育程度				
1610	初中及以下	高中	中专	大专及以上
	56.00%	14.00%	11.00%	19.00%
工作合同				
1497	没有合同	口头约定	正式合同	
	27.66%	14.30%	58.05%	
工作报酬				
1463	计时	计件	基本工资加提成	固定工资
	13.06%	21.39%	31.58%	33.97%

续表

月工资					
1380	总体	男性		女性	"80 后"
	3496 元	3745 元		3057 元	3351 元
居住情况					
1595	租住私房	住单位宿舍	购房	工作场所	其他
	0.60	0.13	0.11	0.10	0.06

第三节 农业转移人口偏好特征的测定与若干观察

从20世纪五六十年代起，行为经济学领域的早期研究，就已经对主流经济学预期效用最大化（EUM）假说背后的相关偏好假设做出了挑战，较为著名的包括阿莱悖论、埃尔斯伯格悖论（Ellsberg Paradox）等。虽然，现如今仍旧难以断定行为经济学对主流经济学偏好假设的挑战，是否将导致主流经济学底层架构出现颠覆性的改变；但是，从弗农·史密斯等行为经济学家陆续获得诺贝尔经济学奖以及主流经济学期刊上行为经济学论文日益丰富的态势来看，行为经济学有关人类行为偏好方面讨论和争论的合理性，已经在一定程度上成为学界的默认共识，也已逐渐成为一个被接受甚至鼓励的研究方向。本节先简单介绍行为经济学有关偏好表达测定的典型做法，进而汇报基于偏好表达测定方法，对农民工调查的主要发现和若干典型性事实。

一、行为偏好表达测定的基本做法

迄今为止，行为经济学偏好表达测定方面的研究，主要关注人类决策行为中诸如时间、风险、闲暇和社会倾向等类型的偏好。其中，早期的研究文献中，风险和时间偏好是两个持续受到广泛关注，同时也是经济学有关人类行为决策研究中最根本的偏好向度。风险偏好主要考察行为个体在不同风险和不确定时间中的选择，最基本层面上包括风险规避（Risk Averse）、风险中性和风险容忍或喜好三种偏好类型。时间偏好主要考察行为人的消费沿着时间维度的权衡取舍，对应的是跨时期决策中折现率高低问题。略有不同的是，20 世纪 90 年代以来的研究中，行为人的社会偏好（Pro－social Preference）开始受到行为经济学家们的重视，这些新发展的研究文献主要考察如利他、信任、互惠等社会性偏好的存在，对制度、规则的形成、合作行为及风险性行为的影响和解释力。具体偏好测定程式既包括严格的实验室实验，同时也有电话调查、现场调查之类的访谈问卷式做法，参与试验和调查者的报酬可能是假想的收益、小礼物或真实的货币金额。更为详细的测定程式及任务设计见表 6－3。

表 6－3　行为偏好测定的相关程式概述

偏好类型	测定程式描述
时间偏好： 跨时期消费和相关决策偏好	延迟折现：行为人面对一系列不同组合的选择，观察其偏好选择在就近的时间消费较小数量，或在延后的时间消费更大的数量。 棉花糖任务：参试者（通常是小孩）得到了一颗棉花糖，实验人员离开测试房间，并告诉他/她，如果能等到实验人员返回房间，则他/她将得到第二颗棉花糖。参试者能够等待的时间被作为短期贴现率的度量。 调查类问题：从 1 到 10 您觉得自己的耐心有多少
风险偏好： 对不同世界状态的偏好	彩票选择任务：被试在一系列确定份额收益和彩票式收益之间进行选择。通常彩票组合设计不变，确定份额收益的数量在变化，最低确定性收益的数额被作为风险规避的度量。 斯拉维克的风险任务（Slovic's Risk Task）：被试在 10 个连续的罐子打开任务中进行选择，这些罐子中 9 个有不同收益但具体大小未知，而其中 1 个罐子打开后将会把之前所有罐子收益都收回，被试可以选择随时停止。打开罐子的数量被视为风险规避的度量。 气球模拟风险任务（BART）：被试参加电脑模拟的气球打气实验，每打气一次获得一份额收益，但如果打球超过气球阈值，气球爆炸，被试在该气球上的收益将为零，每个气球的保障阈值及其分布未知。 调查类问题：总体上，在多大程度上你愿意承担风险

续表

偏好类型	测定程式描述
社会偏好： 信任	信任博弈：被试拿到一定的投资份额，他/她可以把其中一部分划拨给“被信任者”。划拨的金额会有相应的价值增值放大系数，接着被信任者可以决定是否划拨部分返还给信任投资者，但返回划拨并没有货币激励。初始投资份额被作为一个信任度的测量。 调查类问题：总体上，你可以多大程度上信任一个人

资料来源：Almlund et al.（2011）：“Personality Psychology and Economics”，NBER working paper，No. 16822.

二、农业转移人口行为偏好表达的若干观察

在农业转移人口市民化与价值观调查中，我们主要对犯罪决策模型中较多提及的风险偏好、时间偏好及社会偏好（信任）进行测定。其中，对于风险偏好和时间偏好，我们使用了任务组合判断式的测定方法，信任偏好则应用了信任调查的做法，更详细的问题设计参见附录 2 的调查问卷 E 模块和 I 模块。需要说明的是，虽然这些偏好测量问题中我们没有单独给调查对象支付报酬，但是从整体完成结果的统计情况来看，我们的偏好测定结果与行为经济学文献的使用真实货币作为测试报酬的发现存在较大的一致性或可比性。以下对本次调查的农业转移人口行为偏好的若干典型事实展开描述。

（一）风险和时间

首先，如表 6－4 所示，总体上略高于一半的调查样本选择风险组合收益；年龄分组方面，25 岁以下的调查样本风险容忍比 25 岁以上的调查样本高出 18%，前者均值为 0. 59，后者均值为 0. 5，这个观察在一定程度上呼应了犯罪经济学文献中经常提及的 15 ~24 岁的年轻男性在犯罪中占比较高的判断；性别差异方面，男性风险容忍的均值比女性样本高出约 17%；教育对风险偏好有显著影响，初中以上样本的风险容忍度更高，均值为 0. 57，显著高于初中及以下样本的风险容忍度，中专教育的相比接受高中教育的，风险容忍度均值略高；婚姻对风险偏好的影响方面，结婚样本更倾向于风险规避，单身样本更多地选择了风险容忍度；收入分组差异方面，家庭收

入更高的分组风险容忍度显著高于低收入家庭组。问卷调查中，我们也选取了类似的另一组风险任务对风险偏好做了补充测定，相应的结果如表6－4第4行所示。总体上，就不同分组的风险容忍度或规避的对比结果而言，两个风险任务组合测试得到的结果较为一致，这在一定程度上说明以上基于均值比较的分组风险偏好观察整体上较为稳健。

表6－4　农业转移人口的风险与时间偏好概况

	总样本	均值	年龄		性别		教育1		婚姻		家庭收入		教育2	
			(1)	(2)	(1)	(2)	(1)	(2)	(1)	(2)	(1)	(2)	(1)	(2)
风险1	1609	0.52	0.5	0.59	0.55	0.47	0.48	0.57	0.5	0.56	0.49	0.55	0.52	0.61
风险2	1613	0.56	0.55	0.61	0.57	0.55	0.52	0.61	0.54	0.61	0.53	0.6	0.55	0.65
不耐	1615	0.53	0.54	0.51	0.55	0.51	0.55	0.51	0.55	0.5	0.53	0.53	0.48	0.58

注：（1）风险偏好1和风险偏好2，分别依据附录1问卷模块E的第4题和第5题；不耐偏好依据的是问卷模块E的第7题；

（2）年龄分组的第（1）列为年龄在25岁及以上的样本，第（2）列为年龄在25岁以下的样本；性别分组1为男性，2为女性；教育分组1的第（1）列为初中及以下样本，第（2）列为高中及以上样本；教育分组2第（1）列为高中样本，第（2）列为中专样本；婚姻分组1为已婚，2为单身或未婚；家庭收入分组1为家庭年收入低于5万元，2为家庭年收入在5万元以上的样本。

其次，时间偏好方面，我们的调查结果显示，所调查的农民工样本中，25岁及以上分组的不耐偏好（Impatience）的均值要略高于低年龄组，男性组的不耐偏好均值略高于女性组，结婚组的不耐偏好也相对单身族略高，不同家庭收入分组的不耐偏好几乎没有差异。教育的影响方面，初中及以下组比高中及以上组显得更加缺乏耐心，而同样是在学校受了3年教育，接受高中教育分组的不耐偏好显著低于中专组的不耐偏好，前者的均值为0.48，后者则高达0.58。总体上，教育方面的差别对偏好表达的差异较为明显，体现为折现率的不耐偏好在分组之间的差异显著小于风险性偏好。值得注意的是，我们基于农民工样本调查发现教育对偏好表达有显著影响，和Chew等（2011）等行为经济学的文献发现保持一致，即教育在长期偏好塑造中起到较为主导性的作用。

（二）信任

农业转移人口的信任偏好表达方面，我们做了较丰富的测量。我们在问卷模块 I 中详细区分了农业转移人口对不同信任对象的信任度，具体信任对象包括家人、老乡、周围居住的人、市场商人、城里人、自己的老板或包工头、政府、警察、医生、电视报纸上的新闻以及法院和法官。

图 6－1 对所调查农民工样本的信任偏好整体情况做了描述和呈现。总体上，绝大多数调查样本都绝对信任家人，选择信任的均值比例高达 96%；农业转移人口信任的第二梯队是老乡和周围居住的人，选择信任的比例接近七成；对政府和相关公共部门，如法院、警察的信任次之，分别只有六成左右的选择信任；对医生的信任和警察的信任较为接近，对电视及报纸媒体选择信任的大约为 54%，和对老板及包工头的信任度接近。我们的调查结果显示，现阶段农民工对城里人和市场商人都基本不信任，选择信任城里人的还不到三成，而信任市场商人的总体上还不到两成。这个观察总体上支撑了如下判断，即农民工群体在城市社会交往主要还是基于亲缘、地缘的关系连接；相反，对相对"陌生"的市场社会秩序则有隔膜甚至充满质疑。信任在不同分组之间的表现方面，我们发现男性和女性的差异不

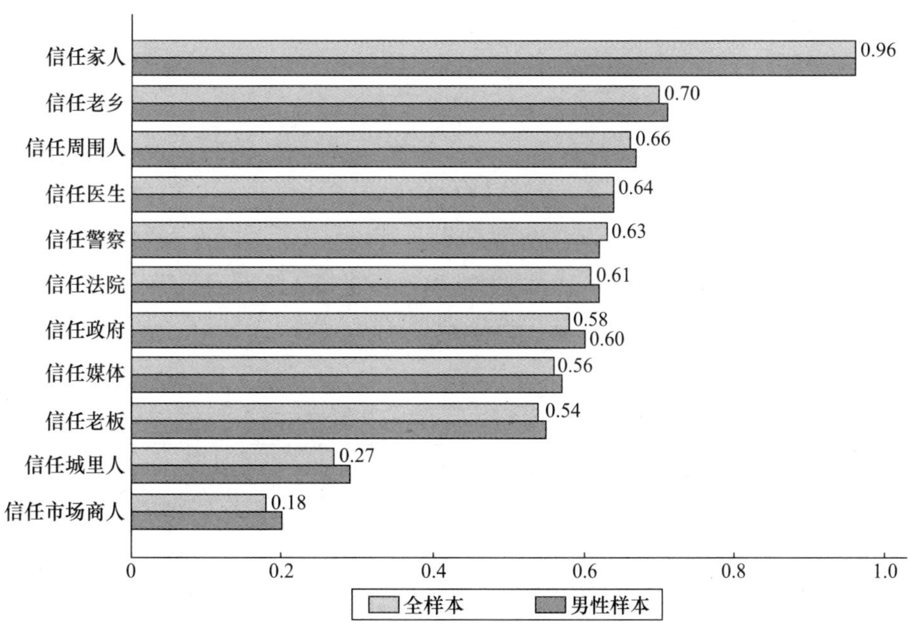

图 6－1　农业转移人口的信任偏好情况

大，除了对警察的信任女性略高外，大体上男性对以上群体的信任都略高于女性。年龄分组方面，年龄在25岁及以上的分组，对政府及相关公共部门的信任度略高于25岁以下的分组。教育分组方面，高中及以上分组也更加相信这些部门。但是，总体上，不同类型分组在信任偏好的表现上并没有非常系统的差别。

三、风险偏好影响因素的回归分析

值得注意的是，以上分组比较，只是对农业转移人口群体的偏好状况做了初步的统计呈现。由于没有控制其他分组变量或一些地区及生长生存环境方面的影响，之前这些基于分组均值比较的偏好分析，可能存在遗漏关键信息等问题的困扰。有鉴于此，我们也参照Chew等（2011）的个体偏好表达影响因素分析框架，对教育、年龄、性别、婚姻状况及收入等因素对风险偏好的影响做进一步的回归分析。具体回归分析中，我们基于如下计量模型：

$$risk_i = \alpha + \beta E_i + X_i\theta + y_i + u_i \quad (6-1)$$

式（6-1）中，$risk_i$ 是调查中测定的第 i 个个体的风险偏好，E_i 为个体 i 的受教育年限，是偏好研究中受到较多关注的控制变量；X_i 代表个体层面的其他控制变量，y_i 为地区固定效应控制地区层面不可观测的异质性因素，按照惯例 u_i 是满足 i. i. d 假设的白噪声。

表6-5显示了回归分析的主要结果。其中，前三列逐一增加了相关控制变量，后三列对地区层面不可观测的影响因素做了控制。

表6-5　教育对风险偏好的影响

控制变量	因变量 = risk1（风险偏好：1为风险容忍，0为风险规避）					
	(1)	(2)	(3)	(4)	(5)	(6)
教育年数	0.015***	0.011***	0.008**	0.009**	0.010**	0.010**
	(0.003)	(0.004)	(0.004)	(0.005)	(0.005)	(0.005)
年龄		-0.003**	-0.006***	-0.005**	-0.004*	-0.003
		(0.001)	(0.002)	(0.002)	(0.002)	(0.002)
性别虚拟变量			0.078***	0.097***	0.075**	0.095***
			(0.029)	(0.033)	(0.034)	(0.032)

续表

控制变量	因变量 = risk1（风险偏好：1 为风险容忍，0 为风险规避）					
	(1)	(2)	(3)	(4)	(5)	(6)
婚姻虚拟变量			0.002 (0.035)	0.032 (0.040)	0.014 (0.041)	-0.015 (0.038)
月工资对数			0.084*** (0.025)	0.070** (0.028)	0.085*** (0.029)	
常数项	0.372*** (0.035)	0.515*** (0.072)	-0.101 (0.202)	0.075 (0.267)	-0.753*** (0.222)	0.450*** (0.149)
地区固定效应	No	No	No	rYes	nYes	rYes
观测数	1598	1559	1328	1271	1308	1369
拟合系数	0.012	0.015	0.037	0.153	0.227	0.145

注：(1) 依惯例，***、**、*分别代表在1%、5%、10%的置信水平上保持显著；

(2) 估计系数下方的是经过异方差稳健性调整过的标准误；

(3) 第 (4) 列、第 (6) 列控制了居住地级市的固定效应，第 (5) 列控制了家乡地级市的固定效应。

首先，基本结论方面，大部分还是和我们之前分组的均值比较发现保持一致，教育变量在所有回归设定中均显著为正，这意味着受教育年限相对较长的更能或更愿意容忍风险。另外，随着年龄的增长，对风险的容忍趋于下降；男性确实相比女性更能承受或愿意选择容忍风险；收入水平更高的农民工个体趋向于容忍风险；但是结婚对风险因素的影响不再显著，一个可能原因是婚姻和年龄变量捕捉的是相近的影响因素。

其次，不论是第（4）列控制了农民工现居住地的固定效应，还是第（5）列控制了来源地的地级市固定效应，主要变量的估计系数及显著性与对应的第（3）列均非常接近或可比，这说明基准回归中有关农民工风险偏好相关因素的分析，较少受到地区层面不可观测异质性的影响，结果较为稳健。

最后，考虑到收入变量可能综合了许多其他因素的影响，我们也在最后一列去除了收入变量对第（4）列的回归分析做了重复，结果显示主要变量的显著性和系数大体保持不变，这个结果意味着我们之前有关主要变量与农民工风险偏好关系的判断比较稳健。

第四节　偏好特征与农民工参与抗争活动意愿：机理与框架

第三节对调查样本的农民工风险偏好与信任情况做了描述，本节进一步对风险偏好和信任对农民工行为决策可能存在的影响展开定性定量分析。许多研究都注意到，风险偏好与诸如酗酒、暴饮暴食、抽烟及类似的风险行为密切相关。在一定程度上是延续这种研究思路，我们设想农民工的风险偏好、对周遭社会的信任情况，可能与其在城市中的风险行为进而与犯罪决策有联系。如前文所述，个体层面的犯罪决策和行为事前实际不可观测，因而本节我们主要考察农民工的偏好特征对参与和支持罢工、抗争活动意愿的影响。

一、参与和支持罢工抗争活动的机理分析

罢工抗争活动是现阶段劳资关系中一种重要的矛盾展现形态。从农民工个体层面讲，参与罢工抗争活动是一个典型的风险行为。一方面，罢工抗争活动是农民工个体争取和保护利益不受损害的可行途径之一，这种利益保护已经没办法通过传统内部渠道或处置方式得到解决，而通过罢工抗争活动存在成功解决的可能性；另一方面，农民工参与罢工抗争活动也存在显而易见的成本，不仅耗时耽误工作，而且如果罢工抗争活动没有实现预定的影响目标，参与罢工抗争活动的个体将可能受到包括失去工作的惩罚。再者，罢工抗争活动在行动中也可能存在其他不利损害等，构成了相应的成本。所以，总结起来，作为一种风险行为，如下因素将对农民工参与和支持罢工抗争活动产生影响。

（一）不公平待遇的感知（IF）

参与罢工抗争活动的首要驱动力量应当是感知到受到不公平的待遇，明显的不公平待遇将刺激行动个体通过罢工抗争活动等外在机制进行纠正。所以，我们预期，农民工个体对不公平待遇的感知越明显，将导致他们越愿意参与罢工抗争活动。

（二）风险偏好（RP）

参与罢工抗争活动存在不确定的收益和成本，我们预期对风险容忍度更高的个体将更可能选择参与罢工抗争活动；相反，对风险规避的个体，担心风险行为对自身脆弱状况的影响，将倾向于选择不参与罢工抗争活动。

（三）信任偏好（TP）

信任偏好对农民工参与罢工抗争活动的影响要分两个方面来看。一方面，参与罢工抗争活动本质上是一种谋求正常程序以外的解决劳资纠纷的途径，因而从信任对象的角度看，农民工个体对政府相关公共部门的信任度越高，将激励他们在正常渠道上解决纠纷，降低这类抗争活动的参与。另一方面，通过非常规的罢工抗争活动解决劳资纠纷，谋求的就是通过外部解决途径聚焦到本地内部纠纷，进一步放大和凸显本地事件的社会影响；于是，如果农民工个体越信任具有聚焦放大作用的媒体力量，反而会使他们更加相信参与罢工抗争活动能够提升成功解决问题的概率，从而更愿意参与罢工抗争活动。

（四）同群效应（PE）

罢工抗争活动本质上是一项集体行动。因而，除了个体层面上偏好特征和权利损害认识，集体行动的协调成本是一个重要影响因素。这个影响路径下，信任老乡以及和附近居住较多同乡，都显著降低集体行动的协调成本，因而我们预期这两个因素将是影响农民工个体是否支持同伴工友参与罢工抗争活动的重要因素。

（五）融城状况及其他环境因素（OI）

农民工融入当地状况对参与罢工抗争活动可能也有影响。一般来说，在当地融入较好，对当地越有归属感的个体，可能越倾向于通过正规渠道解决问题，而不是通过罢工抗争活动。相反，在当地社会融入不佳的个体，更可能参与这类外在的解决问题途径。最后，除了个体层面上的这些因素，显然农民工所处的当地环境、当地化解劳资纠纷和总体社会治理水平，也会直接影响农民工参与罢工抗争活动的激励。当地解决纠纷机制越健全、越包容，农民工参与罢工抗争活动的可能性应相对越小。

二、偏好特征影响参与抗争活动意愿的分析框架

基于之前的机理分析，我们使用以下计量模型讨论农民工的偏好特征

对其参与罢工抗争活动意愿的影响。

$$Y_i = \alpha + \beta_1 RP_i + TP_i\delta + X_i\theta + y_i + u_i \quad (6-2)$$

式（6-2），Y_i 代表农民工 i 参与罢工抗争活动的意愿，或者支持工友参与罢工抗争活动；RP_i 是风险偏好测度；TP_i 是代表信任偏好的向量组；X_i 是个体层面的控制变量向量，包括不公平感知、融入当地情况、收入、年龄、受教育情况等；y_i 是控制地区层面的固定效应；u_i 为假设满足 i. i. d 假定的残差项；β_1、δ 是我们重点关注的两个待估计系数。

表6-6对式（6-2）右边变量的定义、构造、统计性状，及其对因变量可能存在的影响方向，做了概括和总结。

表6-6 变量定义、构造及统计情况

变量	定义与构造	预期影响	均值	标准差
参与抗争意愿	问题（J12）：参与罢工抗争意愿=1（赞同）；0（不赞同）	/	0.60	0.49
支持参与抗争	问题（J11）：支持周围工人参与抗争活动=1（支持）；0（不支持）	/	0.29	0.46
风险偏好	问题（E04）：风险容忍=1；风险规避=0	+	0.52	0.50
信任政府	问题（SM07）：信任=1；不信任=0	—	0.58	0.49
信任媒体	问题（SM10）：信任=1；不信任=0	+	0.56	0.50
信任警察	问题（SM08）：信任=1；不信任=0	—	0.63	0.48
信任老乡	问题（SM03）：信任=1；不信任=0	+	0.70	0.46
不公平感知	问题（J06）：不公平=1；有点不公平=0.5；没有感觉=0	+	0.45	0.35
附近居住老乡	问题（G07）：是=1；否=0	+	0.56	0.50
家庭收入	问题（F17）：不到3万元=1；3万~5万元=2；5万~10万元=3；10万元以上=4	uncertain	2.37	1.06
年龄	问题（A04）	uncertain	33.72	10.14
教育	问题（A06）：未上过学=0；小学=6；初中=9；高中和中专=12；大专=15；大学=16	uncertain	10.12	3.76
融城1	问题（I05）：所在城市的归属感超过6分=1；其他=0	—	0.39	0.49
融城2	问题（I03）：总体融入判断，融入=1；未融入=0	—	0.69	0.46

续表

变量	定义与构造	预期影响	均值	标准差
融城 3	问题（I06）：积极参与社区活动：没有参与 =0；参与娱乐活动 =1；参与选举和社区公共事务 =2	—	0.50	0.64
留城意愿	问题（I04）：留在城市生活意愿超过 6 分 =1；其他 =0	uncertain	0.47	0.50

注：问卷依据的问题编号是问卷中的编号，详见附录 1。

第五节　回归结果与稳健性分析

本节的回归结果报告中，我们报告基准回归的结果，按照从简单到复杂的基本原则，分别观察个体层面可观测的异质性、忽略地区层面的异质性以及相关变量存在度量误差，对估计结果可能产生的影响。回归稳健性检验方面，我们主要看增加更多个体层面的控制变量以及使用不同的子样本分组，基准回归的主要结论是否受到影响。

一、基准回归结果

表 6－7 显示了个体偏好特征影响农民工参与罢工抗争活动意愿的基准回归结果。其中，第（1）列～第（3）列对比了控制个体层面异质性的影响；第（4）列～第（5）列对第（3）列做了重复，分别进一步控制了农民工现居住地和来源地的地级市固定效应；第（6）列用对警察部门的信任替代对政府的信任，检查对政府及相关公共部门的信任，影响农民工参与罢工抗争活动是否受信任偏好度量的影响；第（7）列还控制了家庭收入分组，对家庭层面的异质性尝试增加控制，重复了第（4）列的估计。

首先，与我们的预期保持一致，虽然系数大小略有差异，所有列风险偏好系数均显著为正，对政府的信任度越高，越倾向于不参与罢工抗争活动；相反，越信任媒体，参与罢工抗争活动的意愿越高，对不平等机会的感知越强烈提升参与罢工抗争活动的意愿。

表 6-7 风险偏好、信任与农民工参与罢工抗争活动的意愿

变量	因变量：gopetition2（参与罢工抗争活动的意愿）						
	(1)	(2)	(3)	(4)	(5)	(6)	(7)
风险偏好	0.081***		0.079***	0.077***	0.053*	0.056**	0.099***
	(0.025)		(0.025)	(0.028)	(0.028)	(0.028)	(0.029)
信任政府		-0.072***	-0.072***	-0.070**	-0.057*		-0.078**
		(0.027)	(0.028)	(0.031)	(0.031)		(0.032)
信任媒体		0.063**	0.061**	0.065**	0.056*	0.073**	0.067**
		(0.027)	(0.028)	(0.030)	(0.030)	(0.030)	(0.032)
不公平感知			0.113***	0.092**	0.084**	0.087**	0.109***
			(0.035)	(0.039)	(0.040)	(0.040)	(0.041)
信任警察						-0.100***	
						(0.031)	
家庭收入							0.006
							(0.015)
常数项	0.563***	0.611***	0.522***	0.635***	0.916***	0.913***	0.600***
	(0.018)	(0.021)	(0.031)	(0.104)	(0.040)	(0.040)	(0.111)
地区固定效应	No	No	No	rYes	nYes	nYes	rYes
观测数	1,533	1,545	1,509	1,442	1,483	1,483	1,338
拟合系数	0.007	0.006	0.018	0.142	0.214	0.219	0.158

注：（1）依惯例，***、**、*分别代表在1%、5%、10%的置信水平上保持显著；

（2）估计系数下方的是经过异方差稳健性调整过的标准误；

（3）第（4）列、第（7）列控制了居住地级市的固定效应，第（5）列、第（6）列控制了家乡地级市的固定效应。

其次，前三列的对比显示，增加个体层面的异质性控制，虽然对估计方程的总体解释力有所贡献，但核心的风险偏好及信任偏好的估计系数和显著性均保持不变或可比，这说明可观测的异质性，对偏好特征影响罢工抗争活动行为的估计不构成根本性冲击。

再次，第（4）列、第（5）列和第（3）列的对比表明，忽略地区层面的固定效应控制，如地区层面的社会治理更好、处理纠纷机制和政策环境更有力等，可能导致农民工偏好特征对参与罢工抗争活动意愿的影响被高估，而来源地层面的异质性影响更加明显，但是整体上偏好特征前面估计系数的数值及显著性均较为接近，估计结论并没有受到根本性挑战。

最后，用对警察的信任变量替换对政府的信任，另外增加家庭层面的异质性控制，主要回归系数均维持不变或可比。综上所述，我们认为第（3）列的基准回归结果比较稳健。

除了通过参与罢工抗争活动意愿的计量分析，展现农民工偏好特征对风险行动的影响，我们进一步考察了另一种略有差别的风险行动，即农民工是否支持工友的罢工抗争活动的影响因素，详细结果报告如表6－8所示。和表6－7的基准回归略有差别，我们在回归偏好特征对支持工友参与罢工抗争活动的意愿时，重点增加了对同群效应（PE）的控制。表6－8的前四列是普通OLS估计的结果，后三列则进一步控制了地区层面的固定效应和更多个体变量，对第（4）列的回归设定做了重复。总体上，表6－8的估计结果显示，更具风险容忍度的农民工更倾向于支持工友的罢工抗争活动；同群效应方面，和同乡聚集居住的农民工更倾向于支持工友的罢工抗争活动；信任偏好方面，和自己参与罢工抗争活动的回归发现不同，农民工对工友参与罢工抗争活动的支持，更多是基于其自身对老乡的信任，对政府的信任和对媒体的信任分别减少和提升农民工对工友参与罢工抗争活动的支持，但是两者并不显著，这个结果进一步肯定了农民工在参与次生的风险性行为时，同群效应的影响不容忽视。不同列之间的对比，控制地区层面固定效应与第（4）列的对比，也都进一步肯定了表6－7的发现，即个体层面异质性和地区层面的异质性，对总体方程解释度有贡献，但是对基准回归的主要变量系数估计并没有带来根本性冲击。这些列信任偏好系数的对比，也再次肯定了同群效应在决定农民工支持工友参与罢工抗争活动中扮演了极为关键的核心角色。

表6－8　偏好特征、同群效应与农民工对工友参与罢工抗争活动的支持

变量	因变量：gopetition（支持工友参与罢工抗争活动）						
	（1）	（2）	（3）	（4）	（5）	（6）	（7）
风险偏好				0.042*	0.054**	0.049*	0.052*
				（0.024）	（0.027）	（0.027）	（0.027）
信任同乡	0.073***		0.080***	0.094***	0.096***	0.094***	0.088***
	（0.024）		（0.025）	（0.026）	（0.029）	（0.032）	（0.030）

续表

变量	因变量：gopetition（支持工友参与罢工抗争活动）						
	（1）	（2）	（3）	（4）	（5）	（6）	（7）
附近居住老乡		0.058 ** (0.023)	0.055 ** (0.023)	0.064 *** (0.024)	0.086 *** (0.027)	0.073 ** (0.028)	0.091 *** (0.028)
信任政府			-0.048 * (0.026)	-0.044 (0.028)	-0.038 (0.032)	-0.020 (0.032)	-0.050 (0.032)
信任媒体			0.017 (0.026)	0.027 (0.027)	0.015 (0.031)	-0.008 (0.032)	0.019 (0.031)
不公平感知				0.027 (0.035)	0.015 (0.038)	0.010 (0.039)	-0.003 (0.038)
家庭收入				-0.009 (0.012)	-0.012 (0.014)	-0.010 (0.014)	-0.010 (0.014)
年龄							0.000 (0.002)
教育							-0.002 (0.004)
常数项	0.243 *** (0.019)	0.266 *** (0.017)	0.229 *** (0.026)	0.196 *** (0.045)	-0.012 (0.085)	-0.000 (0.043)	0.007 (0.121)
地区固定效应	No	No	No	No	rYes	nYes	rYes
观测数	1，625	1，594	1，594	1，439	1，377	1，417	1，341
拟合系数	0.005	0.004	0.011	0.018	0.149	0.191	0.153

注：回归结果的相关技术性说明同前。

二、基准回归的稳健性检查

基准回归的稳健性方面，我们做了以下两个方面的检查：一是将农民工融入指标加入进来，考察更多控制变量和方程形式设定，是否对基准回归估计有影响，相关结果如表6-9所示。二是利用不同分组的子样本对基准回归做了重复，检查基准回归结论是否存在样本依赖等偏误，如表6-10所示。

表 6-9 融入控制与基准回归的稳健

变量	因变量：gopetition2（参与罢工抗争活动的意愿）				
	(1)	(2)	(3)	(4)	(5)
风险偏好	0.095***	0.092***	0.074***	0.096***	0.069**
	(0.026)	(0.026)	(0.026)	(0.029)	(0.029)
信任政府	-0.080***	-0.078***	-0.060**	-0.083**	-0.058*
	(0.029)	(0.029)	(0.029)	(0.033)	(0.033)
信任媒体	0.068**	0.059**	0.051*	0.073**	0.061*
	(0.029)	(0.029)	(0.029)	(0.032)	(0.032)
不公平感知	0.125***	0.127***	0.106***	0.110***	0.084**
	(0.037)	(0.037)	(0.037)	(0.042)	(0.041)
融城 1	-0.086**			-0.077*	
	(0.036)			(0.041)	
留城意愿	0.071**		0.028	0.072*	0.035
	(0.036)		(0.027)	(0.040)	(0.030)
家庭收入	-0.002	-0.001		0.005	
	(0.012)	(0.012)		(0.015)	
融城 2		-0.010			
		(0.029)			
融城 3			-0.049*		-0.059*
			(0.026)		(0.030)
年龄			-0.001		-0.000
			(0.001)		(0.002)
教育			0.001		0.004
			(0.004)		(0.004)
常数项	0.519***	0.529***	0.544***	0.597***	0.637***
	(0.044)	(0.047)	(0.081)	(0.111)	(0.141)
地区固定效应	No	No	No	rYes	rYes
观测数	1，380	1，368	1，430	1，323	1，372
拟合系数	0.027	0.023	0.018	0.161	0.149

注：回归结果的相关技术性说明同前。

表6－9第（1）列、第（4）列增加了第一组融城变量，对表6－8的第（7）列做了重复，第（1）列和第（4）列的差别是，后者进一步控制了居住地层面的固定效应。剩下的第（2）列、第（3）列、第（5）列则用另外的融城变量对表6－8的第（4）列进行了复制计算，同样第（5）列也增加了居住地的地区层面的固定效应。

首先，令我们放心的是，变换这些融入变量组合和不同方程设定，表6－9五列中风险性偏好、对政府的信任和对媒体信任变量的符号与显著性均与基准回归保持一致，估计系统同样保持可比，这说明我们基准回归的估计比较稳健。

其次，融城因素的影响方面，除了第（2）列中融城变量的系数不显著，其余各列融入变量对农民工参与罢工抗争活动意愿的影响显著为负，即对城市归属感越强，越多参与当地社区活动等的农民工，参与罢工抗争活动的意愿越低。这个估计结果在一定程度上支撑了市民化融入理论的猜测，即融入程度提高将降低农民工群体的不稳定状态。

基准回归的样本依赖性方面，我们主要做了以下几个方面的检查。表6－10第（1）列和第（2）列分别剔除了在本市就业的农业转移人口样本和高中及以上高学历的观测点，对表6－8第（3）列进行了重复估计。类似地，第（3）列排除了市内农业转移人口的观测点，第（4）列剔除了年龄超过50岁的样本，分别对表6－9的第（2）列做了复制计算。控制了所有列居住当地的地区固定效应。虽然，由于样本大小变化，具体估计系数大小略有调整，但是令我们再次对基准回归结论的稳健性放心的是，所有列的估计结果均显示：风险容忍度更高、对政府更不信任、对媒体更信任、感受到不公平待遇更明显、融城更不理想，都将激励更多农民工参与罢工抗争活动。

表6－10　样本依赖与稳健性再检查

变量	因变量：gopetition2（参与罢工抗争活动的意愿）			
	（1）	（2）	（3）	（4）
风险偏好	0.073**	0.071**	0.061*	0.063**
	（0.032）	（0.030）	（0.033）	（0.030）
信任政府	－0.079**	－0.057*	－0.069*	－0.057*
	（0.036）	（0.033）	（0.038）	（0.034）

续表

变量	因变量：gopetition2（参与罢工抗争活动的意愿）			
	（1）	（2）	（3）	（4）
信任媒体	0.070**	0.044	0.062*	0.060*
	（0.036）	（0.032）	（0.037）	（0.032）
不公平感知	0.087*	0.097**	0.072	0.085**
	（0.045）	（0.043）	（0.048）	（0.043）
融城 3			-0.059*	-0.074**
			（0.036）	（0.031）
留城意愿			0.040	0.045
			（0.035）	（0.031）
年龄			-0.000	0.001
			（0.002）	（0.002）
教育			0.003	0.006
			（0.005）	（0.004）
常数项	0.643***	0.680***	0.659***	0.585***
	（0.107）	（0.110）	（0.153）	（0.146）
地区固定效应	rYes	rYes	rYes	rYes
观测值	1，111	1，289	1，055	1，314
拟合系数	0.143	0.145	0.150	0.149

注：回归结果的相关技术性说明同前。

第六节　结论与讨论

根据国家统计局最新发布的全国农民工监测数据，2013 年我国农民工总数达 2.69 亿人，其中外出跨省流动的达 1.67 亿人，比 2012 年分别增长了 2.4% 和 1.7%。大规模的劳动力从农村农业转移到城市工业，给我国的经济建设和城市发展创造了极大的人口红利，为我国工业大发展提供了大量优秀的产业工人，也为城市繁荣发展做出积极重要的贡献。然而，由于长期以来的城乡二元分割发展模式的影响，迄今为止，我国人数众多的农民工群体还是处于城乡之间往返流动的不稳定状态，由此也给城市治理和管理带来了诸多挑战和问题。作为前面章节宏观计量分析的补充，本章进一步考察了现阶段我国犯罪率向发达地区“集聚”和向外来人口“集中”背后的微观层面的影响因素，具体对农民工群体的偏好特征状况及其对参与罢工抗争活动行为的影响做了较为详细的讨论。

基于1625个样本的农业转移人口市民化与价值观的专项调查，我们的实证分析发现，偏好特征显著影响农民工参与罢工抗争活动的意愿，风险容忍度高，对政府公共部门不信任，对媒体信任，将显著提高农民工参与罢工抗争活动的意愿；同群效应对农民工参与风险性集体行动有显著影响，对同乡的信任和周围居住较多同乡的农民工，更倾向于支持工友参与罢工抗争活动；对不公正待遇的感知显著，在当地融入效果不理想，较少参与当地社区活动的农民工，也更有意愿参与罢工抗争活动。以上估计结果对农民工个体层面的异质性、家庭婚姻状况以及地区层面的异质性因素的影响都保持稳健，因而对思考现阶段推进农业转移人口市民化的相关政策制定也构成相应的启发。

第七章　公共服务、融入适应与农民工的幸福感

第一节　问题的提出

第六章基于农业转移人口市民化与价值观的专项调查，对现阶段农业转移人口的偏好特征情况，及其对农业转移人口参与或支持罢工抗争活动等风险行为的影响做了较为细致的讨论。本章利用微观调查数据，进一步从主观幸福感情况入手，对农业转移人口在城镇部门的生存情况做出描述，并主要基于幸福经济学的研究框架，重点从公共服务覆盖、主观评价及融城变量等方面，对现阶段农业转移人口主观幸福感的影响因素做进一步的考察和实证分析。本章的实证研究对之前章节的宏观犯罪计量分析及有关农民工生存状况、融城及幸福感的文献，构成有益的补充，主要体现在以下两个方面：一是宏观犯罪计量的分析只关注了加总市场层面上犯罪向发达地区"集聚"和外来人口"集中"的现象，也只是讨论了市场层面上的劳动力工资等变量的影响，对作为过程变量和个体层面的农民工生存状况的关注较为不足，微观个体层面上哪些因素影响农民工个体的生存状况、幸福感、焦虑感等，这些传导机理显然还有待进一步的考察厘清。二是已有农民工幸福感的研究文献中，讨论重点和重心基本都还停留在对收入水平以及劳动权益保护对幸福感的影响进行分析；相反，对近年来农民工市民化政策重点关注的公共服务均等化覆盖情况，对农民工幸福感影响的分析还相对阙如。另外，从农民工主观幸福感、主要担心的情况来看，哪些公共服务覆盖更为紧缺优先，短期内政策重点应该在哪些方面，这些更为

细致的公共服务分类对农民工幸福感有何影响，显然还缺乏更细致深入的认识，还有待实证研究进一步地补充考察。

除了第一节，本章剩余内容的结构安排如下：第二节呈现基于微观调查的农民工幸福感总体统计层面发现的若干典型事实；第三节讨论农民工幸福感实证分析所依据的计量分析框架、变量定义、数据样本情况以及计量分析策略；第四节报告计量分析的主要发现并讨论回归结果的稳健性；第五节总结并简要讨论本书实证研究的相关政策。

第二节　现阶段农民工幸福感的总体情况分析

本节从主观幸福感评价、幸福感来源以及社会地位、公共服务覆盖情况三大方面，报告基于农业转移人口市民化与价值观专项调查发现的农民工幸福感统计方面的相关观察，以期为后文的农民工幸福感影响因素的计量分析，构成相应的典型事实基础和参考。

一、农民工的主观幸福感

理论上，幸福感是一个不可观测的潜变量（Latent Variable），通常研究者们通过问卷调查考察调查对象对主观感受的幸福状态或感受的排序，常见的做法是将其划分为幸福、一般、不幸福三种选择状态。虽然，从直观来看，似乎这种依赖主观观感判断的幸福感调查过于粗糙，但是文献中的共识却是：主观幸福感指标在绝大多数情况下，能够较好地描述被调查者的真实偏好状态。除了这种直接的主观幸福感评价，我们也使用另外两个相对指标度量农民工群体的幸福感情况，分别是：①相比初来这个城市时，幸福感是否增加；②相比过去在农村，现在的城市生活是否更幸福。另外，除了以上三个单向的幸福感度量，我们还分别尝试了对不幸福感和焦虑感进行度量，希望通过农民工的不幸福感、焦虑感的表达信息，对幸福感情况进行不同侧面的补充考察。

（一）幸福感1——主观幸福状态

图7－1对微观调查样本主观幸福感评价的总体情况做了概括。

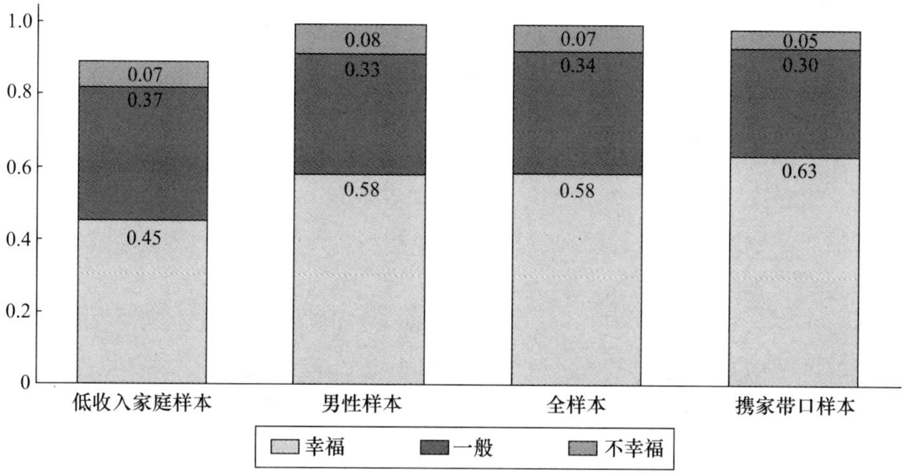

图 7－1 主观幸福感的总体评价情况

资料来源：农业转移人口市民化与价值观调查（2013～2014 年），下同。

首先，从全样本情况来看，超过一半的农民工调查对象认为自己幸福，大约三成的样本认为自己一般，选择不幸福的不到 10%。我们调查样本所报告的幸福的比例，显著高于刘靖等（2013）2010 年对安徽乡（镇）农民工样本的调查，他们调查汇报的幸福感比例仅为 34%，但是汇报一般的占近 57%。

其次，分组样本比较方面，我们分别对男性样本、低收入样本和携家带口样本做了幸福感的分组考察。总体上，各分组样本的幸福感、一般和不幸福感选项的占比与总样本的趋势情况较为一致，幸福感、一般和不幸福的占比依次递减，表示不幸福的占比较低。具体分组信息方面，携家带口样本即夫妻一同或携带子女在外打工的分组样本，主观幸福感显著高于全样本，回答幸福的样本比重超过六成，比总样本的主观幸福感比重高出 5 个百分点，与此同时，不幸福感的比例样本的主观幸福感情况与总样本情况并无显著差别，这说明至少从也略低。男性我们的调查样本来看，男性和女性农民工样本在幸福感分布状况上并没有显著差别。值得注意的是，整体来看，低收入家庭样本的幸福感显著低于整体样本和各分组样本，低收入家庭的主观幸福感分别低于整体样本和携家带口分组样本高达 10 个百分点和 15 个百分点；而对自己的幸福感状况表示说不清的，低收入群体也显著高于其他分组，不清楚幸福感状况的样本比重达 11%。

最后，低收入群体分组在主观幸福感测度方面显著落后的整体表现，提醒我们就目前粗略的统计情况来看，似乎现阶段我们调查样本的农民工收入和幸福感关系上，还没有出现著名的“伊斯特林悖论”现象，即收入增加并未带来幸福感的必然提升，或者样本农民工群体可能还没有进入收入增加对幸福影响反转的阶段。携家带口样本分组的主观幸福感整体较高，似乎提示我国现阶段农民工群体幸福感来源方面在很大程度上可能是中国传统意义上的“天伦之乐”；相应地，有利于农民工家庭在融入当地城镇的公共服务覆盖可能有利于增进该群体的主观幸福感。

（二）幸福感 2——幸福改进情况

主观幸福感的第二种常见的测量方式是比较不同状态下的幸福感变化，调查问卷中也对此做了体现，相关比较情况见图 7－2。

首先，相比初来当前城市时，调查全样本中 52. 13% 的农民工表示幸福感有所增加，幸福感不变和降低的分别为 33. 31% 和 6. 94%。这个结果在一定程度上和主观幸福感的幸福、一般及不幸福的比重较为接近。

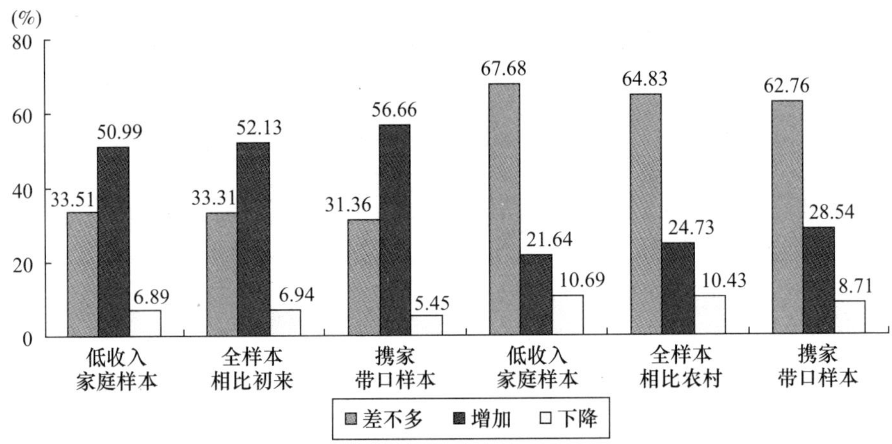

图 7－2　幸福感的改进情况

其次，相比以前在农村，样本农民工表示在当下城镇生活幸福感增加的比重仅为 24. 73%，前后两种状态幸福感差异不大的比例为 64. 83%，表示幸福感有所下降的占 10. 43%。这个发现与刘靖等（2013）调查的 2010 年安徽乡（镇）农民工样本，在城市与乡村两地生活幸福感总体变化情况较为一致。另外，从调查农民工样本整体的两种幸福感改进情况对比来看，相比初来当地城镇时幸福感增加比例较多（52.13%），相比之下和原先农村相比幸福感增加比重明显较少（24.73%），城乡对比的幸福感维持不变的接近65%，这个观察似乎提醒我们一定意义上伊斯特林的“幸福—收入悖论”，在我们调查的农民工样本的幸福感中同样存在；这种“悖论”的一个可能解释是：生活状况的城乡转变通常意味着适应新的消费情况，需要寻找新的评价参考体系和幸福参考基点，增长性指标对幸福感的影响较为显著。

最后，分组样本方面，幸福改变方面各分组的对比，大致印证了之前关于主观幸福状态的观察，即不论是相比初来城镇和还是在农村时，低收入组的幸福改进都显著低于全样本和携家带口样本；携家带口分组样本的幸福改进依旧最为显著，分别比低收入组高出6~7个百分点。

（三）幸福感3——不幸福感和焦虑感

农业转移人口市民化与价值观专项调查中，我们也通过不幸福感、焦虑感情况信息，对主观幸福感测度做了补充。其中，不幸福感设置了四个状态选项；焦虑感设计了两种测量，分别是总体上的焦虑感和近半年是否焦虑，详细问法参见附录1调查问卷的L模块。表7-1对调查样本农民工的不幸福感和焦虑感情况做了统计描述。

表7-1 不幸福感和焦虑感的分布情况

指标	选项	全样本（%）	携家带口样本（%）	低收入样本（%）
不幸福	没有	21.12	23.06	18.91
	偶尔	49.00	50.24	50.73
	有时	24.50	22.21	25.03
	经常	5.39	4.49	5.33
焦虑感	非常焦虑	6.23	7.49	6.74
	比较焦虑	23.44	22.95	26.68
	有些焦虑	59.85	58.57	56.27
	没有焦虑	10.47	10.99	10.30
近半年焦虑感	是	34.31	33.37	38.33
	否	35.00	37.00	33.42
	没有感觉	30.69	29.63	28.25

资料来源：农业转移人口市民化与价值观调查（2013~2014年），下同。

首先，全调查样本的情况方面，选择有时或经常不幸福的占近 30%；焦虑感方面，非常焦虑、比较焦虑以及近半年有焦虑感的样本占比也在 30%左右。没有不幸福、没有焦虑和近半年没有焦虑感的，分别占总体样本的 21.12%、10.47%和 35%。

其次，分组样本方面，携家带口分组样本比低收入家庭样本选择没有不幸福、近半年没有焦虑感的比重，分别高出 4% ~5%；相应地，低收入家庭分组选择有时不幸福、比较焦虑以及近半年存在焦虑感的比重，比携家带口样本的对应指标也都高出 3% ~5%。以上基于分组对比的观察，在一定程度上从侧面再次肯定了我们之前基于主观幸福感以及幸福改进情况分组比较的发现，即至少就我们调查的农民工样本而言，现阶段农民工群体幸福感的重要来源是“天伦之乐”，而不幸福感很大程度上则和低收入有较为密切的联系。另外，主观幸福感、幸福感改进和不幸福、焦虑感方面，调查全样本、携家带口样本和低收入样本组间比较的趋势情况大致相近，这在一定程度上肯定了我们主观幸福感测度的合理性，能够较好反映农民工群体的幸福偏好状况。

二、农民工幸福感、不幸福感及焦虑感的来源分析

农业转移人口市民化和价值观调查中，我们还对现阶段农民工的幸福感来源、不幸福的原因以及主要担心的要素做了进一步的考察。

（一）幸福感的来源

图 7 -3 和图 7 -4 对农民工样本幸福感的来源情况做了统计描述和呈现，和之前主观幸福感的分析思路类似，我们同样做了多分组的对比。

首先，整体上看，所调查的农民工样本认为幸福感的主要来源是家庭和谐，接着才是经济殷实，大致分别有 77%和 54%的农民工样本认为这两项是幸福感的源泉；个人价值、职业体面和地位高尚对幸福感来源的贡献都较为有限。

其次，从农民工样本的分组情况来看，已婚和 30 岁以上的样本对幸福感来源于家庭和谐有最大比例的肯定，分别占总样本选择的 80%和 81%；接近 61%的中等收入组样本把经济殷实作为幸福感来源，与此形成鲜明对比的是，只有 47%的低收入家庭组认为幸福的来源是经济殷实；另外，虽然大体上个人价值、职业体面和地位高尚在所有分组样本中，在幸福感来源

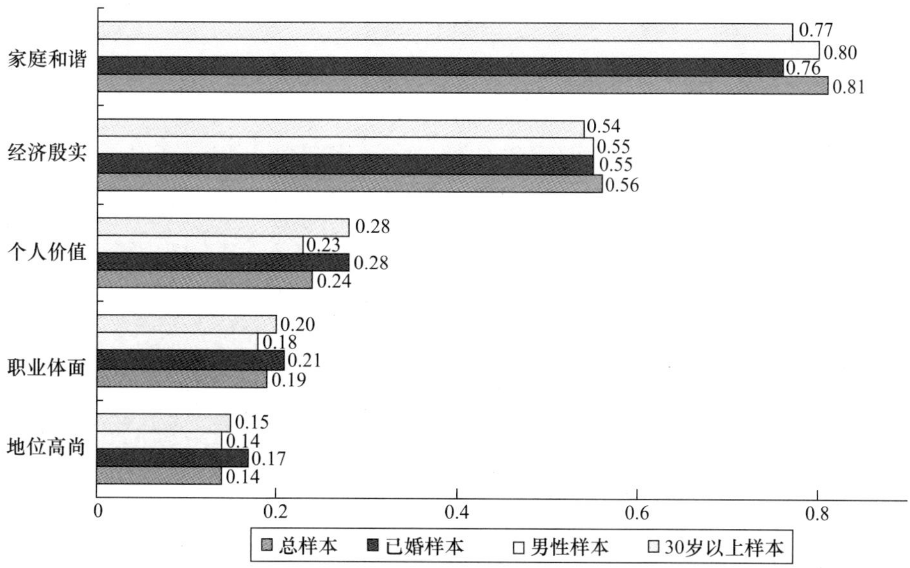

图 7-3 幸福感的来源分析——分组 1

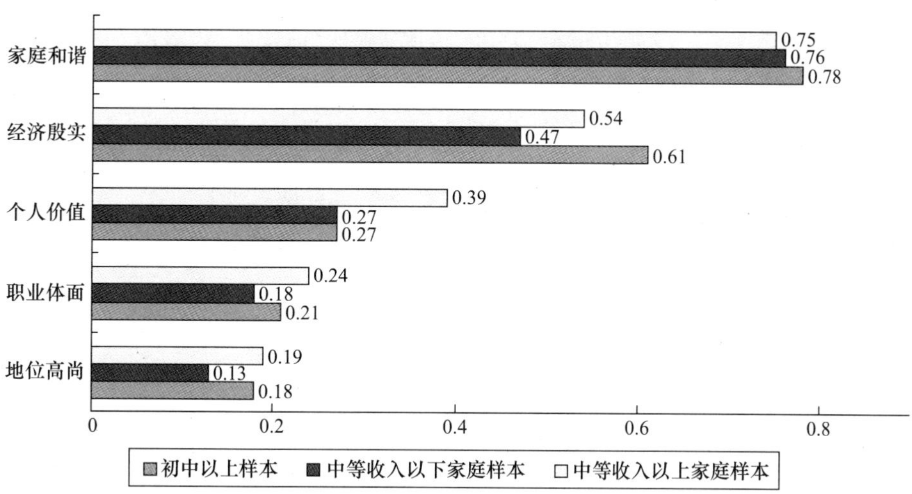

图 7-4 幸福感的来源分析——分组 2

重要性方面的排序都显著靠后，但是，相对来说，受教育程度更高的分组，对个人价值的体现、职业体面和地位高尚，所赋予的幸福感来源要明显高于其他分组样本的选择，分别有近39%、24%和19%的初中以上教育的分组样本认为个人价值是幸福感的来源，这几个比例分别高于所调查农民工全样本对应的4%～11%。

最后，以上幸福感来源的因素分析，在一定程度上呼应了之前的主观幸福感基于分组比较的观察，即调查的农民工样本的幸福感很大程度上和家庭和谐的“天伦之乐”相关联，经济收入对样本农民工的幸福感有显著的影响。

（二）不幸福的原因

对不幸福的原因，我们也做了调查全样本和不同分组的原因对比分析，图7－5和图7－6对此做了描述和总结。

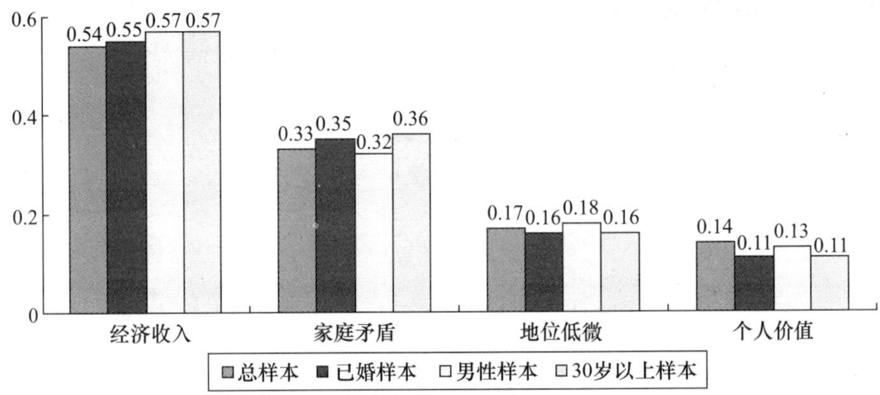

图7－5　不幸福的原因分析——分组1

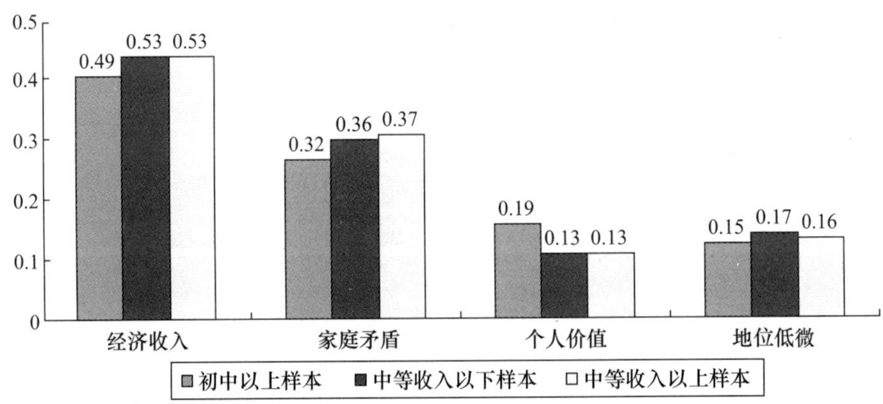

图7－6　不幸福的原因分析——分组2

首先，令人略微感到惊讶的是，和主观幸福感的来源并不完全构成映射对应，我们调查的农民工样本所反映的不幸福原因，排在第一位的是经济收入，第二位才是家庭矛盾，分别有54%和33%的总体样本认为不幸福的原因是经济收入较低和家庭有矛盾。

其次，分组样本和不幸福的不同原因对比方面，整体来看，男性和30岁以上样本更加认为经济收入是不幸福的主要原因，这个观察可能对应了男性及30岁以上样本存在更大的养家糊口和生存压力。同样地，受教育程度较高的分组样本相比其他样本，更多将个人价值作为不幸福的原因之一。总体上，不同分组在不幸福的形成原因方面，分歧和差异并没有想象中的那么大。不同分组在幸福感来源方面有一定差别，但在不幸福的原因方面却较为接近，这似乎暗合了一个有意思的结论，即幸福的有各自的幸福，但是不幸福的却大体类似。

（三）主要担心、焦虑的对象

我们也对样本农民工的主要担心、焦虑的事件做了统计分析，具体情况如图7－7所示。

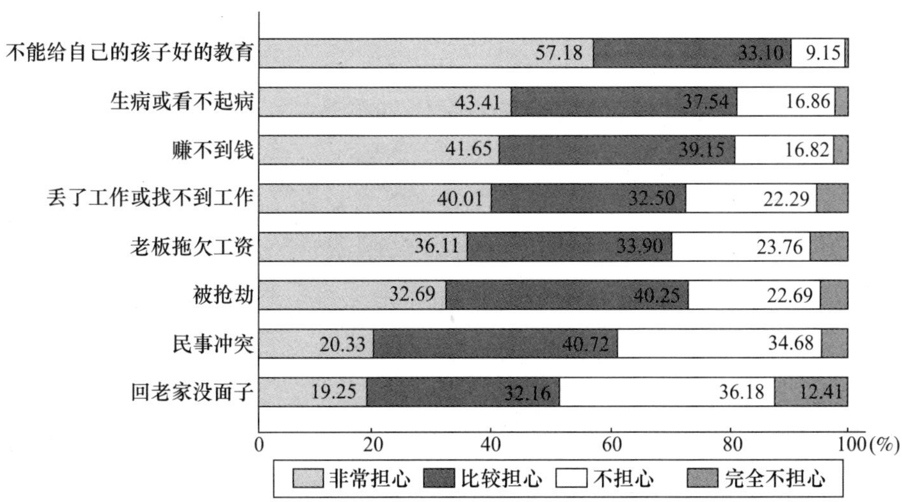

图7－7　农民工对不同事件的担心情况

首先，排在第一位最担心或非常担心的事件是不能给自己的孩子提供良好的教育，高达57.18%的农民工样本对这件事表示非常担心；选择比较担心和非常担心的样本加起来，占整个样本的90%以上。分组样本方面，携家带口样本、结婚样本分组担心子女教育的比重有进一步上升。这个观察在一定程度上呼应了近年来有关农业转移人口子女在当地城镇的教育，往往成为农业转移人口最希望得到覆盖的紧缺型公共服务之一。

其次，农民工群体担心的事件上处于紧接位次的分别是：生病或看不起病、赚不到钱以及丢了工作或找不到好工作，非常担心的比重大致都在40%以上。其中，对看不起病以及赚不到钱表示非常担心和有点担心的样本加起来大约为80%，对工作有担心或比较担心的则占73%。

再次，处于农民工担心的第三位分别是老板拖欠工资和抢劫等社会治安问题，相较而言我们调查的样本对民事冲突和回老家没面子并没有太多担心。可能是由于前些年对农民工欠薪的集中治理，使农民工对欠薪的担心降至约70%，显著低于对子女教育和医疗卫生方面的担心。

最后，以上这些统计信息初步提示我们，现阶段对农民工而言，比较关键的公共服务包括子女教育、医疗保障和工作服务。

三、农民工样本对公共服务和社会地位的评价情况

如前文所述，现如今有关农民工幸福感影响因素主要关注收入幸福之谜，以及劳动权益保护对幸福感的影响。对此，我们尝试做出的补充是进一步考察更多的公共服务对农民工幸福感的影响。这种补充考察的必要性不仅在于可以进一步厘清不同的公共服务类型对农民工幸福感的相对重要性存在差异，同时也有助于对现阶段公共服务覆盖的紧缺度排序以及政策侧重点，有更好的识别、认识和了解。除了对公共服务主观评价的考察，本小节的第二部分，还考察了幸福感文献时常提及的社会地位自我评价情况。

（一）农民工对公共服务的评价

图7－8在一个二维坐标中，呈现了调查样本的农民工对不同类型的公共服务满意度及重要程度评价的均值情况。

首先，从公共服务的重要性程度排序来看，和我们的预期观察保持一致，子女教育的重要性最高，紧接着是医疗卫生、食品安全、社会保障、社会治安和公共交通，总体上我们调查的农民工样本认为文体服务和计划生育两项的重要性都较为一般。

其次，从公共服务满意度的评价情况来看，整体上所有公共服务的满意度都显著低于相对应的重要性评分，从我们调查的样本看，现阶段农民工群体对子女教育的满意度最高，紧接着是计划生育、社会治安、公共交通、医疗保障、社会保障以及文化体育，对食品安全的满意度最低。

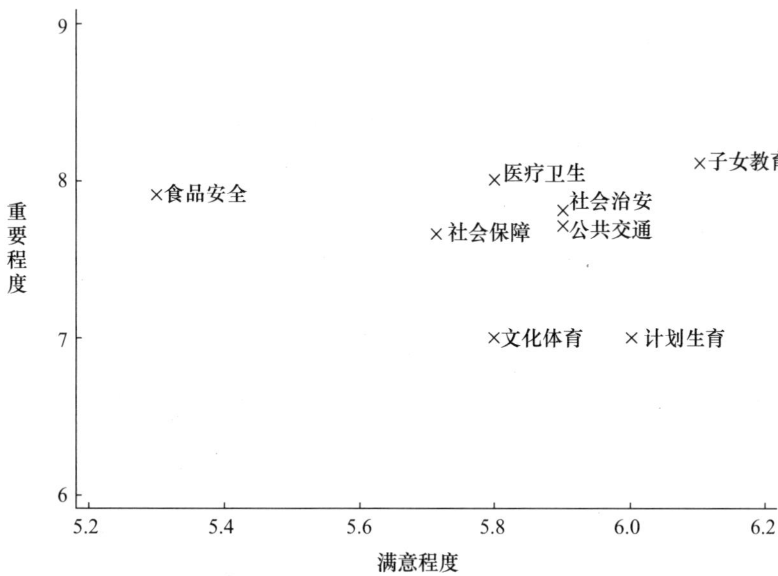

图 7－8　农民工群体对不同类型公共服务的重要程度及满意度评价

最后，我们也对分组样本的公共服务评价情况做了统计，总体来看，以上公共服务的满意度和重要程度排序比较一致，而不同样本分组在这些公共服务评价及重要性认识方面，并没有非常大的差别。

（二）农民工对自我的评价

以往幸福感影响因素的文献中，个体自我评价也是一个重要的元素。我们从两个方面考察农民工对自我的评价，分别是：①相对城市周围人所处的地位；②相比老家周围人在家乡所处的地位。图 7－9 对调查样本的农民工自我评价情况做了概括。

首先，上层位置方面，不论是相对城市周围人还是老家，农民工自我评价所占的比例都极其微乎其微，都在 3% 以内。在城市所处的社会地位评价方面，分别有 47% 和 10% 的农民工个体认为自己在城市中，相对周围的个体处于中等和中等偏上，处于中下的比重较大，为32%，自我评价处于社会底层的在9%左右。

其次，农民工普遍在农村的自我评价要高许多，最明显的变化是：认为处于中等、中等偏上的比重，相比城市中的评价显著上升，分别比城市中的地位评价高出了9%和13%，认为在农村老家处于中等及以上的农民工比重达81%。而相应地，认为在农村处于中下和下层的比重，则比对应的城市中的自我评价分别低了17%和6%。以上对比说明，现阶段农民工对自己在城市中的地位定位还是相对较低；相反，对在老家的评价普遍处于中上水平。

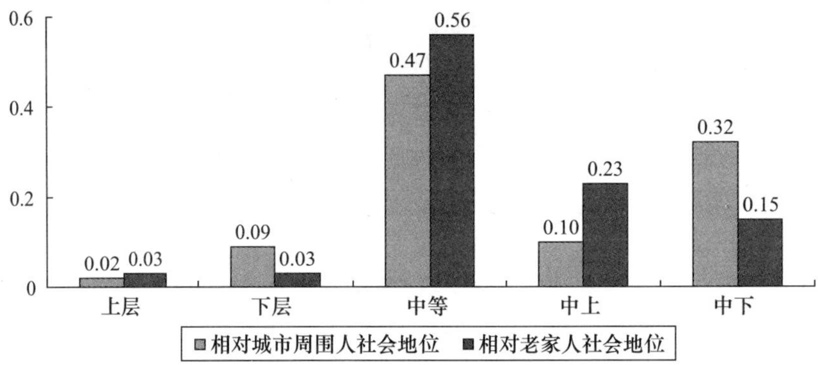

图7－9　样本农民工的自我评价

第三节　计量模型、变量构造与数据情况

值得注意的是，以上对农民工幸福感的统计描述，总体上只是考虑不同分组的幸福状况可能有所差别，这些初步观察和判断是否成立并稳健，还需要从回归分析方面对其做出进一步的确认。本节接下来讨论本书实证分析部分所依赖的计量模型、变量构造及数据情况。

一、计量模型及分析策略

按照幸福经济学实证研究的惯例，本书接下来利用以下计量模型对调查样本的农民工幸福感的影响因素展开分析，我们重点关注公共服务覆盖和融入情况对农民工幸福感的影响。

$$Happy_i = \alpha + \beta psGap_i + X_i\delta + \eta_i + \varepsilon_i \tag{7-1}$$

式（7－1）中，$Happy_i$ 为第 i 个农民工个体的主观幸福感。控制变量方面，$psGap_i$ 代表农民工公共服务的评价缺口，是我们实证分析关心的核心变量；X_i 为一组个体层面的异质性控制变量向量，具体包括个体工资收入水平、家庭状况、工作中是否受到歧视、到当前城市的时间、融城方面的表现，稳健性分析中，我们也把个体年龄、性别和教育情况指标加入个体层面的控制变量向量组；η_i 是城市层面的固定效应控制，试图捕捉城市层面对农民工幸福感可能存在的制度、文化影响等；最后，依惯例，ε_i 为假设满足 i. i. d. 的白噪声，β 和 δ 是一组待估计的系数。

通常，在用类似主观幸福感决定方程式（7－1）进行计量分析时，有些文献建议使用技术上更为复杂的依序指标模型（Ordered Probit Model）等作为基本设定，即把主观幸福感按照原始分值设为有序的数值（如幸福＝2；一般＝1；不幸福＝0），这种做法可以通过边际效应的测算，进一步判断和比较不同控制变量对主观幸福感的贡献差异。然而，出于以下两个方面的考虑，我们并没有采用这种实证分析模型，而是利用更为简单的普通最小二乘法做了估计。

（1）我们在做实证分析时，出于指标一致性和度量误差检验的考虑，已经把调查中的三种主观幸福感测度统一处理为简单的只包括 0 和 1 的虚拟变量，即幸福感为 1，其他为 0；考虑到不幸福在总体样本中占比较小，这种处理方法造成的偏误应该不明显；因而，由于只包括两个赋值状态，这时候简单的线性回归模型和指标模型应该是等价的，尤其在不同变量估计系数大小和显著性方面应该没有差别。

（2）在对主观幸福感回归做进一步多侧面的补充考察时，我们实际上也对不幸福感受、焦虑感的影响因素做了回归分析，因而把所有与主观幸福感相关的变量测度均统一为相同的虚拟变量，实际上更加有利于我们对不同回归结果及主要变量的影响做出更好的对比和考察。

对主观幸福感决定方程式（7－1）直接进行简单的 OLS 回归，往往会面临遗漏变量、不可观测的异质性、变量度量误差等内生性问题，导致估计结果出现不一致和偏误。对此，计量分析策略方面，我们有如下四个方面的考虑。

首先，遗漏变量方面，我们通过逐一增加控制变量的办法，加入已有幸福感实证研究文献提示的影响主观幸福的重要控制变量，同时也基于之前小节对调查样本农民工幸福感影响因素的分析增加相关控制变量，缓解和降低个体层面的异质性控制遗漏对降低幸福感回归的影响。

其次，不可观测的异质性方面，我们有两种处理方案，一是在基准回归的基础上，对地区层面的固定效应进行控制，这样一来我们可以检查一下地区或城市层面一些变化缓慢的政策、制度、文化等特色性因素对回归结果是否造成冲击。二是稳健性分析部分，我们也增加了更多个体层面的年龄、教育及性别等方面的控制，如果个体层面上那些不可观测的异质性和这些变量相关，那么实际上我们也可以进一步判断基准回归结果是否受到这些因素的冲击。

再次，变量的度量误差方面，我们的做法是使用替代性的幸福感度量，或者控制变量的其他度量，并把不幸福感受和焦虑感也作为因变量，对主观幸福感决定方程做了重新估计。如果使用不同变量度量，基准回归的主要结果大致不变或可比，那么这就说明我们的计量分析结果较少受到变量度量误差的影响。

最后，我们也检验了主观幸福感的回归是否受样本影响，分别应用不同的子样本分组对基准回归做了重复。同样，如果主要变量的表现较为接近或可比，则说明我们的基准回归对样本依赖或选择问题保持稳健。

二、变量定义、构造与数据情况

本章计量分析所依据的调查样本，源于本书作者所带领的团队在 2013 年和 2014 年开展的两轮有关农民工市民化与价值观问题的专项调查。调查的设计、组织及样本农民工面上的情况，请参考前一章的介绍。进入主观幸福感回归方程式（7－1）的相关变量的定义、构造及统计性状信息如表 7－2 所示。以下对变量定义和构造的相关情况略作讨论。

表 7-2　变量定义、构造及统计性状描述

变量	定义与构造	预期影响	均值	标准差
幸福感 1	问题（L03）：幸福感增加 =1；幸福感没有增加 =0	/	0.52	0.50
幸福感 2	问题（L07）：幸福感增加 =1；幸福感没有增加 =0	/	0.25	0.43
幸福感 3	问题（L08）：幸福 =1；一般和不幸福 =0	/	0.59	0.49
不幸福感	问题（L05）：不幸福 =1；偶尔和没有不幸福 =0	/	0.30	0.46
焦虑感	问题（K02）：焦虑 =1；有一些和没有焦虑 =0	/	0.30	0.46
公共服务紧缺度	问题（J03）：公共服务的重要程度—公共服务的满意度	—	2.07	2.31
携家带口	问题（A02）：夫妻一起或携带小孩 =1；其他 =0	+	0.62	0.43
薪酬歧视	问题（J04）：存在同工不同酬 =1；偶尔或没有 =0	—	0.41	0.49
工资收入 1	问题（F13）：月工资收入的对数	+	8.00	0.55
工资收入 2	问题（F13、F14）：月工资收入 + 月奖金、补贴等收入	+	8.07	0.54
年龄	问题（A04）	uncertain	33.72	10.14
性别	问题（A03）：男性 =1；女性 =0	uncertain	0.65	0.48
教育	问题（A06）：未上过学 =0；小学 =6；初中 =9；高中和中专 =12；大专 =15；大学 =16	uncertain	10.12	3.76
底层地位	问题（L01）：中下层和下层 =1；其他 =0	—	0.41	0.49
融城 1	问题（I05）：所在城市的归属感：超过 6 分 =1；其他 =0	+	0.69	0.46
融城 2	问题（I06）：积极参与社区活动：没有参与 =0；积极参与 =1	+	0.42	0.49
适应性	问题（I01）：相比刚抵达适应感增加 =1；其他 =0	+	0.58	0.49
当地时间	问题（A15）：至 2014 年时到本城市年份	+	8.11	7.19

注：（1）问卷依据的问题编号是问卷中的编号，详见附录 1；

（2）问卷调查中农民工对公共服务的评价和适应性都对不同子项类型做了区分，此处只分别以公共服务评价和适应性评价的第一项——教育和住宿适应性为例，报告了统计性状。

如前文所述，虽然幸福感本质上是一个不可观测的潜变量，但是通过调查问卷这种简单的主观幸福感调查，确实能够对调查个体的幸福状态和偏好做较好的映射和展现。本章实证研究应用的主观幸福感度量有三个，同时还通过不幸福感和焦虑感变量，对这种主观度量做了补充。这种做法可以较好地检视基准回归是否受到度量误差影响，而通过不幸福感和焦虑感的回归，实际上我们也可以对幸福感的主要影响因素做另一个侧面的考察。如果核心变量对幸福感和不幸福感及焦虑感影响的估计正好方向相反，那说明我们的基准回归的估计结果应该比较稳健。

核心控制变量方面，在一定程度上是对既有农民工幸福感文献构成有益的补充和发展，我们的幸福感回归重点关注更加多样的公共服务覆盖和融入适应对农民工幸福感的影响。这样做的好处是，我们不仅能够对除了收入、劳动权益保障以外的公共服务对农民工幸福感的影响，做出较好的考察和讨论；同时通过多种类型公共服务在农民工主观幸福感影响方面的不同排序，实际上也可以对当前通过公共服务均等化覆盖推进农民工市民化进程的公共服务配给的优先序和侧重点，做出幸福感视角的评价和评析。理论上，考察公共服务对农民工幸福感的影响，应该通过测量农民工现居住地政府在这些公共服务方面的投入或有怎样的政策措施。然而，从实践角度来看，这种做法实际上可行性很小，合理性也较为存疑。因为，由于生活习惯和环境的差异，同一个地区的农民工个体对该地区公共服务服务紧要度和满意度认识存在差别；因而如果按照供给方的地区层面指标衡量个体层面的公共服务覆盖度，将存在显而易见的不匹配和测量误差问题。有鉴于此，我们在调查问卷中通过主观重要性排序和满意度排序，测量农民工对公共服务覆盖的评价情况。

具体主观幸福感回归分析中，我们逐一检查了子女教育、医疗卫生、社会保障、公共交通、社会治安、计划生育、食品安全和文化体育对农民工幸福感的影响。具体公共服务变量设置上，我们构造了一个公共服务紧缺度变量，用公共服务的重要程度评价减去满意度作为度量。另外，作为一项稳健性检验，我们也分别尝试让农民工对公共服务的满意度变量直接进入回归方程，并使用相对紧缺度和绝对重要性作为组合指标，进一步考察公共服务覆盖情况对幸福感影响的回归结果是否受到变量度量设置的影响。之前的统计分析表明，携家带口样本的幸福感总体高于其他分组，我们预期子女教育对幸福感有显著为正的影响，子女教育紧缺度越小，意味着农民工期望得到的公共服务与实际公共服务的分歧越小，越有可能激励农民工将子女带到打工所在地读书。基于类似的逻辑，在不同类型的公共服务影响方面，我们也预期子女教育评价对农民工幸福感的影响更大，其他文体服务等相对“不重要”的公共服务变量的影响相对较小。

主观幸福感回归中，我们控制的第二大类变量是与社会融入相关的变量组。除了融入指标，我们进一步对不同类型的融入适应对农民工幸福感的影响展开考察。从经济收入在现阶段农民工群体的幸福感中占据较大影响的统计观察来看，我们预期工作方面的融入适应对农民工幸福感的影响相对更大；相反地，生活方面的适应性影响相对较小。进入主观幸福感决定方程式（7－1）的其他控制变量还包括收入水平、社会地位、不公平待遇、在城市待的年数以及是否携家带口等虚拟变量。结合现有的幸福感实证研究文献，我们对这些变量影响主观幸福感的预期方向也做了相应的判断，如表7－2所示。

第四节　主要回归结果与稳健性分析

计量分析结果方面，我们按照从简单到复杂的基本原则，先报告基准回归的结果，进而分别对不同类型的公共服务及适应变量对幸福感的影响展开讨论，最后讨论基准回归的稳健性。

一、基准回归结果

表7－3应用调查研究样本对主观幸福感决定方程式（7－1）做了估计。其中，第（1）列～第（3）列的因变量都是幸福感3，即当前总体上是否幸福，第（4）列、第（5）列分别利用另外两个幸福感增进指标对第（3）列做了重复估计，第（6）列则进一步控制了居住地的固定效应，对第（3）列的基准回归做了重复。由于调查问卷在具体问题上存在不同程度的缺失，因而不同列的回归分析所依赖的样本数略有差别。

首先，与我们的预期判断保持一致，子女教育的紧缺度和农民工的主观幸福感关系密切，子女教育评价紧缺度上升，农民工的幸福感显著下降，表7－3的第（1）列～第（6）列中，子女教育紧缺度变量前的系数均显著为负。并且，第（1）列～第（3）列，以及第（6）列增加了农民工居住地的地级市固定效应控制，虽然估计方程的拟合系数有所提升，但整体上子女教育紧缺度变量的系数均基本维持不变；这说明，虽然个体层面上的异质性和地区层面不可观测的异质性控制，有利于提升对主观幸福感的解释力度；但是农民工子女教育紧缺度对其幸福感的影响却始终较为一致、稳健。另外，第（3）列、第（4）列、第（5）列的回归结果对比也表明，虽然幸福感测度定义上略有差异，使所估计系数大小略有差别，但是农民工子女教育紧缺度变量对主观幸福感变量的影响都显著为负，这意味着基准回归第（3）列的估计较少受到幸福感变量度量误差的影响。以上分析结果初步表明，第（3）列的基准回归结果较为稳健，我们有关公共服务显著影响农民工幸福感的假说初步得到了验证和肯定。

表 7－3　主观幸福感决定因素的基准回归

变量	幸福感 3			幸福感 1	幸福感 2	幸福感 3
	（1）	（2）	（3）	（4）	（5）	（6）
子女教育紧缺度	-0.023***	-0.022***	-0.021***	-0.031***	-0.015**	-0.022***
	（0.006）	（0.006）	（0.006）	（0.006）	（0.006）	（0.007）
融入 1		0.215***	0.183***	0.210***	0.121***	0.154***
		（0.028）	（0.033）	（0.032）	（0.027）	（0.037）
携家带口			0.087**	0.076**	0.053*	0.112***
			（0.035）	（0.034）	（0.031）	（0.039）
工资收入 1			0.072***	0.071***	0.038	0.057*
			（0.025）	（0.026）	（0.027）	（0.029）
当地时间			0.007***	0.004	0.005**	0.008***
			（0.002）	（0.002）	（0.002）	（0.002）
薪酬歧视			-0.088***	-0.054*	-0.032	-0.086**
			（0.030）	（0.031）	（0.027）	（0.033）
常数项	0.642***	0.491***	-0.145	-0.175	-0.156	0.019
	（0.017）	（0.027）	（0.202）	（0.212）	（0.215）	（0.272）
地区固定效应	No	No	No	No	No	rYes
观测数	1，415	1，394	1，073	1，079	1，079	1，037
拟合系数	0.011	0.051	0.082	0.085	0.040	0.218

注：（1）依惯例，***、**、*分别代表在1%、5%、10%的置信水平上保持显著；

（2）估计系数下方的是经过异方差稳健性调整过的标准误。

其次，其他控制变量方面，社会融入变量在所有列中均显著为正，这个结果说明，社会融入对农民工幸福感也有显著影响，融入程度高则主观幸福感倾向于提升。与之前的统计分析发现保持一致，农民工在打工城市的家庭完整度也显著影响主观幸福感，携家带口样本幸福感更高。除了相对农村幸福感增进的第（5）列回归，收入变量对幸福感的影响在其他列的估计中均显著为正，这个结果说明，至少就我们的农民工调查样本而言，现阶段没有找到较为明显的“伊斯特林悖论”的支持证据，即收入增加幸福感不一定增强；或者也可能意味着当下这个阶段农民工样本的收入总体还不高，还未进入收入增加幸福感反而下降的反转阶段。事实上，我们有关收入与幸福感的回归估计结果在一定程度上也呼应了之前统计分析中有关幸福感和不幸福感原因的分析，即经济殷实或收入低分别是幸福和不幸福感的两个主要来源。

最后，与有关劳动权益保护对幸福感影响的研究发现一致，我们也发现薪酬上的不公平或歧视显著降低了农民工的幸福感。总体上，在城市时间较久的样本，幸福感高于新来的样本。

考虑到主观幸福感的讨论文献中，收入幸福之谜始终是一个核心主题，我们也进一步利用不同的收入变量和社会地位设定变量，对表 7 - 3 第（3）列和第（6）列的估计做了重复，详细结果如表 7 - 4 所示。表 7 - 4 前两列分别用第二种工资收入变量和农民工的自我社会地位评价变量，替代基准回归中的工资收入变量对表 7 - 3 的第（3）列估计做了重复。另外，考虑到在当地城市时间和幸福感之间可能存在联立性内生问题，即长时间居住适应了当地环境提升了幸福感；反之幸福感的增加也提升了留在当地的激励，这导致之前有关在当地城市停留时间长对幸福感影响的估计可能存在偏误。所以，在表 7 - 4 的回归设定中，将当地时间变量剔除，观察基准回归的发现是否受到影响。表 7 - 4 的后两列通过增加居住地地级市层面的固定效应的控制，对前面两列做了重复估计，同样也进一步考察地区层面不可观测的异质性是否影响有关公共服务影响农民工幸福感的估计。

首先，令我们放心的是，表 7 - 4 中子女教育紧缺度评价变量均显著为负，并且系数大小和表 7 - 3 第（3）列总体较为接近，这进一步肯定了我们基准回归的稳健性。

其次，就收入变量对幸福感的影响而言，工资收入增加对幸福感的提升影响依旧非常显著，半弹性系数显示收入每增加 1%，将导致幸福感上升

0.06~0.07。这个估计结果意味着，我们之前有关收入幸福感悖论在所调查的农民工样本中没有得到相应的证据支持，并不是问卷调查类研究经常被提及的不理想的收入变量的度量误差驱动的结果。另外，考虑到心理地位与收入关系比较密切，因而，作为在一定程度上的补充性证据，我们也用相对主观的收入地位感受变量，即相比周围人处于底层，对收入变量是否影响农民工幸福感做了进一步考察，结果发现主观上感觉处于底层同样对农民工的幸福感存在显著为负的影响。

最后，表7-3和表7-4的对比也显示，剔除在当地城市时间变量，子女教育评价缺口对农民工幸福感影响的估计并没有显著影响，这说明即使在当地城市的时间变量和幸福感之间确实存在联立性内生问题，我们的基准估计结果也依然成立。表7-4中其他变量的估计与表7-3第（3）列较为接近，限于篇幅，此处不再展开。

表7-4　对基准回归有关收入幸福关系的补充检查

变量	因变量：happy3（幸福感3）			
	(1)	(2)	(3)	(4)
子女教育紧缺度	-0.020*** (0.007)	-0.017*** (0.005)	-0.020*** (0.007)	-0.019*** (0.006)
融入1	0.210*** (0.033)	0.164*** (0.028)	0.166*** (0.039)	0.131*** (0.031)
携家带口	0.112*** (0.035)	0.107*** (0.029)	0.148*** (0.040)	0.119*** (0.033)
薪酬歧视	-0.075** (0.031)	-0.067** (0.026)	-0.062* (0.035)	-0.057** (0.029)
工资收入2	0.074*** (0.027)		0.063** (0.031)	
底层地位		-0.243*** (0.027)		-0.244*** (0.030)
常数项	-0.151 (0.218)	0.571*** (0.036)	-0.126 (0.290)	0.646*** (0.128)
地区固定效应	No	No	rYes	rYes
观测数	1，015	1，366	974	1，304
拟合系数	0.079	0.126	0.218	0.239

注：（1）依惯例，***、**、*分别代表在1%、5%、10%的置信水平上保持显著；

（2）估计系数下方的是经过异方差稳健性调整过的标准误。

二、分公共服务类型的进一步考察

不同公共服务对农民工幸福感的影响可能存在差异。这是因为：一方面，不同公共服务对农民工的相对重要性存在差别；另一方面，不同公共服务的重要性与期望的满足感或满意度之间也不相同，即不同公共服务的紧缺感存在差别。针对这个问题，我们在具体计量分析中用两种方式做了处理：一是利用不同公共服务重要程度和满意度（期望）的评价缺口指标，作为公共服务紧缺度的度量，并将其逐一纳入主观幸福感决定方程做了重新估计。二是测度不同公共服务的相对满足程度和绝对重要性，分别将其作为公共服务紧缺度的相对度量和绝对度量，然后同样将紧缺度的度量组合指标逐一放到幸福感绝对方程中，对表 7－3 第（3）列的设定做了重复计算，以此呈现不同公共服务类型对农民工幸福感存在的差异化影响。表 7－5对第一种处理方法的估计结果做了总结；表 7－6 则显示了第二种处理方式的回归结果。

首先，公共交通、食品安全变量不显著，与子女教育的紧缺度变量保持一致，公共服务的紧缺不足对农民工幸福感的影响为负，这个发现表明我们对公共服务影响农民工幸福感的假说进一步得到了验证。

其次，与预期保持一致，不同类型的公共服务对农民工幸福感的影响确实存在差异，从估计系数的绝对数值来看，就我们调查的农民工样本而言，现阶段对农民工群体主观幸福感影响较大、处于“第一集团”的公共服务包括社会保障、社会治安、医疗卫生和子女教育；相反，对农民工幸福感影响较小或相关性较低的公共服务包括食品安全、文化体育、公共交通以及计划生育。值得注意的是，我们的计量分析所揭示的不同类型的公共服务对农民工幸福感的差异化影响，在一定程度上印证了现实状况的粗略直觉关系，即除了社会治安，医疗卫生、社会保障和子女教育都应该是对农民工群体存在一定门槛的城市公共服务，而这些对农民工的生存状况又构成较大的影响。略有不同的是，像公共交通、食品安全、计划生育和文化体育类公共服务，除了计划生育政策在我国的特殊性，农民工也被较为积极地“照顾到”，另外三个公共服务理论上都没有高昂的进入门槛，城市设施服务实际上也更具有基础公共品的特性，因而相应的对农民工幸福感的影响也较为有限。表 7－5 中的各列，我们相应地控制了表 7－3 第

（3）列的各种异质性指标，各个变量的显著性和估计系数大小，大致也和表7－3的估计较为接近或可比，限于篇幅，此处不再展开讨论。

表7－5　分公共服务类型对幸福感的影响

变量	因变量：幸福感3（happy3）						
	（1）	（2）	（3）	（4）	（5）	（6）	（7）
医疗卫生	－0.025*** （0.006）						
社会保障		－0.030*** （0.006）					
公共交通			－0.006 （0.006）				
社会治安				－0.027*** （0.006）			
计划生育					－0.006 （0.006）		
食品安全						－0.015*** （0.006）	
文化体育							－0.012* （0.006）
其他控制变量同表8－3第（3）列，略							
常数项	－0.113 （0.202）	－0.040 （0.199）	－0.090 （0.202）	－0.118 （0.202）	－0.074 （0.203）	－0.125 （0.201）	－0.132 （0.201）
观测数	1，076	1，070	1，061	1，066	1，059	1，056	1，068
拟合系数	0.084	0.092	0.071	0.091	0.071	0.082	0.075

注：（1）回归结果的技术性说明同前表；

（2）省略的五个控制变量分别是：融入1、携家带口、工资收入1、在当地时间、薪酬歧视。

不同公共服务类型影响农民工幸福感的第二种估计处理方法的相关结果如表7－6所示。

首先，值得注意的是，和表7－3及表7－5的估计结果正好相反，相对满足程度越高，公共服务的绝对重要性越大，那么将意味着其对幸福感将越有正方向的影响；因而，表 7－6 所涉及的 8 种公共服务的相对满足感和绝对重要程度变量前面的系数均显著为正，再次肯定了我们关于农民工幸福感问题的判断，即公共服务紧缺度对农民工幸福感有显著影响。

其次，我们看到不同类型的公共服务对农民工幸福感的影响存在差异。同样，至少就我们的调查样本而言，现阶段对农民工幸福感影响居前的公共服务类型包括子女教育、医疗卫生、社会保障以及社会治安。相反，不存在覆盖歧视的公共服务，例如计划生育、文化体育、公共安全和食品安全，对农民工幸福感的影响则相对有限。

表 7－6　公共服务的绝对和相对紧缺感对农民工幸福感的影响

变量	因变量：幸福感 3（happy3）							
	（1）	（2）	（3）	（4）	（5）	（6）	（7）	（8）
相对满意度	0.105***	0.102***	0.113***	0.062***	0.120***	0.063***	0.080***	0.051***
	（0.020）	（0.019）	（0.022）	（0.023）	（0.026）	（0.016）	（0.022）	（0.019）
绝对重要性	0.044***	0.043***	0.043***	0.044***	0.044***	0.046***	0.031***	0.035***
	（0.011）	（0.012）	（0.011）	（0.011）	（0.011）	（0.008）	（0.010）	（0.009）
	子女教育	医疗卫生	社会保障	公共交通	社会治安	计划生育	食品安全	文化体育
其他控制变量同表 8－3 第（3）列，略								
常数项	－0.583***	－0.544**	－0.515**	－0.485**	－0.603***	－0.492**	－0.417*	－0.384*
	（0.226）	（0.228）	（0.222）	（0.224）	（0.224）	（0.214）	（0.221）	（0.214）
观测数	1，073	1，076	1，070	1，061	1，066	1，059	1，056	1，068
拟合系数	0.091	0.088	0.092	0.085	0.097	0.095	0.085	0.085

注：（1）回归结果的技术性说明同前表；
（2）省略的五个控制变量分别是：融入 1、携家带口、工资收入 1、在当地时间、薪酬歧视；
（3）表中每列标注的公共服务，分别是相应该公共服务的农民工主观幸福感估计的结果。

最后，利用两种处理方法对不同公共服务类型影响农民工幸福感进行计量分析的结果较为接近，这意味着我们有关不同公共服务类型对农民工幸福感存在差异化影响的判断，较少受到变量度量误差的影响，结果较为稳健。

三、不同类型的适应性对农民工幸福感的影响

除了对不同公共服务类型的考察，在基准回归的基础上，我们也重点

关注了农民工在城市生活过程中对不同事件或项目类型的适应性和适应情况，对农民工在城市幸福感增进可能存在的影响。这种补充考察对深入理解农民工幸福感影响因素的意义在于，我们可以进一步了解不同类型的适应性对增进农民工的幸福感哪个更关键；于是，相应地，在促进农民工幸福感提升方面，我们也可以更好地识别哪些增强农民工融入和适应性的政策可能更有效果。同样基于基准回归表 7－3 第（3）列的设定，我们逐一考察了农民工在住宿、饮食、工作纪律、工作条件、上下级关系、同事关系和与当地人日常交往方面的适应性，以及对其在城市部门幸福感增进的影响。

表 7－7 显示了不同事件上的适应性影响农民工在城镇的幸福感增进的回归结果。

首先，与我们的预期保持一致的是，不论是生产、生活还是交往类事件方面的适应性提高，对农民工在城市的幸福感增进都有显著积极的贡献，在所有列中不同类型事件适应性变量前的系数始终显著为正。

其次，从估计系数的绝对数值大小来看，处于对幸福感贡献相对重要性最高的适应性事件包括住宿、工作条件、同事关系，工作纪律和饮食方面的适应性对样本农民工主观幸福感的影响次之，相对而言，上下级关系和与当地人关系在幸福感增进的地位贡献中处于最末端。以上不同类型适应性对增进农民工幸福感的差异化影响似乎提示我们，对农民工群体而言，到一个城市首要解决的可能主要是尽快安顿住宿并尽可能适应工作条件和环境；相较而言，饮食可能是相对排序靠后或住宿解决后能够自然解决的问题，工作纪律则是逐步学习适应的过程；至于上下级关系和与当地人关系，似乎都属于后期发展和一定意义上的“锦上添花”，适应的紧迫性和急切性并没有其他事件那么强。

最后，表 7－7 各列省略的控制变量的总体情况与表 7－3 的第（3）列相似，此处不再专门展开讨论。

表 7－7　不同类型的适应性对农民工幸福感的影响

变量	因变量：幸福感 1（happy1：相比初来时更幸福）						
	（1）	（2）	（3）	（4）	（5）	（6）	（7）
住宿	0.094*** （0.028）						

续表

变量	因变量：幸福感1（happy1：相比初来时更幸福）						
	(1)	(2)	(3)	(4)	(5)	(6)	(7)
饮食		0.077*** (0.028)					
工作纪律			0.077*** (0.028)				
工作条件				0.106*** (0.028)			
上下级关系					0.049* (0.028)		
同事关系						0.098*** (0.028)	
与当地人关系							0.063** (0.028)
其他控制变量同表8-3第（3）列，略							
常数项	-0.201 (0.217)	-0.186 (0.216)	-0.133 (0.213)	-0.181 (0.212)	-0.151 (0.214)	-0.132 (0.217)	-0.144 (0.219)
观测数	1，169	1，169	1，162	1，166	1，155	1，153	1，156
拟合系数	0.093	0.091	0.092	0.097	0.089	0.097	0.089

注：（1）回归结果的技术性说明同前表；

（2）省略的五个控制变量分别是：融入1、携家带口、工资收入1、在当地时间、薪酬歧视。

四、样本依赖和其他稳健性问题

前文的回归分析，已经对基准回归的稳健性做了较多的讨论。至此，本章的基础假说，即公共服务覆盖情况对农民工幸福感有显著的影响，事实上已经得到了较好的检验和证实。本部分进一步对计量分析可能存在的样本依赖问题及其他稳健性检验的问题略作讨论。

（一）样本依赖和方程形式设定的影响

表7-8中我们进一步利用不同分组子样本，对表7-7第（1）列的基准回归做了重复估计。其中，第（1）列的回归分析只包括了本地级市以外

流动的农民工子样本，第（2）列的回归分析只包含了低收入家庭的子样本，第（3）列只涵盖了已婚样本，第（4）列控制了更多个体层面的异质性元素，对方程形式设定的影响做了检查。

首先，就本章的核心——公共服务对农民工幸福感的影响来说，在一定程度上令我们放心的是，表7－8第（4）列中子女教育紧缺度变量前面的系数都显著为负，子女教育公共服务紧缺度提升明显不利于农民工幸福感的改善，这个发现对基于不同调查子样本的回归均成立，表明有关公共服务紧缺度影响农民工幸福感的分析结论，较少受到样本依赖偏误的影响，结果较为稳健。

其次，值得注意的是，具体就子女教育的公共服务紧缺度对农民工幸福感的影响程度而言，表7－8第（1）列、第（3）列中，子女教育公共服务紧缺度变量的系数（－0.038和－0.035）要略高于基准回归的对应变量系数，这似乎提醒我们子女教育公共服务的紧缺对市外、省外样本以及结婚样本的影响更大；相反，家庭收入较低的群体由此受到的主观幸福感减少的冲击相对较小。

最后，第（4）列主要变量的估计结果与表7－8对应列的情况均较为接近或可比，这说明虽然再增加一些个人层面的其他异质性控制，也可能进一步增加其他因素对农民工幸福感影响的认识，但是总体来看，新增加的变量控制和方程形式设定，对基准回归的核心结果构成根本性挑战的可能性应该较低。

表7－8　样本依赖和方程形式设定的影响

变量	因变量：幸福感1（happy1）			
	（1）	（2）	（3）	（4）
子女教育	－0.038***	－0.021**	－0.035***	－0.031***
	（0.007）	（0.009）	（0.007）	（0.006）
住宿适应	0.113***	0.121***	0.057	0.094***
	（0.032）	（0.040）	（0.035）	（0.029）
融入1	0.239***	0.234***	0.210***	0.216***
	（0.033）	（0.041）	（0.038）	（0.031）
携家带口	0.056	0.093**	0.043	0.056
	（0.037）	（0.046）	（0.043）	（0.034）

续表

变量	因变量：幸福感1（happy1）			
	(1)	(2)	(3)	(4)
工资收入1	0.063** (0.030)	0.098** (0.041)	0.038 (0.030)	0.079*** (0.028)
薪酬歧视	-0.064* (0.033)	-0.134*** (0.041)	-0.064* (0.036)	-0.056* (0.030)
年龄				0.002 (0.002)
教育年限				-0.004 (0.004)
性别				-0.060** (0.030)
常数项	-0.132 (0.245)	-0.429 (0.327)	0.161 (0.248)	-0.243 (0.223)
观测值	915	583	792	1，135
拟合系数	0.108	0.113	0.080	0.099

注：（1）回归结果的技术性说明同前表；

（2）第（1）列只包含地级市以外样本；第（2）列是低收入群体样本；第（3）列只包含已婚样本。

（二）基于不幸福感和焦虑感原因回归分析的稳健性再考察

除了以上对基准回归分析的常见内生性问题和稳健性分析的讨论，我们还通过不幸福感和焦虑感来源的回归分析，对农民工幸福感的影响因素做进一步的考察。大体上，如果在一些主要变量上，主观幸福感的回归和不幸福感及焦虑感的回归分析得出的系数符号方向相反，那说明本书的基准回归结论的稳健性得到进一步的肯定。当然，除此之外，对农民工不幸福感或焦虑感的影响因素本身展开考察，也可以对现阶段农民工主观幸福感的影响因素有更好的认识和了解。

表7-9显示了农民工不幸福感、焦虑感影响因素回归分析的主要结果。其中，前5列的因变量为不幸福感，第（6）列的因变量为总体焦虑感，第

（7）列用幸福感作为因变量，对第（1）列的不幸福感回归做了重复，观察两者影响因素方面是否存在反向关系。

表 7-9　不幸福感、焦虑感影响因素的回归分析

变量	因变量：不幸福感					焦虑感	幸福 3
	（1）	（2）	（3）	（4）	（5）	（6）	（7）
融入 1	-0.088*** (0.027)	-0.093*** (0.029)	-0.091*** (0.027)	-0.093*** (0.027)	-0.078*** (0.028)	-0.122*** (0.028)	0.154*** (0.028)
底层地位	0.150*** (0.025)				0.146*** (0.026)	0.061** (0.026)	-0.251*** (0.026)
薪酬歧视	0.095*** (0.025)	0.114*** (0.027)	0.096*** (0.025)	0.096*** (0.025)	0.090*** (0.025)	0.097*** (0.025)	-0.044* (0.026)
工作不稳定	0.099*** (0.025)	0.112*** (0.028)	0.104*** (0.025)	0.113*** (0.025)	0.098*** (0.026)	0.180*** (0.024)	0.037 (0.028)
子女教育满意度	-0.016*** (0.006)	-0.023*** (0.007)	-0.017*** (0.006)	-0.017*** (0.006)	-0.015** (0.006)	-0.019*** (0.007)	0.035*** (0.007)
工资收入 1		0.004 (0.023)					
城市地位			-0.068*** (0.014)				
老家地位				-0.065*** (0.016)			
年龄					0.000 (0.001)	0.001 (0.001)	
教育年限					-0.004 (0.004)	-0.002 (0.004)	
性别					0.057** (0.025)	-0.016 (0.025)	
常数项	0.281*** (0.052)	0.335* (0.197)	0.526*** (0.061)	0.540*** (0.067)	0.276*** (0.083)	0.294*** (0.083)	0.363*** (0.056)
观测值	1，398	1，212	1，398	1，397	1，350	1，355	1，392
拟合系数	0.074	0.052	0.065	0.061	0.077	0.081	0.128

注：回归结果的技术性说明同前表。

首先，第（1）列和第（7）列，大多数变量对幸福感和不幸福感的影响正好相反，而且和之前幸福感基准回归的结果接近或可比，有利于农民工幸福感增加的因素是融城方面的改进、不再处于底层、薪酬歧视减少、子女教育满意度较高等；相应地，不幸福感的因素正是融入城市较差、生活在底层、存在歧视薪酬、子女教育令人不满意等。

其次，虽然第（2）列中工资收入变量对不幸福感的影响不显著，但是第（3）列、第（4）列分别用农民工在城市和老家的相对地位，作为收入的替代变量，做了重新估计，却发现城市和老家地位较低，都让农民工觉得不幸福。

最后，第（5）列和第（1）列的对比表明，增加更多个体层面的控制，农民工不幸福感的主要影响因素的估计并没有受到显著挑战和冲击；第（6）列基于焦虑感对第（5）列做了重复，主要变量系数和显著性都接近或可比，这肯定了不幸福感的回归较少受到变量度量误差的影响，我们对农民工幸福感影响因素的实证研究结论总体比较稳健。

第五节　结论与讨论

改革开放以来，随着经济发展水平的日渐提升，民众的幸福感情况开始受到越来越多研究者和政策研究家的重视和关注。就农业转移人口这个特殊群体而言，幸福感的研究不仅有利于更好把握该群体在城市生活的生存状况和状态，同时也有利于农业转移人口更好融入城市社会，为城市社会建设贡献更多的积极元素。本章对农业转移人口幸福感及其影响因素的实证研究，事实上为本书之前章节有关我国城市化进程中犯罪问题的宏观研究，增加了一个不同侧面和更加微观的事实观察及机理补充。

基于农业转移人口市民化和价值观的专项调查数据，本章对现阶段我国农业转移人口的主观幸福感状况做了较为详细的统计考察，并在此基础上着重分析了现有文献讨论关于公共服务紧缺度对农民工幸福感的影响相对不足。我们实证研究的主要发现包括以下内容：

首先，总体主观幸福感方面，约五成以上的农民工表示较为幸福或幸福感相比初来当地城市时有所提升，相比农村时幸福感改善的比重约为三成；农民工的幸福感存在明显的分组差异，低收入家庭的分组在不同幸福感指标方面的表现都明显落后于其他分组，也更加不幸福、焦虑感更高，携家带口样本的幸福感整体上要优于其他分组。

其次，幸福感的影响因素方面，计量分析结果显示，公共服务的紧缺度对农民工幸福感有显著影响，公共服务紧缺，农民工幸福感显著降低；但是，不同类型的公共服务对农民工的幸福感存在差异化影响，当前对幸福感影响相对较大的公共服务类型包括子女教育、社会保障、医疗保障和社会治安，重要性相对较低的是食品安全、计划生育、公共交通和文化体育。

最后，在不同类型的融入适应事件的影响方面，住房保障、工作条件适应和工友关系，相比饮食、上下级关系和与当地人关系的适应，对农民工幸福感影响更大；现阶段，对农民工幸福感改善有显著影响的因素至少还包括，更好的城市融入、收入提高、外出打工有家庭成员陪伴、更加公平的薪酬体系等。计量结果的稳健性方面，我们仔细考察了个体层面的异常冲击、地区层面不可观测的异质性、变量误差以及样本选择问题对基准回归的影响，并从不幸福感和焦虑感角度对幸福感回归做了相应的补充考察，稳健性检查结果显示，我们的基准回归结果对以上内生性问题都保持稳健，因而对当前推进农民工市民化政策制定存在相应的参考价值。

第八章　农业转移人口在城镇的居住特点与政策适配：一个案例分析

第一节　问题的提出

基于农业转移人口市民化与价值观的微观调查数据，第六章、第七章对现阶段我国农业转移人口在城镇生活中的相关偏好特征，以及以主观幸福感为表征的生存状况做了描述，并尝试在此基础上对偏好特征影响农民工参与罢工抗争活动意愿，以及公共服务紧缺度对农民工主观幸福感的影响，进行了详细的微观计量分析，以期为理解我国城市化进程中的犯罪率向发达地区“集聚”和向外来务工人员“集中”现象，增加相应的微观行为基础。第六章、第七章的计量分析表明，农业转移人口在城市的融入适应，对当地城市城镇认同感的提升，有利于降低他们参与罢工抗争活动意愿的激励，同时对提升主观幸福感也有帮助。在一定程度上，与我们计量分析的政策蕴涵相契合，现阶段推进农业转移人口的融入市民化，开始成为我国新时期“三农”工作和推进新型城镇化发展的一项核心内容。推进农业转移人口的市民化，实现基本公共服务向城镇常住人口均等覆盖，被普遍视为一项最主要、最现实可行的政策努力方向。有鉴于此，与第六章、第七章相对偏重微观理论分析不同，本章关注农业转移人口市民化进程中一项具体的公共服务——居住保障的需求意愿和供给匹配，并主要通过一项典型县域样本的专项调查，重点对当下农业转移人口在城镇的居住落户意愿情况进行考察，并在此基础上讨论现有居住保障政策供给和农业转移人口居住意愿之间的适配优化。

本章这种研究视角择取是因为注意到以下两方面：

（1）农业转移人口市民化进程中居住和落户是关键环节。安居才能乐业，安居落户才能让农业转移人口改变城乡两地流动的不稳定状态，切实转变生活方式，融入当地城镇。

（2）从整体上看，当前常住人口基本公共服务均等化所涉及的劳动与就业服务、医疗卫生、社会保障和子女教育等问题，现有文献和地方政府实践层面都有较为丰富的探索，业已形成了相对成熟的工作思路、方案和举措。相较而言，农业转移人口融入城镇市民化进程中较为关键的居住保障问题，已有研究的关注和讨论相对有限，亟待补充、强化和提升；同时，地方政府在这方面的政策举措，整体还处于摸索总结阶段，居住保障体系建设思路基本停留在以简单地增加供给保障为主的阶段，这种政策设计的合理性还需要进一步辨析。

大体而言，现有理论研究对农业转移人口在城镇居住保障问题的讨论主要形成了如下一些观点和看法。早几年的研究多数指向居住保障体系建设的必要性，认为农民工在城镇居住条件差，社会网络聚集和同质化居住明显，居住保障不足和居住环境不佳，不利于农民工的城镇融入和人力资本提升；而农民工家庭的“高储蓄”习惯、就业的不稳定预期、当地的住房价格和不同迁移特征，使农民工在当地城镇减少居住支出，需要通过廉租房、公租房等居住保障计划缓解居住约束。近两年的研究则关注具体居住保障体系建设问题，开始探讨将农民工纳入城镇住房保障体系的可行性及成本—收益约束，分析居住保障体系建设中的政策执行约束及关键掣肘，并尝试从计算技术层面分析应当按照地区产业结构差异和城镇吸引力差别，对集中兴建外来务工人员廉租房和公寓类居住保障项目进行区域差别化的模式分类。地方政府政策实践方面，在一定程度上受到2006年国务院5号文《关于解决农民工问题的若干意见》、2007年住建部牵头发布的《关于改善农民工居住条件的指导意见》以及国务院办公厅2011年《关于保障性安居工程建设和管理的指导意见》的指引，包括重庆、东莞、杭州、合肥、武汉、赣州等多个外来农业转移人口比较集中的地方，这些年纷纷在本地工业园区附近建设统一规划管理的农民工宿舍、蓝领公寓和公租房等项目，意图通过供给方的努力改善当地农民工的居住条件。

现有农民工居住保障项目的运行情况如何，已有专注于供给方的居住保障体系设计思路是否和当前农民工居住特点及居住需求相适配，是否满足地方政府的激励约束条件。显然，这些问题在已有文献和地方政府实践中，都没有得到充分的回答和讨论，有必要结合具体实证调查加以分析和审视。虽然，现如今也很难全面评价这些针对农民工的集中居住保障项目的运行绩效及得失，但是，结合实际调查的居住需求特征思考农民工居住保障政策设计的内在逻辑和核心机理，一定是一项值得深入的公共政策议题。而这一点也正是大多既有文献强调建设农民工居住保障体系的必要性，政策分析方面主要关注相对宏观的政策过程及产业特征差异的影响所缺乏的。本章余下内容的结构安排如下：第二节介绍微观居住调查设计的相关情况；第三节从居住类型、居住条件、居住负担和居住帮助需求等方面，报告专项调查的主要发现；第四节基于调查发现概括农民工居住需求的基本特点，并分析现有农民工居住保障政策的适配困难及有待优化方向；第五节总结本章的主要发现并对相关政策蕴涵略作讨论。

第二节　调查设计、开展以及样本的基本情况

一、调查县域的基本情况

我们在 2013 年暑期启动了农业转移人口在城镇部门居住和落户问题的嘉善调查，希望通过一个比较典型的东部沿海县域经济的个案式调查，管窥农业转移人口在发达地区城镇部门居住和落户的基本面貌、面临的主要困难及有待突破的政策关隘，以期为增进农业转移人口在城镇部门居住和落户问题的认识，为优化相关政策设计提供有价值的参考。浙江嘉善县域样本的重要性和价值在于，地处长三角的核心区域，紧邻上海、杭州和苏州，是区域大城市发展的紧密配套层和卫星城市，也是逐步开放并引导农业转移人口在城镇部门落户融入的主导型阵地；2012 年的调查数据显示，嘉善外来农民工总数达 38.86 万人，本地户籍人口和外来农民工人口接近 1∶1，如此庞大的外来务工人口规模，对当地居住和落户问题形成了许多挑战，也激发了当地政府在农业转移人口居住和户籍管理方面进行一些积极的探索和创新，形成了值得进一步辨析和思考的先行地区经验。

嘉善县隶属浙江省嘉兴地区，地处长三角核心区江、浙、沪两省一市交界处，区域面积506平方公里，辖6个镇3个街道，是全国综合实力百强县，也是全国唯一县域科学发展示范点。2012年嘉善县实现地区生产总值345.77亿元，城镇居民人均可支配收入36405元，农村居民人均纯收入18496元，按户籍人口计算的人均GDP达14676美元。2013年6月最新的统计数据显示，嘉善外来务工人员总数达33.94万人，与2012年峰值时期相比略有减少，但接近嘉善当地户籍的人口规模。本次调查依托清华大学中国农村研究院2013年上半年刚挂牌的嘉善调研基地，调查组织开展和调查样本的相关情况如下。

二、嘉善调查的设计及开展情况

调查之初，我们将调查主题细化为三个分专题，分别是从供给和需求角度梳理当地农业转移人口在城镇部门的居住和落户情况，以及对存在的问题和政策需求进行分析。其中，供给方面的调查主要通过相关职能部门负责人的访谈，了解当地居住和落户的相关宏观政策供给；而需求方面则主要通过典型个体访谈和问卷调查把握微观个体的居住和落户意愿。具体调查中，我们在嘉善县农办的支持和配合下，选取了县城的3个街道和3个有代表性的乡（镇）作为本次调查的基本单元，并在每个街道和乡（镇）选取了两个有差异的村（社区）作为观测点，每个点通过社区工作人员寻找两家不同行业的目标企业（外来工人占比超过20%），每个企业选取约25个外来务工人员进行调查。历经近两周的实地调查，我们成功走访了12个村或社区，详细访谈了6个农业转移人口居住和落户意愿相关度较大的职能部门，并对近300个符合调查对象的农业转移人口做了问卷调查，同时也收集了近20家其他代表性企业的外来工人基础信息。虽然，相比嘉善的外来务工人口总数，本次调查样本比较有限。但是，较科学的分层抽样为所调查样本的代表性和可靠性提供了一定的支撑。另外，考虑到样本量偏小的问题，我们还通过宏观加总数据、企业层面数据和职能部门访谈等方式，从多层次、多侧面对所调查的发现进行对比分析。本次调查设计的基本逻辑如表8－1所示。

表 8－1　农业转移人口在城镇部门居住和落户嘉善调查的逻辑

☆ 宏观政策供给层：深入访谈
（1）对象与方式：职能部门分管领导访谈，部门包括公安局、新居民局、住建局、社保局、教育局、经信局。 （2）内容与重点：了解嘉善农业转移人口城镇部门居住和落户的相关政策规定与公共服务享受情况，具体是居住、落户、子女教育、社会保障等
☆ 企业和社区管理层：深入访谈
（1）对象与方式：社区主任、企业人事主管访谈。 （2）内容与重点：了解农业转移人口在企业和社区管理层面的相关情况，具体是外来人口的居住、外来人口与本地的交往、公司对外来工人的管理等
☆ 微观行动个体层：分层抽样
（1）问卷调查和典型访谈相结合。 （2）分层 1：代表性街道：魏塘、罗星、惠民，代表性乡（镇）：大云、姚庄、干窑； 分层 2：每个街道乡（镇）选择两个差异的社区（村），每个社区选择两个企业。 （3）发放了近 300 份问卷，调查住房、落户、公共服务享受、社会心理等意向性问题

三、调查样本的基本情况

考虑到居住和落户问题中，外来农业转移人口（外省和本省外县）在总体规模和所面临问题的复杂性方面远远大于县内农业转移人口，因而本章主要关注的是外地输入的农业转移人口。我们所调查的 274 个外来务工人员中，经筛查后最终回收的有效问卷数为 233 份；由于问卷调查涉及信息较多，所以针对不同类型题目问答时，有效信息问卷数有所差别。这些外来务工人员中：男性 131 人，女性 102 人；已婚 145 人，未婚 82 人；夫妻双方都在嘉善的打工家庭有 110 户，携带子女的有 63 户，占家庭总数的 57.27%。所调查外来务工人员及其家属在嘉善的总人数为 432 人，16 岁以下的小孩数为 68 人，携带子女占外出人口总数的 15.74%，略高于嘉善 2013 年 6 月加总层面的携带子女比例 13.09%。年龄结构方面，233 个外来务工人员的年龄均值是 31 岁，年龄中位数为 28 岁，20～30 岁 115 人，40 岁以下合计 187 人，占调查外出人口的 80.6%，这个比例略高于嘉善县 40 岁以下农民工所占的人口比重 75%；我们样本的年龄均值也显著低于 2012

年全国农民工监测的数据，可能原因是我们所调查的外来务工人员以制造业为主，制造业工人年龄略低。可能也是年龄偏低的缘故，教育方面的调查数据显示初中及以下仍旧是外来务工人员的主体，47.84%都是初中及以下，高中（中专）及以下的占64%。更详细的家庭、年龄和教育信息如表8－2所示。

表8－2　调查样本的家庭、年龄和教育情况*

调查样本数	233	人
男性	131	人
女性	102	人
已婚	147	人
未婚	73	人
举家	110	家庭数
带着子女	63	家庭数
未上学	26	人
小学	39	人
初中	14	人
高中	6	人
中专	1	人
年龄均值	31	
年龄中位数	28	
20～30岁	115	人
30～40岁	66	人
40岁以下合计	187	人

资料来源：嘉善小组调查（2013年）。

工作和收入方面。53%的外来务工人员都是通过同乡、亲戚或同学介绍获得工作，外出打工时间超过三年的外来务工人员占总调查人数的

* 由于部分问卷答题完整性差异，分项信息加总的样本数并不等于总体有效样本数。

68.66%，外出打工年限均值是6.79年，在嘉善打工时间均值为4.25年，其中不到三年的占58.18%。工作强度方面，与许多农民工的调查比较一致，每天工作时间长、休息天数较少是普遍现象：78.1%的嘉善外来务工人员周工作时间都在5天以上，58.64%的外来务工人员每天工作时间超过8小时，调查样本的工作时间均值为9.72小时/每天。工作报酬方面，我们采用三种问法了解外来务工人员的工资收入，分别询问过去一年两人的月收入、两人的年收入以及配偶收入。我们的调查发现，打工收入是绝大多数农民工家庭的唯一收入来源。在过去一年里，所报告的144对已婚组中，夫妻两人的月收入均值为5357元，81个未婚组报告的月收入均值为3032元，男性工资相比女性略高。这个数字与我们在当地企业层面和职能部门座谈得到的信息基本一致，一般制造工人的起薪为2000～2500元，随着工龄的增加，工资将增加到3000～4000元。我们调查中的外来务工人员工资要略高于国家统计局2012年度调查的工人平均工资2286元，可能原因是所调查的地点是沿海相对发达的地区，而且所在行业中外资合资电子制造公司占了较大比重。更详细的工资收入信息如表8－3所示。

表8－3　调查样本的外来务工人员工资收入情况

月收入	区间1	区间2	区间3	区间4	均值
未婚组	1500～2000元	2000～3000元	3000～4000元	4000～5000元	3032元
占比（%）	28.05	41.46	15.64	8.53	
已婚组		0～3000元	3000～6000元	6000～9000元	5357元
占比（%）		19.38	52.16	21.71	
年收入	区间1	区间2	区间3	区间4	均值
未婚组	<2万元	<3万元	<4万元	<5万元	31720元
占比（%）	34.86	51.16	79.07	86.05	
已婚组	<3万元	<5万元	<6万元	<8万元	51091元
占比（%）	38.24	54.90	70	82.35	

注：（1）数据来源：嘉善小组调查（2013年）；
（2）已婚组是夫妻双方收入合计。

第三节　农业转移人口在城镇部门居住的基本观察

本次嘉善调查中，我们主要从居住类型、居住质量、居住负担、居住改善意愿和居住政策需求入手，了解农业转移人口在城镇部门的居住情况。

一、居住类型

以分散租住私房为主，工厂宿舍对新来本地、经验较少和未婚外来务工人员更有吸引力，租房搜寻成本是居住类型选择的重要影响因素。

居住类型方面，六成以上的外来务工人员都选择租住当地居民的房子，住单位宿舍的比重约为两成，这个比重显著低于2012年国家统计局的调查数据32.3%，但接近嘉善加总层面上的宿舍入住比例14.71%。进一步的分组分解显示，相比男性组，住宿舍对女性和单身外来务工人员的吸引力更大；43.7%的单身组外来务工人员住单位宿舍，76%的结婚个体都租住在当地居民的住房，如表8－4所示。

表8－4　外来务工人员住房类型

居住类型	全部	单身	已婚	男性	女性	时间<1年	时间>1年	一线生产	非一线生产
租私房（人）	127	25	98	73	54	21	106	49	78
租雇主（人）	21	12	9	15	6	6	15	9	12
单位免费（人）	45	31	13	22	23	21	24	23	22
政府廉租（人）	0	0	0	0	0	0	0	0	0
自购（人）	10	2	8	4	6	0	10	5	5
就业场所（人）	2	1	1	1	1	1	1	0	2
总计（人）	205	71	129	115	90	49	156	86	119

资料来源：嘉善小组调查（2013年），下同。

一线生产制造对外来务工人员居住宿舍的倾向性选择有影响，但是租房搜寻成本可能是影响外来务工人员居住类型选择的更重要因素。调查数据显示，一线制造工人租住宿舍的比例为26%，而非一线制造工人租住宿舍的比例仅为18%。一线工人租住宿舍的比例更高可能是雇工工厂为了保证生产倒班组织的连续性。另外，按到本地时间长短分组来看，来嘉善时间不到1年的外来务工人员，46%选择住在不需要花费搜寻成本的单位宿舍，如果该个体还是一线生产制造工人，住单位宿舍的激励会被加强。然而，来嘉善超过1年的外来务工人员分组中，住单位宿舍的比例仅为15.4%，在当地超过1年的一线制造工人中，也只有18.7%住在单位宿舍，67.9%的个体都选择租住私房。以上对比说明，尽管工种差异让一线制造工人偏向于居住单位宿舍，但是在当地时间长短似乎是一个更重要的居住类型决定因素。在当地时间的长短直接关系外来个体在本地社会网络连接的接入程度，接入越多越深将显著降低租房市场的信息搜寻成本。因而，以上对比结果说明，租房搜寻成本在外来务工人员的居住决策中是一个关键变量。

表8-5　外来务工人员居住类型的不同分组分解

居住类型	一线且<1年	一线且>1年	网络找工作	非网络找工作	<1年：网络	<1年：非网络	>1年：网络	>1年：非网络
租私房（人）	10	39	67	60	14	7	53	53
租雇主（人）	1	8	15	6	4	2	11	4
单位免费（人）	11	12	19	26	8	13	11	13
政府廉租（人）	0	0	0	0	0	0	4	6
自购（人）	0	5	4	6	0	0	0	0
就业场所（人）	0	0	1	1	0	1	1	0
总计（人）	22	64	106	99	26	23	80	76

支持租房搜寻成本在外来务工人员居住选择决策中有更大影响的第二个证据是，通过招聘会等非社会网络渠道寻找工作的分组中，26.3%选择单位宿舍，而通过社会网络和社会连接寻找工作的分组中，这个比例不到18%。进一步叠加效应的分析显示，来嘉善不到1年且工作是通过非社会网络等正式渠道找到的，住宿舍的比例高达56.5%；而同样来嘉善不到1年，但是通过社会网络渠道找到工作的，样本中这类人没有住在单位宿舍的，

如表 8－5 所示。对于来嘉善 1 年以上的外来务工人员分组而言，找工作的两种渠道分类对外来务工人员居住的选择几乎没有差异。以上对比说明，缺乏当地社会网络连接的那些“初来乍到”的工人更倾向于选择宿舍，然而当这些工人适应了当地环境后，租房搜寻成本迅速下降，租住私房的比例明显上升。我们的调查数据还显示，住宿舍的租住时间在 12 个月以下的比例为 57.84%；而租私房的分组中，住房时间在 24 个月以内的比例也才 57.94%，这个对比意味着租住宿舍更具有过渡性和短期性特征，而接入当地熟人网络，搜寻成本下降后，外来务工人员更愿意选择租房居住。

二、居住质量

住房设施总体情况较好，租私房的生活气息更浓，宿舍人均面积偏低、保障色彩较重，功能也较为单一。

居住质量方面，我们用三项指标捕捉外来务工人员的居住环境，分别是人均居住面积、住房的硬件设施和住房中的电器配套。可能是理解出现偏差的原因，问卷调查显示，37.65% 报告住房面积的外来务工人员的人均居住面积在 10 平方米以下，而有近 30% 的人均住房面积都在 20 平方米以上。这个数值与我们在当地的观察并不一致，一般住宿舍的工人，人均住房面积在 5 平方米左右，而租住在当地居民家的，基本也就是 20 平方米的房间加厨房构成了整个家庭的居住空间。实地观察和问卷不一致可能出现在居住面积的理解差异上，把一些公共面积、整个宿舍面积或家庭居住总面积作为人均居住面积值，从而拉高了整体指标。居住面积方面，我们的观察是，外来务工人员居住空间还是较为拥挤，人均居住面积只有 5～10 平方米。

住房的硬件设施方面，独立管道自来水、独立卫生间、独立厨房和独立洗澡设施四种中，59.66% 的外来务工人员住所都至少有三种或更多的配置，不到 8% 的务工人员居住在单居室且没有其他硬件配套内置的房间。硬件配套设施方面，租住私房的配套设施更好，有近 73% 的租住私房都有三种以上的设施，而居住宿舍的则不到 40% 有这种条件，如表 8－6 前半部分所示。硬件配套上的更加宜居、便利、成熟，可能也正是更多已婚家庭住户选择租住私房的一个重要原因。电器设备方面，空调、电脑和彩电是拥有率位居前三的电器，分别占调查人口的 60.35%、58.62% 和 56.9%。电器设备配置方面，租私房的更倾向于生活便利度的提高，冰箱、洗衣机和微波炉在所调查的私房住户中配套数量要明显超过租住单位宿舍和住处由单位提供的租户，作为外来务工人员娱乐的重要设备——电视，在租住私房住户中的配置比例也高得多；与此相反，空调的配置方面，单位宿舍拥有的空调比例要明显超过租私房，如表 8－6 后半部分所示。以上电器设施的配置差异支持了这样的判断，即租住私房的住户电器组合上更偏向于生活气息和便利，而租住宿舍的居住配套设施的单一化和保障化色彩则更加浓重。虽然大多工厂宿舍都是免费或象征性收费，但宿舍总体的过渡和单一住宿特征使外来务工人员宁愿承担租房成本也不愿意选择居住宿舍。

表 8－6 外来务工人员住所的配套设施情况 单位：人

硬件设施	人数	租私房	单位提供	电器设施	人数	租私房	单位提供
4 件	90	65	6	彩电	132	88	37
3 件	49	27	20	空调	140	65	53
2 件	45	23	17	冰箱	93	60	15
1 件	31	9	16	洗衣机	90	53	20
0 件	18	3	7	微波炉	40	25	4
总计	233	127	66	电脑	136	80	36

三、居住负担

居住支出在总支出中的占比并不大，但也构成不小的支出负担，帮助需求呈现多样分化趋势。

居住负担方面，调查数据显示，外来务工人员的平均月租房支出是 307 元左右，约占家庭（或个人）月总支出的 16.5%，考虑到家庭多个成员分摊，实际居住负担在总体支出中的占比将进一步降低。由于许多提供宿舍的单位是免费或象征性收一些水电费，未婚组的房租支出明显低于已婚组，已婚组为 339 元，未婚组平均月住房支出为 225 元；类似地，我们用年龄分组显示了同样的差别，30 岁以下组的房租支出为 272 元，30 岁以上组的房租支出为 346 元，已婚男性的房租支出要大于已婚女性。然而，由于已婚组的平均总支出也相应更高，所以总体来看，房租负担在不同组之间差异并不大，都占总支出的1/7～1/6。外来务工人员的支出方面，食物支出构成了较大的生活负担，在不同分组的支出报告中，食物方面的支出都占总支出的1/3以上，如表8－7所示。所以，如果考虑到食物等必需品的支出，外来务工人员在当地的居住和生活负担成本不容小视，结合每个月的收入数据，单个外来务工人员每个月的结余为1000～1500元，这个调查结果和国家统计局2012年全国农民工监测数据的发现大体一致。

表8－7　外来务工人员的房租负担和支出　　单位：元

分组	房租负担均值	人数	月总支出	食物支出	两人收入均值
总体	307	170	1859	694	4508
已婚	339	113	2173	864	5357
未婚	225	52	1344	694	3032
年龄小于30	272	92	1608	828	4225
年龄大于30	346	78	2224	599	4886

居住帮助需求方面，绝大多数外来务工人员表达了希望得到居住方面的帮助，但是具体帮助类型呈现多样化趋势。调查数据显示，加总层面上一共有75.93%的受调查个体表达了居住帮助的需求，其中希望在廉租房或外来务工人员公寓、低价位购房机会和租房补贴方面得到支持的比例各占需要帮助群体的1/3。总体上，有意愿在当地购买房子的，更希望能够在低价位购房机会方面得到帮助；而以租房为主、相对房租负担高的群体，则希望在廉租房或租房补贴方面获得政府支持。租房组和买房组的分类统计显示，67%的租房组成员在居住帮助上选择了廉租、外来务工人员公寓和租房补贴，选择租房补贴的略高；而买房组的这个比例只有44.19%。与此相反，租房组中只有22%的个体希望有低价位购房的机会，而买房组选择这种居住帮助的比例则接近40%，如表8－8所示。另外，对选择不同居住帮助形式的分组，目前我们也分别计算了相应的房租负担值：选择需要租房补贴的分组当下的房租负担均值为342元，而廉租或外来务工人员公寓的分组房租负担为328元，希望得到低价位购房机会的房租均值最低为308元，而不需要帮助的为277元。

表 8－8　外来务工人员的居住帮助需求

帮助类型	全部	未婚	已婚	租房组	买房组	房租负担均值
廉租或外来务工人员公寓	52	15	36	30	9	328
低价位购房	54	19	34	22	17	308
租房补贴	58	20	37	34	10	342
不需要帮助	40	19	18	6	5	277
总计	216	78	131	96	43	

四、居住意愿

当地城镇购房意愿偏低，老家城镇买房意愿较高，落叶归根及亲情社会网络依旧在定居决策中扮演着重要考量因素。

嘉善新居民局的统计数据显示，受访外来务工人员有意在当地购房的比例高达 47.09%，但是这个群体在嘉善当地真正购房的比例只有 1.54%，已经购买房子的人群基本上是私营企业主（个体工商户）、企业中层以上的管理人员、企业高学历、高技能、高收入人员，以及迫切需要子女在公办学校就读的新居民。我们的调查样本中，已购私房的有 10 人，占总样本数的 4.3%；有较清晰的购房计划的有 27 人，占调查样本的 11.64%。在这些有清晰购房计划的分组中，已婚的占最大比重 67%；从年龄分层看，25～35 岁的占 70%，这个数据呼应了新居民的调查，即当地有购房需求的外来务工个体是以结婚和解决孩子读书的迫切需求为主。购房计划者的预期房价承受力和负担考虑方面，90% 以上都预期父母支付不到 10 万元，而 92.59% 的个体自付的比例均低于 30 万元，70.37% 和 25.93% 的计划者预计自付比例仅为 20 万元和 10 万元，而 62.96% 的计划者预期房子总价在 40 万元以内。从嘉善当地的住房价格来看，这个总价在城镇大致可以买到 80～90 平方米的房子，但是县城区域则只能买到 30 平方米左右的房子。另外，在一个调查买房意向的开放性问题中，63 名回答不考虑在当地买房的外来务工个体中，四成人认为房价高、收入低、承受不起是主要原因，而接近五成的人认为老家更有吸引力。

类似以上这种在当地购房意愿总体偏低，更偏好在家乡定居的情况，在外来人口未来定居意愿问题调查中也得到相应的印证和体现。未来定居意愿方面，分别只有 12.78%、8.81% 的调查对象希望能在务工所在乡（镇）和县城定居，而预期回家乡的乡（镇）和农村定居的分别有 29.52% 和 18.94%，有比较明确意向将来回家乡定居的比例接近 50%，而留在务工当地的仅有 20% 左右。外来务工人员更偏好回到家乡，但似乎回老家农村的积极性不高，这与发展经济学家关于剩余劳动力转移的经典观察在一定程度上保持一致，即卷入城镇化进程的外来务工人员，他们的技能和生活习惯在打工过程中已经越来越适应城镇部门生活和需求，很难再返回农业部门；但是，我国转型期经济社会发展也为此增加了一个新侧面：发达地区城镇部门高昂的生活成本和家乡亲情网络的吸引下，我国的外出务工人员更偏好于生活成本相对可以承受的家乡城镇。进一步的分组分析显示，相比已婚组，未婚组希望留在当地定居的比例更低，仅为 11%，已婚组回老家的积极性虽然也不低，但是希望在当地定居的比例接近 30%；男性和女性在留当地定居和回老家方面则没有太大差异，回老家和留在当地的比例分别都在 50% 和 20% 左右。在当地超过 3 年的外来务工人员中，选择家乡的比例降到 40%；随着年龄的增长，留在当地的比例略有增加，回老家的比重略有下降。我们也检验了住房成本对定居意向选择的影响，检验显示，准备在外地定居的，其当前的房租均值最高为 343 元；准备回家乡的，其房租均值是 322 元；而预期在城镇居住的房租均值是 348 元，回到农村的房租均值是 276 元。这组数据对比似乎表明，在城镇部门生存状况较好的倾向于继续在城镇部门，而生存状况略差或花费更节省的更倾向于回农村和家乡。更详细的数据对比如表 8-9 所示。

表 8-9　外来务工人员的未来居住意愿*

定居意愿	全部	未婚	已婚	男性	女性	当地 < =1 年	当地 2~3 年	当地 >3 年
务工乡镇	29	8	20	15	14	2	8	19
务工县城	20	1	18	13	7	1	5	14
家乡乡镇	67	30	35	35	32	21	25	21
家乡农村	43	22	30	25	18	11	13	19
其他大城市	12	5	7	6	6	5	6	1
没想好	54	24	29	33	21	15	13	26
总计	227	81	139	129	98	56	71	100

* 由于部分问卷答题完整性差异，分项信息加总的样本数并不等于总体有效样本数。

五、落户定居意愿

本地和外地落户定居意愿均不高，前者是由于城镇化使农村户籍的土地价值附加看涨，后者多是紧缺型公共服务配置驱使的结果。

落户定居意愿方面，调查显示：本县农业转移人口到县城城镇落户的积极性很低，外来农业转移人口在当地城镇落户意愿总体也不高。前者是因为随着当地经济快速发展，土地价值逐年攀升；另外，由于农业政策补贴、拆迁补偿、集体资产收益增加，农村户口附着的经济价值预期看涨；而且这些年随着交通便利化，当地政府在推进城乡统筹发展方面的力度进一步加大，城乡差异日渐减小，城镇户口的吸引力减弱。外来务工人员落户定居方面，打算在本地城镇落户的比例为 12.79%，略低于嘉善新居民事务局调查的新居民落户意愿 22.17%，如果加上希望在其他城镇落户的人数，则有意在城镇落户的比例将上升到 18.72%；希望保留农村户籍的占 55.71%，没想好，处于中间状态的约为 25.11%，如表 8 – 10 所示。吸引外来务工者落户本地的因素包括更好的医疗保障和子女教育，而家乡的吸引力因素则是社会交往和生活品质。

表 8 – 10　外来务工人员在当地的落户意愿 *

选项	全部	未婚组	已婚组	当地时间不到 3 年	当地时间 3 年以上
本地落户	28	6	22	9	19
原籍保留	122	42	74	70	52
其他城镇	13	5	7	10	3
没想好	55	21	34	31	24
总计	219	74	138	121	98

我们也考察了当地城镇部门的公共服务和相关设施环境对外来人口落户意愿的影响，具体结果如表 8 – 11 所示。支持城镇子女教育、医疗保障更有吸引力的分组，在当地落户意愿的比例分别为 16.09%、16.4%；支持相

* 由于部分问卷答题完整性差异，分项信息加总的样本数并不等于总体有效样本数。

比老家农村当地工作机会更有吸引力的分组，在本地落户意愿的比例为12.4%；与此相反，认为老家住房、社会交往、生活品质更有吸引力的，当地落户意愿则分别低至5.63%、2.22%和5.41%。叠加效应的分析方面，认为城镇部门的医疗和子女教育更有吸引力的，在当地城镇部门落户的意愿进一步上升到19.67%；而同时认为当地城镇部门工作机会和子女教育相比老家更有吸引力的落户意愿为16.44%，与单独子女教育吸引力的落户意愿比较接近，如表8－11所示。以上数据分析说明：吸引外来务工人员在当地落户的主要是当地有一定"门槛"和吸引力的公共服务，如子女教育和医疗保障等；由于外来务工人员已有人力资本储备等确定的、可及的工作机会和户籍并没有多大关联，所以本地工作机会方面的吸引力并没有对落户意愿产生明显的激励影响；家乡居住条件和社会交往的吸引力显著降低了外来务工人员在本地的落户意愿，这一点则从另一个角度印证了城市居住成本和地方发展方面的观察，即高居住成本让越来越多外来务工人员选择"逃离"发达地区的城镇部门，更愿意回到房价和生活成本较低的老家地方城镇定居发展。

表8－11　外来务工人员的落户意愿及分组情况

选项	教育	医疗卫生	工作机会	老家住房	老家社会交往	医疗×教育	工作机会×教育
本地落户	14	15	16	4	1	12	12
原籍保留	47	51	74	46	34	33	37
其他城镇	4	5	8	3	3	3	4
没想好	22	21	31	18	6	13	20
总计	87	92	129	71	45	61	73

第四节　居住需求特征与政策适配优化分析

第三节基于浙江典型县域经济的调查，对当下农业转移人口在城镇部门居住情况的特征事实做了描述。本节总结农业转移人口城镇居住需求特征，并在此基础上分析已有专注于集中供给居住保障思路的政策适配问题，对政策适配的内在逻辑及优化方向展开讨论。

一、农业转移人口城镇居住的需求特征

基于第三节的典型事实描述，我们认为当前农业转移人口在城镇部门的居住需求特征可以总结概括如下：

（一）居住需求自身呈现多样性分疏

农业转移人口在当地城镇不仅存在居住生存保障需求，而且随着在当地时间的累积，生活品质方面的需求将日益凸显。从嘉善调查的发现来看，前者有着明显的过渡性特征，而后者则存在充分的偏好多样性。这种偏好的多样性不仅体现在按照生活配套设施和租金水平选择不同的居住配置组合，同时也与所处年龄阶段、家庭情况和社会交往需求等密切相关。

（二）居住需求存在群体结构分化

农业转移人口在当地城镇的居住需求存在明显的群体结构分化特征。从嘉善调查的发现来看，举家迁移、携带子女和只身在嘉善的人员，在当地的居住需求存在显著差异。子女在当地上学，在当地有较好的融入预期的，居住需求向长期定居所有权方向发展明显。而受老家社会网络及生活便利等吸引，近一半的外来务工人员没有落户定居打算，居住需求明显主要是使用权方面的需要。

（三）居住需求加总层面的动态调整明显

从市场加总层面来看，农业转移人口在当地城镇居住需求的阶段性动态调整要求显著，这与地方经济所处发展阶段及产业结构变迁密切相关。我们调查到嘉善县的情况是，以低端制造集群和外向型经济为主的产业结构，在外贸的周期性冲击和产业主动转型升级过程中，对外来劳动力的需求存在显著的波动调整，这将带动居住需求的动态变化。

二、集中供给保障政策实践的适配困难分析

从上述概括的当前农业转移人口在城镇部门的居住需求特征来看，显然不论是政策需求的供给适配还是供给效率本身，现有政策实践中以公租房、农民工公寓为代表的集中供给保障方案，都存在明显的政策适配困难。

（1）高昂的信息成本使集中居住的需求偏好加总困难。从需求匹配角

度来看，把针对外来务工人员的居住保障作为一项政府提供的准公共产品项目，公租房、工人公寓这类解决方案碰到的首要困难是典型的居住偏好加总难题。正如我们调查中发现的，农业转移人口的居住需求不仅具有自身的多样性分疏，群体的结构性分化也尤为明显。这种居住偏好的多样性，一方面，使公租房、公寓项目建设中的需求偏好信息收集成本极为高昂；另一方面，事实上也意味着简单的标准化或“一刀切”式的集中供给模式与多样的居住偏好难以适配，往往沦为难以回应实际民生需要和民生难题的“政绩摆设”。

（2）多重委托代理关系使集中供给存在供给成本优化困难。从供给效率和生产成本优化角度来看，由于存在层层的委托代理关系和官僚机构固有的“直接非生产性”膨胀倾向，在以政府为主导的集中供给的外来工公寓公共项目的生产监督、建筑成本和质量控制方面，都存在显而易见的低效率、浪费或成本优化困难。而且，公共产权结构的内在缺陷，也使这类公共居住项目缺乏产权所有者的有效监督，建设质量后续维护堪忧。类似的情况在政府主导型的经济适用房和廉租房建设中已经屡见不鲜。

（3）“兜底线”保障性质使项目的可持续经营管理困难，也不利于外来务工者融入当地。从可持续经营管理角度来看，由于兜底保障性质，这类政府主导型的外来务工人员公共居住保障项目在后续运营管理中，经常出现运营管理收费困难的窘境，进而导致居住项目的公共配套更新难以维持，容易引发公寓的居住环境不尽如人意和拒绝缴纳公共费用的“恶性循环”。经营管理困难和兜底保障性质，也使外来工公寓之类项目的清退存在不小难度，经常容易让同质群体集聚，选择不融入当地社会，形成不良的“亚文化”甚至蜕化成城市中的“贫民窟”，成为区域不稳定的新来源。

（4）僵化和调整滞后使集中居住供给存在动态调整出清困难。正如调查所发现的，未来定居意愿方面，近一半农民工都选择回家乡定居，这意味着在农民工的打工生命周期中，在目标城镇居住具有“潮汐”波动特点：在外向型经济好、劳动力密集型的产业集聚区，农民工居住需求趋于增加，而当经济波动下行或产业结构变迁时，农民工将返乡或前往其他地方，居住需求急剧下降。这种时间和空间层面上经济波动所引发的外来劳动力规模和结构调整，意味着政府主导型的集中居住供给项目，由于固有的体制僵化和调整决策滞后，将很难像租房市场中的私人住宅业主那样根据租房市场价格信号的变动情况，自发自觉地应对需求的动态变化，及时调整出清。

三、政策适配的内在逻辑及优化路径分析

值得注意的是，从提供公共服务的角度来看，以上分析所揭示的专注于集中供给的居住保障政策与当下农业转移人口在城镇居住需求之间的适配困难，本质上体现了农业转移人口多样化的居住需求与现有相对单一保障功能的居住公共服务之间的匹配矛盾，而与此同时，公共居住保障又被简单化地等同于政府直接生产和供给，这种集中生产和供给的低效率进一步放大了两者之间的匹配紧张，结果是外来务工人员的居住保障计划往往蜕化为只有“象征性”意义和“标签式”的民生项目。

具体来说，居住需求偏好的多样化和群体需求的结构分化，实际上意味着需要对农业转移人口在城镇所处的不同阶段和所属的不同类型群体，做出更加科学细致的细分，甄别差异化的需求类型，并充分利用分散供给的市场机制和创新补贴方式解决偏好加总困难。短期和过渡型的居住需求，所需要匹配的实际上是租赁信息方面的公共服务；中期居住需求则主要匹配的是租赁市场的规范化管理，通过定向专项的租金补贴改善居住环境，以及部分紧缺型公共服务（如子女教育）的配给问题；长期定居需求主要匹配的则是与住房相关联的紧缺公共服务的配置，未来纳入城镇住房保障体系以及公共服务的全面覆盖问题。实际上，按照这种政策适配的逻辑思路展开，农业转移人口在城镇居住保障体系建设应该从单一供给保障思路，优化上升为以分散供给为中心的居住帮扶体系。图 8 -1 概括了以上政策适配的基本逻辑。

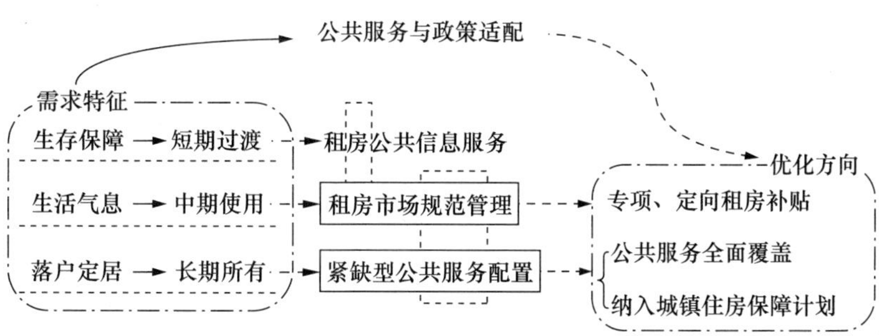

图 8 -1　农业转移人口在城镇的居住需求特征与政策适配优化的内在逻辑

第五节　结论与政策建议

一、主要结论

城镇化发展的基础是农业转移人口和农村剩余劳动力向城镇部门的转移和集聚，关键在于城市部门管理服务能力的提升和农业部门生产方式的优化转变，核心是改善并优化经济资源在全社会各部门的配置效率，最终促进城乡社会的统筹发展。目前我国城镇化发展的基本图景是，城镇化发展的第一阶段，即农业转移人口和农村剩余劳动力在城市部门的转移集聚，已经初步完成，然而与此相关的农业转移人口在城市部门的融入、落地的市民化进程才刚刚起步。

基于嘉善县调查，我们发现，农业转移人口在城镇居住以分散为主，工厂宿舍对“初来乍到”的单身工人更有吸引力，更具有保障过渡性质，本地和外地农业转移人口在当地落户定居意愿不高，居住帮助需求呈现多样化、群体分化和动态调整等特征。有鉴于此，我们认为，政府主导以农民工公寓等为主要形式的居住保障体系，与现阶段农民工的居住需求特点并不相匹配，而且还存在显而易见的供给成本难以优化、缺乏效率、可持续发展差、建设质量堪忧以及难以应对居住需求动态波动调整等问题。这种单一的集中居住保障体系的构建思路，本质上是对微观行动个体需求偏好加总困难缺乏有效认识和仔细评估；相反，对公共供给困难和生产经营效率又做了过于乐观和偏离实际的假定所致，简单地将公共供给保障等同于公共生产政府提供。考虑到我国经济社会转型期公共生产的各种低效率，这种理论所设计的政策将是公共资源的极端浪费和错置，对改善农业转移人口居住保障的作用极为有限。

本章的分析认为，当下以集中供给为主要形式的农业转移人口居住保障体系和现阶段农民工群体居住需求特征不相适配，其本质是体现了传统公共服务供给机制的单一化逻辑，与多样化、多层次和需要动态调整的公共服务需求之间的匹配矛盾，是我国经济社会转型时期政府职能亟待重新定位、思考和优化，在“三农”问题公共政策领域中的一个具象和投影。从公共服务提供和匹配角度来看，我们对农业转移人口在城镇居住需求的政策适配及优化路径的分析，事实上也在一定程度上呼应了当前大数据背景下，国家治理能力现代化建设中所需要的公共服务供给的精细化管理提升方面的要求。我们的分析指出，现阶段应当充分利用市场机制力量，通过分散化的市场供给机制，解决需求偏好加总困难和动态调整出清问题；应当鼓励地方政府结合当地产业结构实际和经济社会发展的总体需求，利用长短期政策组合，综合运用定向和专项租金券补贴等手段，鼓励与当地产业发展长远利益相适应的劳动力在当地行业扎根，最终设计出和本地发展相契合、符合地方政府激励约束、有针对性的农业转移人口居住保障帮扶体系。

二、政策建议

结合嘉善调查的发现，我们认为，未来需要在加强组织领导的前提下，仔细甄别不同类型外来农业转移人口多样化的居住和落户需求，科学设计针对外来农业转移人口的多层次的居住帮扶体系；通过界定城镇部门居住供给市场中的政府市场边界，协调推进农业转移人口城镇部门居住落户的顶层设计和分层激励，鼓励地方政府基于本地经济社会发展特征积极探索勇于创新，要有所为有所不为地推进外来农业转移人口居住环境改善的综合服务体系建设和监督管理体系建设。具体政策建议如下：

首先，加快推进农业转移人口监测等基础性数据收集工作，加强农业转移人口在城镇部门服务管理的组织领导。与户籍常住人口不同，城镇部门外来农业转移人口的变动性更大，稳定性也相对更弱，相应的居住、公共服务需求等信息呈现多样化、异质化和阶段性特征，因而需要加快推进基层农业转移人口监测等基础性数据的收集工作，要通过动态监测和细致的数据分析，及时把握外来农业转移人口的生存状况、发展状况和社会心理特征和变动情况，为科学决策提供有力的微观支持。有条件、有需要的地方，可以依托现有的行政管理体系，探索设立专门针对外来农业转移人口或新居民的服务管理机构，切实转变原有城镇针对外来农业转移人口相对单一的登记监测制度，切实转变管理理念、增强服务意识、创新服务项目，协调好涉及外来农业转移人口的各项公共服务政策的制定、执行和落实，加强农业转移人口融入当地社区社会的组织领导。

其次，仔细甄别外来农业转移人口居住和落户的多样化需求，科学设计有针对性的多层次居住帮扶体系。外来农业转移人口在城镇部门的居住和落户意愿呈现多样化特征，任何不加区分的居住帮扶体系设计只会造成政策的无的放矢。需要通过科学的筛选机制甄别出不同的居住和落户需求，对短期特征比较明显的居住需求，应当通过外来人口居住租赁服务平台或帮扶中心的信息帮助指导，帮助外来务工人员尽快融入当地社区。中期政策方面，要鼓励当地结合产业结构发展特征，结合外来务工人员在当地劳动市场的状态信息，有差别地发放租房补贴；租房补贴应当向当地产业发展急需的有技能、能稳定工作的蓝领工人倾斜，鼓励外来务工人员增加在专业技能和行业专用人力资本方面的投资，在当地行业扎根融入企业。供给方面，要鼓励产业园区所在地的乡（镇），通过多种建设形式的外来务工人员标准化出租房建设，或新农村社区中租房户的统一标识、租户补贴等形式，增加租房供给、改善租房配套、提升居住环境质量。长期政策方面，对有明显长期定居当地倾向的外来务工人员，要通过积分管理等方式，解决相关的公共服务配套覆盖，时机成熟的地方应当及时出台相关管理办法，将已经融入本地的外来务工人员纳入城镇住房保障体系。

再次，理顺外来农业转移人口在城镇居住供给体系中的政府市场关系，充分发挥市场机制的资源配置作用，协调好农业转移人口在城镇部门居住保障的顶层设计和分层激励。从嘉善调查情况来看，当地城镇部门和新农村集聚点的租房市场更接近于经济学意义上的完全竞争市场，在这种市场中政府职能应当更多地放在市场秩序监督和公共服务设施配套提供方面，减少和避免在市场中的直接参与。通过针对外来务工人员的廉租房等方式直接参与供给不仅不符合资源配置的效率逻辑，对公平和民生目标实现的帮助也极为有限。毋宁说，在我们看来，更好的做法应当是通过定向外来工人补贴（如租房券制度）、出租户补贴、出租服务购买和社区公共设施建设补贴等形式，降低外来务工人员的居住成本，改善居住环境，提升居住供给效率。相比政府直接供给的外来务工人员廉租房，由于存在多重的委托代理问题，往往建筑设计不尽如人意，入住人数寥寥无几，后期管理运营很难低成本地持续完善，而且也不利于外来务工人员参与和融入当地社区；基于分散式居住供给的定向补贴模式，可以很好地理顺居住供应市场中的各方激励，出租户维护好自己的房屋的激励更大，也能更好地提供最优的出租屋供给规模，政府则承担比较擅长的市场监督、秩序管理等服务型和公共型项目。

最后，鼓励地方政府结合当地经济社会发展特征，积极探索勇于创新，先行先试建立适合本地外来农业转移人口居住和落户保障体系。区域产业结构变迁一定程度上影响并决定了外来农业人口在当地的集聚。要鼓励地方政府结合当地经济社会特征和产业发展的宏观思路，及时出台外来农业转移人口本地居住和落户的指导性政策和意见，结合外来农业专业人口的不同类型和群体特征，按照“以人为本、差别帮扶、兼顾效率”的运作原则，优化针对外来农业转移人口居住保障的短期、中期和长期策略组合，先行先试建立适合本地外来农业转移人口的城镇部门居住保障体系。落户政策方面，要稳步推进基本公共服务和户籍制度的脱钩，有条件的地区要先探索过渡型的紧缺型公共服务配给的准入机制设计，创造条件积极缓解因户籍约束给外来务工群体在公共服务覆盖、社区参与及生活保障方面带来的限制。

第九章　结论与后续研究展望

改革开放30多年以来，我国的经济建设取得了举世瞩目的辉煌成绩，经济持续快速发展，城市化进程迅速推进，居民生活水平稳步提升。快速的经济增长带来了远比经济增长本身错综复杂多倍的经济社会的迅速转型，也相应地涌现出一系列经济增长发展和社会转型相伴生的阶段性经济社会现象有待解析和解释。本研究关注我国经济快速发展和城市化迅速推进进程中，农业剩余人口和农村剩余劳动力向城镇部门集聚转移，所带来的犯罪率向经济发达地区“集聚”和向外来人口“集中”现象，并主要基于经典犯罪经济学的拓展分析框架，重点从实证研究的视角尝试对这个现象背后的理论机理，及相对应的宏观、微观上可能存在的传导机制证据进行分辨和识别。最后，在此基础上讨论本书对下一步更好地推进新型城镇化和农业转移人口市民化，有怎样的启发和借鉴。除了绪论和文献综述对本书研究的前期文献基础和动机做了简要交代，从第三章到第八章，我们分宏观和微观两组实证研究篇章，分别基于多套加总层面的城市及县市面板数据和大规模的微观调查数据，对城市化进程中劳动力市场状况、收入差距扩大及刑罚威慑对犯罪率的影响，以及现阶段农业转移人口偏好特征、融入适应和公共服务覆盖紧缺等情况做了细致的考察，并进一步探讨农业转移人口的统计特征，对其参与罢工抗争活动等风险行为，进而对其主观幸福感产生怎样的影响。最后，我们结合一项农业转移人口在城镇部门居住和落户的微观调查，对推进农业转移人口融入城镇的住房保障政策的适配优化问题做了较为具体的案例分析。

第一节 结论与主要发现

综合来看，本书实证研究的发现主要包括如下四个方面：

首先，作为城市化进程中劳动力流动影响犯罪最基本最直接的传导渠道，我们先在一个扩展的犯罪时间配置模型中讨论了劳动力市场状况变化对非法劳动时间配置和犯罪率的影响机理，并进一步利用2000～2008年长三角和珠三角22个城市的非平衡面板数据对此做了计量实证分析，最后基于实证分析结果对犯罪率向发达地区大城市“集聚”背后的劳动力市场因素及刑罚威慑弱化的影响做了尝试性的分解计算。我们的实证研究发现，样本城市的行业工资收入差距每上升1%，将导致刑事犯罪率上升0.167%～0.19%。以上估计结果对劳动力市场状况的多种测定指标设定、犯罪率变量可能存在的度量误差，以及其他一些遗漏变量和不可观测内生性等偏误问题均保持稳健。进一步的分解计算表明，样本大城市刑事犯罪率偏高，平均分别有大约26%和40%可以由大城市潜在犯罪获利机会集聚以及犯罪被发现概率较低解释。由此，我们认为，通过旨在改善低收入群体尤其外来农民工的劳动力市场状况的公共政策，特别是提升农民工边际产出的职业技能培训类项目，将有利于我国发达地区大城市社会治理秩序的持续改善，能使城市更好地发挥要素集聚效益。

其次，除了从劳动力市场状况入手解析我国城市化进程中犯罪率攀升问题，在宏观计量分析的另外两章中，我们还分别补充考察了收入差距扩大对不同犯罪类型可能存在的差异化影响，以及犯罪治理中惩罚严厉性和确定性的威慑作用。由于我国城市化发展进程还伴随着经济社会体制的转轨转型，传统社会价值和市场社会的逐利逻辑对个体行为塑造都存在相应的影响，因而，我们预期城市化发展过程中收入差距扩大不仅导致逐利驱动型财产犯罪的增加，也可能使低收入个体对现行的分配秩序和社会运行逻辑产生不满，从而引发作为情感情绪宣泄的暴力型犯罪激增。基于一个特殊的1980～1990年包含31个县的面板数据，我们对城市化发展早期阶段的收入差距扩大对不同犯罪率上升的差异影响做了计量分析。双侧固定效应模型的估计结果显示，收入差距每上升1个百分点，平均将导致加总的刑事犯罪率增加 0.19%。针对不同类型的刑事犯罪决定方程的估计发现，该阶段收入差距扩大对暴力犯罪的影响最大，接着依次是严重犯罪和一般刑事犯罪，侵财犯罪的影响反而相对较小。以上估计结果的直接政策蕴含是，我国转型期犯罪治理需要重视不同犯罪类型的区分对待，并对地区所处发展阶段的不同特征进行仔细考量。

刑罚威慑和犯罪治理的实证研究方面，我们重点对国内已有犯罪经济学实证研究中涉及较少的惩罚严厉性的威慑效应做了考察。现有文献大多集中于分析经济社会条件对刑事犯罪率上升的影响，零星讨论犯罪治理的文献往往得出刑罚威慑不重要、治乱无须重典的结论，这种研究取向和主张很可能是因为没有恰当地处理刑罚威慑效应估计中的内生性问题。同样基于浙江省的县级面板数据，本书宏观计量分析部分的最后一章分别借助工具变量法估计和“严打”运动生成的自然实验场景，考察惩罚确定性和严厉程度上升对刑事犯罪率下降的影响。我们发现，表征惩罚确定性的破案率每上升 1 个百分点，平均将导致刑事犯罪率下降 -0.884%；执法变量和刑事犯罪率之间的联立内生性，使惩罚概率的刑罚威慑效应被低估；“严打”期间惩罚严厉程度提升显著威慑刑事犯罪，使刑事犯罪率下降 21% ~ 29%。以上实证研究结论，对当下城市化进程中犯罪治理的直接政策含义是，我国转型期的刑事犯罪治理必须坚持“两手抓”，必须在改善低收入群体生存境况和长期发展路径的同时，通过增加街面警察、重典惩罚等手段维持必要的刑罚威慑力度。

再次，考虑到我国城市化进程中发达地区犯罪率上升还存在向外来人口“集中”的现象，我们在宏观犯罪率计量分析的基础上，进一步利用微观大样本农民工调查数据，分两个实证章节研究，对现阶段农业转移人口的偏好特征、以幸福感为表征的生存状况等变量做了考察，并分析不同的偏好特征对农业转移人口参与风险性罢工抗争活动意愿的影响，也考察了不同类型的融入适应和公共服务覆盖紧缺度对农民工幸福感的贡献作用，以期为宏观加总的犯罪计量分析补充相应的微观观察视角和传导机理剖析。我们的分组统计发现，低年龄的男性分组风险偏好较高，教育对风险偏好存在影响但需仔细分辨，受教育程度越高组的风险容忍度越高，但同样是高教育分组，中专教育分组的风险容忍度显著高于接受高中教育的分组。进一步的计量分析表明，风险偏好对农民工参与罢工抗争活动意愿有积极影响，风险容忍度更高的农民工更倾向于参与罢工抗争活动，也更倾向于支持工友参与罢工抗争活动；社会性偏好方面，我们发现对政府信任和对媒体信任，对农民工的罢工抗争活动参与意愿存在相反的影响，对政府信任降低农民工参与罢工抗争活动的意愿；相反，对媒体越信任农民工参与罢工抗争活动的意愿越强烈；同群效应对支持工友参与罢工抗争活动有显著影响，我们发现对同乡信任、周围居住同乡虚拟变量对支持参与罢工抗争活动意愿的影响显著为正。另外，对农民工参与罢工抗争活动意愿有显著影响的还包括工作中的不公平待遇感知、融城情况和对城市的认同感等因素。

农民工的幸福感研究方面，我们利用农业转移人口市民化和价值观调查的两类共六个变量，对农民工的主观幸福感做了较为详细的考察，同时通过计量分析着重讨论了现阶段公共服务覆盖紧缺度和适应融入对农民工幸福感的影响。分组统计分析发现，五成以上的农民工样本都表示比较幸福或相对初来城市时幸福感有增进，但只有不到三成的农民工认为相比在农村时在城市的幸福感更强；携家带口分组在不同幸福感方面的表现明显优于其他分组和总体样本，低收入家庭分组的主观幸福感则普遍落后于其他分组；现阶段农民工群体幸福感的主要来源排名前两位的是家庭和谐和经济殷实，不幸福的最主要缘由是收入低和家庭矛盾，最大的焦虑感则源于不能给子女提供良好教育。进一步针对农民工主观幸福感影响因素的计量分析显示，公共服务覆盖紧缺度显著影响农民工的主观幸福感，公共服务紧缺度越高，农民工的幸福感受到的负向影响越大；不同类型的公共服务紧缺度对农民工幸福感的影响存在差异，总体上排在前面的包括具有一定进入“门槛”的社会保障、医疗保障和子女教育类公共服务。相反，相对普遍覆盖、进入基本没有“歧视”的计划生育、食品安全、文化体育及公共交通类公共服务，对农民工主观幸福感的影响相对较小；不同融入适应对幸福感的影响方面，住宿、工作条件、工友关系方面的适应，对农民工在城市的幸福感增进影响最大，工作纪律的适应和饮食的适应次之，上下级关系和与当地人的关系适应对幸福感增进的影响更小。以上两章微观计量分析的直接政策蕴含似乎是，不论是通过公共服务覆盖改善农民工群体的市民化融入，还是宏观上城市部门针对外来人口的犯罪治理，对农民工群体统计信息更细致的分组分类甄别，同时对不同公共服务的紧缺度、帮扶政策的短期、中长期侧重点差异需要有更精细的把握，这样才有利于提升公共政策的靶向针对性和精细度。

最后，在微观实证分析部分的第三章，我们结合一个农民工居住保障和落户意愿的专项调查，对住房公共服务保障政策的政策适配和优化问题，做了专章的案例分析和讨论。基于浙江嘉善县域样本的调查显示，现阶段农民工居住以租住居民房为主，生活气息更大，工厂宿舍更具有过渡性和保障特征，本地和外地农业转移人口的长期定居和落户意愿以及对居住帮扶政策需求方面，存在较大的分组差异，农业转移人口在城镇居住需求存在群体差异、阶段差别和随经济结构变迁的动态调整等特征，因而居住保障政策的政策适配方面，要通过积分制管理等方式做出区别对待，短期内要配置更多的信息类和保障类居住服务类型，中长期应当加强租房市场的规范性管理，要鼓励地方政府结合本地产业发展的总体布局，进行有针对性的外来人口居住保障探索创新，要通过定向差别发放租房券、公共设施和硬件设施专项补贴等方式，更多发挥市场机制在补贴发放和保障优化方面的角色和作用，最终建立一个多层次、广覆盖、可持续的农业转移人口在城镇居住的帮扶体系。

第二节　存在的不足及后续研究展望

虽然，如前文所述，相对国内既有的我国刑事犯罪问题的实证研究文献和农民工市民化的相关研究，本书的实证研究在一些新探索向度和研究视角维度择取方面，都做了一定的创新和发展，也为这个领域或主题的研究增加了一定量的边际知识和认识。然而，在一定程度上，由于时间精力有限和学识认识方面的不足，本书还存在诸多瑕疵、不足甚至缺陷，我们目前对这个主题的讨论，更应当被视为理解“我国转型期城市化发展和刑事犯罪动态变化”这个大主题下的一个不成熟的中间阶段性产品和产物。本书的不足和缺陷至少包括以下四个方面：

第一，总体上，本书虽然从表面上看是关注了我国城市化（城镇化）进程中的农业转移人口向城镇部门转移集聚，所引发的以犯罪为代表的重要经济社会现实问题。但是，就目前完成情况来看，本书主要还是一种偏理论和相对纯粹的学术研究，对本书所涉及现实政策方面的把控和把握，基本还处于远景展望和“浮光掠影式”的瞭望状态，对更多政策细节、政策工具和政策内在逻辑方面的讨论非常薄弱。显然，从理论研究过渡到政策设计，未来还需要对与本书相关联的若干专题，展开更为详细、更有针对性的政策类型的研究。

第二，从具体实证研究的开展情况来看，虽然本书已经从多方面、多角度对城市化进程中的劳动力流动与犯罪问题做了考察，但是由于样本和调查水平限制，我们对更详细的迁移过程的内生性问题、对偏好内生性方面及对微观个体在劳动力市场上表现的影响，以及教育作为一种内化的选择及不同教育类型对个体行为的影响，同样缺乏更为有效的考察；同样宏观计量分析中，我们也很遗憾没有对更多犯罪类型、对更加丰富的人口流动类变量进行控制和讨论，这些都是本书的不足，也有待后续研究进行改进和补充。

第三，从实证分析所应用的数据来看，尽管相对现有研究，我们在宏观面板数据的加总层面及犯罪类型区分上都做了显著的改进，微观调查也涵盖了较多的样本城市，但是相对我国广泛的地区差异和发展不平衡以及庞大的农民工群体来看，本书所依据调查的广泛性和分析样本的代表性，都存在一定的局限。未来，涵盖更多、分布地域更广的数据累积，以及建立在连续性观察基础上的微观调查方面，应该也是非常值得跟进和改进的研究方向。

第四，从理论和实证研究的关系来看，本书研究整体上属于立足于现有相对成熟的分析框架，主要偏重实证定量分析类型的研究，总体上对实证研究背后依据的理论分析、模型推导和机制探究方面的工作还相对不足。从现有研究进展来看，如何将更丰富的社会交往、政治经济激励框架等元素，加入经典犯罪经济学并以此理解发展中国家经济增长发展过程中伴生的犯罪率攀升现象，为本书的远景研究构建了一个更为统一的理论分析框架，也应该是未来值得探索的研究方向。

附　录

附录1　数据来源说明

不包括市辖区和市本级城区，浙江省现在一共有58个县或县级市，我们的基准回归所涵盖的33个县分别是桐庐、余杭、淳安、建德、富阳、海盐、鄞县、象山、宁海、余姚、慈溪、洞头、平阳、瑞安、乐清、长兴、安吉、新昌、上虞、嵊县、武义、浦江、永康、江山、开化、岱山、天台、温岭、临海、青田、缙云、云和和龙泉。

刑事犯罪立案数、破案数以及重特大犯罪立案的原始数据，均来源于各县的公安志或公安年鉴。各县犯罪率数据完整性情况见附表1。

附表1　各县刑事犯罪率数据的可得性情况

县	数据可得性	县	数据可得性
桐庐	1979～1989年（a、b）	慈溪	1979～1994年（a、b）
淳安	1979～1996年（a、b）	洞头	1979～1990年（a、b）
新昌	1979～1989年（a、b）	平阳	1979～1989年（a、b）
富阳	1979～1990年（a、b）	瑞安	1979～1989年（a、b）
鄞县	1979～1996年（a、b）	乐清	1979～1990年（a、b）
永康	1979～1995年（a、b）	长兴	1979～1998年（a、b）
宁海	1979～1998年（a、b）	嵊县	1979～1989年（a、b）
临海	1979～1996年（a、b）	青田	1979～2002年（a、b）
上虞	1979～1990年（a、b）	云和	1979～1989年（a、b）
浦江	1979～1993年（a、b）	开化	1979～2008年［a、b（2000年）］
天台	1979～1992年（a、b）	建德	1979～1989年（a）
龙泉	1979～1989年（a、b）	余姚	1979～1990年（a）

续表

县	数据可得性	县	数据可得性
缙云	1979～1991年（a、b）	象山	1979～1990年（a）
温岭	1979～1996年（a、b）	岱山	1979～1989年（a）
武义	1979～1995年（a、b）	江山	1979～2007年（a）
安吉	1979～1989年（a、b）	余杭	1979～1989年（a）
海盐	1979～1990年（a、b）		

注：a、b分别代表不同犯罪率数据是否可得，其中a——加总刑事犯罪率数据、b——重特大犯罪率数据。

附录 2　农业转移人口市民化与价值观调查

（清华大学中国农村研究院 2013 年博士后研究项目）

您好！

我们是________大学的学生，正在接受清华大学中国农村研究院和浙江工商大学公共管理学院课题组的联合委托，进行农业转移人口的市民化与价值观问题的调查。这项调查与中共十八大有关农业转移人口的专题表述紧密联系，针对全国农业转移人口进行细致调查。

我们的调查主要是为了帮助政府和社会了解进城农业转移人口在现城市的工作、生活状况，收集人们对农业转移人口市民化有关政策的意见与建议。对于我们将要问到的问题，您的回答无所谓对错，只要符合您的真实情况就可以了。您的如实回答和耐心合作，将有利于我们国家制定相关政策，有利于改善农业转移人口的工作生活处境。您的回答受到《中华人民共和国统计法》的保护。我们收集到的所有信息，将只用于计算机的数据统计分析，有关您家庭或个人的信息，不会出现在任何其他场合，更不会用于直接的发表。我们将尊重您的个人隐私，忠实地为您保守秘密。衷心感谢您的合作！

现住址：___区___街道/镇/乡___社区居委会/村委会___街/楼/组___号

老家：_____省/市/区_____地/市_____县/市_____乡/镇_____村____组

Z 01 访问日期（月/日）	/
Z 02 开始时间（时/分）	/
Z 03 结束时间（时/分）	/
Z 04 访问地点	

Z 05 调查员（分组编码）	
Z 06 督导员（分组组长）	
Z 07 录入员	
Z 08 录入日期（月/日）	

调查员附记

	1 很好	2 好	3 一般	4 不好	5 很不好
Z 09 问卷完成情况					
Z 10 被访者配合程度					
Z 11 被访者认真情况					
Z 12 被访者回答的可信度					

备注：

说明：

（1）除非特别说明，问卷调查信息均为调查时间点当下信息或2013年的信息；

（2）请调查员区分零值和不清楚，不清楚的信息请留空白，必要时在题号下备注信息；

（3）受访者需是对家庭基本信息比较了解的外出务工人员，本次受访对象只要一名家庭成员即可。

个人部分

A. 家庭概况			
调查对象：家庭一个主要成员即可			
A01	目前住在		
A02	与您一起外出打工的亲人与您的关系	1. 夫妻 2. 父子/母子/父女/母女 3. 翁（婆）媳（婿） 4. 祖孙 5. 兄弟姐妹 6. 叔（姑）侄/甥舅（姨） 7. 堂/表兄弟姊妹 8. 其他亲属 9. 非亲属	
A03	性别	1. 男 5. 女	
A04	年龄	（周岁）	
A05	出生年份	（年份）	
A06	受教育程度	1. 未上过学（→A9） 2. 扫盲班（→A 9） 3. 小学 4. 初中 5. 高中 6. 中专/职高/技校 7. 大专 8. 大学本科及以上 9. 私塾	

续表

A07	学业完成情况	1. 在校 2. 毕业 3. 肄业 4. 辍学 5. 其他	
A08	受（正规）教育年限	（年）	
A09	婚姻状况	1. 未婚（→A11） 2. 已婚/同居 3. 离异 4. 丧偶	
A10	结婚时的年龄	（周岁）	
A11	民族	1. 汉 2. 壮 3. 回 4. 维 5. 蒙 6. 满 7. 其他	
A12	当前的政治面貌	1. 中共党员 2. 民主党派 3. 共青团员 4. 少先队员 5. 群众	
A13	目前的户口状况	1. 现城市非农户口 2. 外地非农户口 3. 现城市农业户口 4. 外地农业户口	
A14	当前的就业状况（若多种就业填时间最长的，若时间一样填收入高的）	1. 务农 2. 从事工资性工作 3. 非农经营 4. 离退休 5. 失业/待分配 6. 待升学 7. 家务劳动 8. 丧失劳动能力 9. 在校学生 10. 学龄前儿童 11. 辍学 77. 其他 88. 不清楚	
A15	什么时候来现城市的	（年份）	
E. 行为偏好			
以下问答均为假定的情形，不涉及实际金钱支付，请您认真作答			
E01	假定能够和您最喜欢的明星吃饭。您是选择今天就吃还是三天后吃	1. 今天 2. 三天后	
E02	设想您的某个亲戚已经怀孕三个月了。在一次常规检查中，可以发现婴儿的性别。您偏好于	1. 马上知道 2. 到出生时候再知道	
E03	假定您有 90% 的概率可以获得 1000 元。能否获得 1000 元今天就将揭晓，可是由于发生了某些事情，结果要等到 2 周后才出来。如果花 2 元，您就能马上知道结果。您是否愿意付这 2 元	1. 是 2. 否	

续表

E04	假定以下情形：盒子里面有红色和黑色的扑克牌两张，您有以下两个选择，您更偏好哪一种	1. 从盒子里面随机抽取一张，如果是红色，您将得到 40 元，如果黑色，您将得到 0 元 2. 不抽，您将得到 20 元	
E05	盒子里面有 20 张扑克牌，10 张红色，10 张黑色，您有以下两个选择，您更偏好哪一种	1. 从盒子里面随机抽取一张，如果是红色，您将得到 10 元，如果黑色，您将得到 0 元 2. 不抽，您将得到 5 元	
E06	假定以下三种情形，您偏好选择哪一种	1. 从装有 100 张各不一样扑克牌的盒子里，随机抽出一张，如果抽到红桃 2，则获得一张 2 元的体育彩票，该体育彩票的最大可能奖金为 500 万 2. 从装有 10 张各不一样的扑克牌的盒子里，随机抽出一张，如果抽到红桃 2，则获得一张 2 元的体育彩票，该体育彩票的最大可能奖金是 10 万 3. 不抽，获得 2 元	
E07	假定您明天可以拿到 100 元，或者 8 天后可以拿到 120 元，你更偏好选择哪一种	1. 明天的 100 元 2. 8 天后的 120 元	
E08	假定您 91 天后可以拿到 100 元，或者 98 天后拿到 120 元。您更偏好哪一种	1. 91 天后拿到 100 元 2. 98 天后拿到 120 元	
H. 社会交往			
请根据您目前实际情况回答以下问题			
H01	您经常联系的朋友多数在哪里	1. 工作所在城市　2. 农村老家　3. 其他城市　4. 其他农村	
H02	在今年春节期间，以各种方式与您家拜年、交往的亲属大概有多少人	（人）	
H03	在今年春节期间，以各种方式与您家拜年、交往的亲密朋友大概有多少人	（人）	

续表

H04	在今年春节期间，以各种方式与您家拜年、交往的其他人大概有多少人	（人）	
H05	以上您所交往的人员中，有无从事下列职业的人（可多选）	1. 科学研究人员 2. 大学教师 3. 中小学教师 4. 工程技术人员 5. 医生 6. 护士 7. 经济业务人员 8. 营销人员 9. 法律工作人员 10. 私营业主、老板 11. 政府机关负责人 12. 党群组织负责人 13. 企事业单位负责人 14. 行政办事人员	
H06	您平时下班后有什么娱乐活动（可多选）	1. 找老乡聊天或喝酒 2. 在家看电视 3. 看录像或看电影 4. 上网 5. 打牌、下棋、打麻将等 6. 逛街 7. 睡觉 8. 带孩子/跟孩子一起玩 9. 其他____	
F. 就业和收支			
调查对象：14 周岁以上不在上学的家庭成员			
	技能和培训		
F01	除正规学校教育外，是否接受过任何非农培训或当过学徒（可多选）	1. 没有参加任何培训（→F05） 2. 参加过非农业培训 3. 当过学徒工 4. 其他培训	
	您的职业技能是通过什么方式获得的	1. 本人自学（边学边干） 2. 当学徒工 3. 亲戚、朋友或老乡教的 4. 所在单位/企业组织的技能培训 5. 在学校（中专、职高、技校）学会的 6. 参加政府劳动部门等组织的培训 7. 在社会上开办的培训学校学会的 8. 其他	
	如果您参加了培训，是什么时候参加的	1. 参加工作前 2. 工作过程中 3. 两者兼有	
	如果您受过职业教育，是什么时候参加的	1. 参加工作前 2. 工作一段时间之后	
	您现在是否有职业资格/等级证书	1. 没有任何证书 2. 有证书	

续表

	如果您获得了职业资格/等级证书，获得的是哪一种证书	1. 有证书，但无等级　2. 有证书，但不是国家认可的正规证书　3. 初级证书　4. 中级证书　5. 高级证书	
	您是怎么找到现在这份工作的	1. 靠亲戚关系　2. 靠朋友、老乡的关系　3. 自己有一技之长　4. 据报纸、网络、街头广告的招聘信息　5. 通过中介组织　6. 通过村以上政府机构的劳务组织　7. 用人单位直接到农村招工　8. 参加本村组织的劳务输出　9. 随工作调动　10. 其他	
F02	现在工作的行业是	行业（文字描述）	
F03	现在的职业是 （请描述出工作名称和工作职责）	工作名称（文字描述） 工作职责（文字描述）	
F04	单位/企业所有制是	1. 国有企业　2. 集体企业　3. 股份合作企业　4. 联营企业　5. 有限责任公司　6. 股份有限公司　7. 私营企业　8. 其他内资企业　9. 中国港澳台商投资企业　10. 外商投资企业　11. 个体经营户　12. 劳务派遣公司　13. 包工队　14. 事业单位　15. 政府机关　16. 其他	
F05	单位/企业有多少人	（人）	
F06	现在平均每周要工作几天	（天/周）	
F07	现在平均每天要工作几个小时	（小时/天）	
F08	现在的工作是否有职业病危险	1. 没有　2. 有，但有防护措施　3. 有，且无防护措施	
F09	现在的工作是否为高低温作业 工作环境是否有毒或有其他危险	1. 不是　2. 是，有防护措施　3. 是，有部分防护措施　4. 是，无防护措施	
	拿工资的工作适用的问题		
F10	是如何进入这个工作单位的 （职介包括人才交流会）	1. 政府安排　2. 政府职介　3. 社区就业服务站　4. 商业职介　5. 招聘广告（包括电视/报纸/网络广告）　6. 家人联系　7. 亲戚介绍　8. 同学介绍　9. 朋友介绍　10. 自己上门找的　11. 自己做生意　12. 其他	

续表

F11	和单位签订合同了吗	1. 没有 2. 口头合同 3. 书面合同	
F12	收入是怎么计算的	1. 计时 2. 计件 3. 基本工资+提成 4. 固定	
F13	平时的一个月能发多少工资，包括按月发的奖励/津贴/补贴等	（元）	
F14	除平时工资外，一次性发的工资和奖金/津贴/补贴及实物折现能有多少钱	（元）	
F15	现在做的这份工作，单位是否按时发工资	1. 按时，不收保证金 2. 按时，收一定的保证金 3. 拖欠，但能拿到 4. 拖欠，不一定能拿到	
F16	除这一工作外，您是否还有其他职业的收入？若有，一年收入有多少	（元）	
F17	2013 年 1 月以来一年期间您的家庭年收入有	1. 1000 ~ 3000 元 2. 3000 ~ 5000 元 3. 5000 ~ 10000 元 4. 10000 ~ 30000 元 5. 30000 ~ 50000 元 6. 50000 ~ 100000 元 7. ≥100000 元	
F18	其中，您的收入有多少	（元）	
F19	您配偶收入有多少	（元）	
F20	全年家庭总消费支出	（元）	
F21	其中，家庭生活成本中花费	（元）	
F22	子女抚养（包括现金和实物折款）	（元）	
F23	父母赡养（包括现金和实物折款）	（元）	
	娱乐消费（包括现金和实物折款）	（元）	
F24	其他消费（包括现金和实物折款）	（元）	
G. 住房和居住条件			
请根据您目前的居住场所（在工作城市）回答住房问题			
G01	住房用途	1. 生活用房 2. 兼作生产经营用房	
G02	多少人居住在这个房屋	（人）	
G03	房屋使用面积多少平方米	（平方米）	

续表

G04	您当前的住所为	1. 独立租房 2. 与人合租房 3. 购买继承产权房 4. 购买非产权房 5. 自建私房 6. 自建棚户 7. 建筑工棚 8. 单位集体宿舍 9. 单位工作房 10. 住在市民家中 11. 其他	
G05	是否要付房租	1. 是 5 否	
G06	当前每月房租	（元/月）	
G07	您周围是否住着很多同乡	1. 是 5 否	
G08	您周围是否住着很多同事	1. 是 5 否	
G09	附近社会治安如何	1. 治安很好 2. 治安一般 3. 治安很差	
G10	这附近有没有偷盗抢劫等	1. 没有 2. 有小偷小摸没有抢劫 3. 发生过恶性案件（抢劫/强奸/杀人）	
G11	您对目前的居住状况的满意度是	1. 非常满意 2. 比较满意 3. 一般 4. 不太满意 5. 很不满意	

价值观部分

注意：本板块都是主观题，请受访者耐心作答，访问员需区分题设的区别并耐心讲解

I01 你对下列事情是否适应

		a.	b.	c.
		开始外出打工时：	现在：	（如果 a 和 b 答案不一致）为什么现在的感觉和第一次外出时不一样？是情况改变了，还是自己习惯了
		1. 很不适应 2. 不太适应 3. 说不上 4. 比较适应 5. 很适应 9. 不适用（下一行）	1. 很不适应 2. 不太适应 3. 说不上 4. 比较适应 5. 很适应	哪一种更主要？ 1. 环境改变 2. 自己改变 3. 两者兼有，环境变化更主要 4. 两者兼有，自己改变更主要

续表

a	住宿			
b	饮食			
c	工作纪律			
d	工作条件			
e	上下级关系			
f	同事关系			
g	与当地人日常交往			

I0202.	总的看来，你对现在的城市生活适应度如何	1. 很不适应 2. 不太适应 3. 比较适应 4. 非常适应 5. 说不清
I03	总体而言，您认为您融入当地城市（镇）了吗	1. 完全融入 2. 比较融入 3. 不太融入 4. 不融入 5. 说不清
I04	你想留在所在城镇生活的意愿（9 最高）如何	1 2 3 4 5 6 7 8 9
I05	你对所在城镇的归属感（9 最高）如何	1 2 3 4 5 6 7 8 9
I06	您平时是否参与所住社区举办的以下集体活动（可多选）	1. 文体娱乐 2. 节日活动 3. 选举 4. 社区公共事务讨论 5. 其他____ 6. 没有参与

在一个社会里，人们可能会对某些人更为信任，请说说你对下面这些人或组织的信任程度怎么样？

		1. 完全信任	2. 比较信任	3. 不太信任	4. 根本不信任	8. 说不清	9. 没有回答
SN01	你的家人	1	2	3	4	8	9
SN02	现在住在你周围的人	1	2	3	4	8	9
SN03	同乡	1	2	3	4	8	9
SN04	市场上的商人/买卖人	1	2	3	4	8	9

续表

		1. 完全信任	2. 比较信任	3. 不太信任	4. 根本不信任	8. 说不清	9. 没有回答
SN05	城里人	1	2	3	4	8	9
SN06	自己的老板/包工头	1	2	3	4	8	9
SN07	政府	1	2	3	4	8	9
SN08	警察	1	2	3	4	8	9
SN09	医生	1	2	3	4	8	9
SN10	电视报刊上的新闻	1	2	3	4	8	9
SN11	法官/法院	1	2	3	4	8	9

公平

J01. 从您自身的感受出发，请您给有关部门的以下工作打分，1 表示最差，10 为满分：

a. 职业介绍	1	2	3	4	5	6	7	8	9	10
b. 劳动保护	1	2	3	4	5	6	7	8	9	10
c. 子女教育	1	2	3	4	5	6	7	8	9	10
d. 治安管理	1	2	3	4	5	6	7	8	9	10

J02. 请您评价下表各项的公平程度（每行限单选）

		1. 很公平	2. 比较公平	3. 基本公平	4. 不公平	5. 很不公平	8. 不好说
a	教育机会	1	2	3	4	5	8
b	工作和就业	1	2	3	4	5	8
c.	收入分配	1	2	3	4	5	8
d	总体而言，觉得现在社会的公平程度如何	1	2	3	4	5	8

J03 请对下表所列公共服务（您工作所在地）的重要程度和满意度进行打分（最低 1 分，最高 9 分，请在相应分值栏打钩）

	1. 不重要　9. 非常重要									1. 非常不满意　9. 非常满意								
	1	2	3	4	5	6	7	8	9	1	2	3	4	5	6	7	8	9
a. 子女教育																		
b. 医疗卫生																		

续表

	1. 不重要 9. 非常重要									1. 非常不满意 9. 非常满意								
	1	2	3	4	5	6	7	8	9	1	2	3	4	5	6	7	8	9
c. 社会保障																		
d. 公共交通																		
e. 社会治安																		
f. 计划生育																		
g. 食品安全																		
h. 文化体育																		

J04	您在工作中是否遇到过同工不同酬的状况	1. 没有 2. 偶尔 3. 有时 4. 经常	
J05	您是否觉得相同能力的和本地人相比您的晋升机会更少	1. 同意 2. 基本同意 3. 不同意	
J06	您在工作时受到的不公平待遇或者歧视程度（9 最高）如何	1 2 3 4 5 6 7 8 9	
J07	您在生活中受到的不公平待遇或者歧视程度（9 最高）如何	1 2 3 4 5 6 7 8 9	
J08	您平时是否参与所住社区举办的以下集体活动____（可多选）	1. 文体娱乐 2. 节日活动 3. 选举 4. 社区公共事务讨论 5. 其他____ 6. 没有参与	
受到不公正待遇时的表达方式			
J09	当感觉到被欺负了，您选择怎样处理	1. 找老乡出头 2. 向上级投诉 3. 向政府投诉 4. 向媒体投诉 5. 默默忍受 6. 自己处理	
J10	您怎么形容和老板的关系（主要特征）	1. 剥削与被剥削 2. 平等互利 3. 分工不同 4. 领导与被领导	
J11	如果周围工人因权益被侵犯邀请您去有关部门上访，您的态度是	1. 积极参加 2. 表示同情，但不参加 3. 劝阻他们别去 4. 无所谓	
J12	当权益受到严重侵害时，您是否赞同通过罢工等形式，捍卫自己的权益	1. 非常赞同 2. 赞同 3. 不赞同 4. 很不赞同	
J13	当生活中遭遇不公平不公正待遇时，您的处理方式是（文字简述）		
J14	当工作中遭遇不公平不公正待遇时，您的处理方式是（文字简述）		

续表

焦虑				
K01 遇到下列情况你的焦虑程度有多少				
	非常担心	很担心	不是很担心	一点也不担心
a. 丢了工作或找不到工作				
b. 不能给自己的孩子一个好的教育				
c. 被抢劫				
d. 生病或看不起病				
e. 民事冲突				
f. 老板拖欠工资				
g. 赚不到钱				
h. 回老家没面子				

K02	您在生活中的焦虑感有多大（平时的心理感知）	1. 非常焦虑 2. 有较大焦虑 3. 有一些焦虑 4. 没有焦虑	
K03	最近半年，您是否觉得心理压力很大，时常胸闷、心慌	1. 是 2. 否 3. 没有感觉	
K04	心里不舒服时候，您一般怎样处理	1. 找家人倾诉 2. 找老乡倾诉 3. 找心理医生 4. 自己积极调整 5. 自己憋着	
K05	总体来说，您对现在您所在的城市社会如何评价	1. 非常美好 2. 美好 3. 没感觉 4. 令人讨厌 5. 非常讨厌	
K06	总体来说，您对现在您所在的老家如何评价？	1. 非常美好 2. 美好 3. 没感觉 4. 令人讨厌 5. 非常讨厌	
幸福感			
L01	您和周围的人相比，算哪个层次的	1. 上层 2. 中上层 3. 中层 4. 中下层 5. 下层	
L02	与生活在老家的人相比，您觉得自己属于哪个层次	1. 上层 2. 中上层 3. 中层 4. 中下层 5. 下层	
L03	和初来这个城市（镇）时候相比，您觉得您的幸福感是	1. 显著增加 2. 有增加 3. 没什么感觉 4. 明显下降 5. 有下降 6. 说不清	

续表

L04	您对幸福的定义是（可多选）	1. 经济殷实 2. 家庭和谐 3. 地位高尚 4. 职业体面 5. 个人价值的实现	
L05	您是否觉得不幸福	1. 没有 2. 偶尔 3. 有时 4. 经常	
L06	如果不幸福，您觉得阻碍主要存在于	1. 经济收入低微 2. 地位低微 3 家庭矛盾 4. 个人价值 5. 其他________	
L07	与过去在农村相比，您在城市感到更幸福吗	1. 更幸福 2. 差不多 3. 更不幸福	
L08	总的来讲，您现在幸福吗	1. 非常幸福 2. 比较幸福 3. 一般 4. 不太幸福 5. 很不幸福 6. 不知道	

我们的访问马上就结束了，您的配合对我们的研究、对城市流动人口政策的改善帮助很大		
如果我们以后有什么问题还想向您请教，您愿意留下您的电话吗	1. 愿意 2. 不愿意	您的电话号码：
我们的访问到此结束了，再次谢谢您的合作		

附录3 农民工市民化与价值观调查的区域样本构成情况

来自省份	样本数（个）	占比（%）	打工省份	样本数（个）	占比（%）
安徽	227	14.29	安徽	48	3.10
北京	1	0	北京	21	1.36
福建	43	2.70	福建	55	3.55
甘肃	65	4.09	甘肃	43	2.78
广东	4	0.25	广东	67	4.33
广西	37	2.33	广西	13	0.84
贵州	72	4.53	贵州	8	0.52
河北	15	0.94	河北	5	0.32
河南	91	5.73	河南	17	1.10
黑龙江	15	0.94	黑龙江	1	0.06
湖北	53	3.34	湖北	23	1.48
湖南	60	3.78	湖南	7	0.45
吉林	6	0.38	吉林	1	0.06
江苏	21	1.32	江苏	40	2.58
江西	101	6.36	江西	3	0.19
辽宁	4	0.25	辽宁	17	1.10
内蒙古	7	0.44	内蒙古	5	0.32
宁夏	44	2.77	宁夏	36	2.32
山东	113	7.12	山东	76	4.91
山西	100	6.30	山西	105	6.78
陕西	42	2.64	陕西	39	2.52

续表

来自省份	样本数（个）	占比（%）	打工省份	样本数（个）	占比（%）
四川	87	5. 48	四川	20	1. 29
天津	9	0. 57	天津	15	0. 97
云南	62	3. 90	云南	30	1. 94
浙江	263	16. 56	浙江	763	49. 26
重庆	46	2. 90	重庆	42	2. 71
合计	1588	100. 00	海口	3	0. 19
			青海	2	0. 13
			上海	35	2. 26
			新疆	9	0. 58
			合计	1549	100. 00

参考文献

中文部分

安德森：《中国的城市化：面临的政策问题与选择》，《比较》2007 年第 2 期。

白雪梅、王少谨：《对我国收入不平等与社会安定关系的审视》，第六届中国经济学年会参选论文，2006 年。

贝卡利亚：《论犯罪与惩罚》，黄风译，中国大百科全书出版社 1993 年版。

边沁：《道德与立法原理引论》，时殷弘译，商务印书馆 2000 年版。

陈春良：《收入差距与我国转型期刑事犯罪率的动态变化研究》，浙江大学博士学位论文，2010 年。

陈春良：《城市化与刑事犯罪：基于省级面板数据的实证研究》，第九届法经济学年会入选论文，2011 年。

陈春良：《中国转型期收入差距与刑事犯罪率变化的动态变化研究》，浙江大学出版社 2012 年版。

陈春良、易君健：《收入差距与刑事犯罪：基于中国省级面板数据的实证研究》，《世界经济》2009 年第 1 期。

陈春良、史晋川：《收入差距、劳动力市场状况与犯罪研究动态》，《经济学动态》2011 年第 8 期。

陈春良、刘正山：《劳动力市场状况与犯罪：基于城市面板数据的经验研究》，《浙江社会科学》2014 年第 9 期。

陈刚：《社会福利支出的犯罪治理效应研究》，《管理世界》2011 年第 9 期。

陈硕：《转型期中国的犯罪治理政策：堵还是疏》，《经济学》（季刊）2012 年第 2 期。

陈硕、章元：《治乱无需重典：转型期中国刑事政策效果分析》，《复旦大学经济系工作论文》2013 年第 2 期。

陈祎、刘阳阳：《劳动合同对于进城务工人员收入影响的有效性分析》，《经济学》（季刊）2010 年第 1 期。

陈屹立、张卫国：《收入差距、国民教育与中国的暴力犯罪》，第八届中国经济学年会入选论文，2008 年。

丁富军、吕萍：《转型时期的农民工住房问题——一种政策过程的视角》，《公共管理学报》2010 年第 1 期。

董昕、张翼：《农民工住房消费的影响因素分析》，《中国农村经济》2012 年第 10 期。

郭菲、张展新：《流动人口在城市劳动力市场中的地位：三群体研究》，《人口研究》2012 年第 1 期。

郭新宇、薛建良：《农民工住房选择及其住房影响因素分析》，《农业技术经济》2011 年第 12 期。

韩俊：《关于中国“三农”问题的调查与思考》，清华“三农”讲坛，2012 年。

韩俊、何宇鹏等：《新型城镇化与农民工市民化》，中国工人出版社 2014 年版。

何军：《代际差异视角下农民工城市融入的影响因素分析》，《中国农村经济》2011 年第 6 期。

胡联合、胡鞍钢：《对转型期中国犯罪实际发案情况的估测》，《社会科学》2006 年第 1 期。

胡联合、胡鞍钢、徐绍刚：《贫富差距对违法犯罪活动影响的实证分析》，《管理世界》2005 年第 6 期。

黄少安、陈屹立：《收入分配不公、国民教育与中国的犯罪率：1978 ~ 2005》，第五届中国法经济学论坛论文，2006 年。

黄乾：《工作转换对城市农民工收入增长的影响》，《中国农村经济》2010 年第 9 期。

黄卓宁：《农民工住房来源及住房水平的实证研究》，《区域社会发展》2007 年第 9 期。

李实、史泰丽、古斯塔夫森主编：《中国居民收入分配研究（Ⅲ）》，北京师范大学出版社 2008 年版。

刘鹤:《“十二五”规划〈建议〉的基本逻辑》,《比较》2011 年第 3 期。
刘靖、毛学峰:《农民工的权益与幸福感——基于微观数据的实证分析》,《中国农村经济》2013 年第 8 期。
刘林平、张春泥、陈小娟:《农民工的效益观与农民工的行动逻辑》,《中国农村经济》2010 年第 9 期。
刘林平、张春泥:《农民工工资:人力资本、社会资本、企业制度还是社会环境》,《社会学研究》2007 年第 6 期。
简新华、黄锟:《中国城镇化水平和速度的实证分析与前景预测》,《经济研究》2010 年第 3 期。
罗志勇:《农民工及其各职业群体工资性别差异之比较》,《中国农村经济》2010 年第 9 期。
吕萍、周滔:《农民工住房保障问题认识与对策研究——基于成本—效益分析》,《城市发展研究》2008 年第 3 期。
吕萍、甄辉、丁富军:《差异化农民工住房政策的构建设想》,《经济地理》2012 年第 10 期。
米尔顿·弗里德曼:《实证经济学方法论》,陈春良译,载罗卫东主编:《经济学基础文献》,浙江大学出版社 2007 年版。
马克斯·韦伯:《社会科学方法论》,韩水法译,中央编译出版社 2008 年版。
任兴洲、廖英敏和刘卫民:《建立适合农民工特点的住房供应和政策体系》,载国务院发展研究中心课题组:中国发展出版社 2011 年版。
史晋川、陈春良:《莱维特的犯罪经济学研究述评》,《理论经济学》2009 年第 1 期。
史晋川、吴兴杰:《我国地区收入差距、流动人口与刑事犯罪率的实证研究》,《浙江大学学报》(人文社会科学版)2010 年第 1 期。
史清华、卓建伟和郑龙真:《农民外出就业及遭遇的实证分析》,《中国农村经济》2004 年第 10 期。
李实、史泰丽等:《中国城乡之间收入差距分析》,载《中国居民收入分配研究(Ⅲ)》,北京师范大学出版社 2008 年版。
宛恬伊:《新生代农民工的居住水平与住房消费——基于代际视角的比较分析》,《中国青年研究》2010 年第 5 期。
王永钦等:《中国的大国发展道路——论分权式改革的得失》,《经济研究》

2007 年第 1 期。
王安、魏建：《犯罪门槛和防御效应下收入分配差距对犯罪率的影响——以中国伤害和财产诈骗犯罪（1981～2006）为例》，《广东商学院学报》2009 年第 3 期。
王凯、侯爱敏、翟青：《城市农民工住房问题的研究综述》，《城市发展研究》2010 年第 1 期。
吴丽民、陈慧雄：《收入与幸福指数结构方程模型构建》，《中国农村经济》2010 年第 11 期。
吴一平、芮萌：《收入不平等对刑事犯罪的影响》，《经济学》（季刊）2010 年第 1 期。
夏怡然：《农民工定居地选择意愿及其影响因素分析——基于温州的调查》，《中国农村经济》2010 年第 3 期。
严善平：《城乡劳动市场中的人员流动及其决定机制》，《管理世界》2006 年第 8 期。
杨俊玲、谢嗣胜：《农民工住房现状研究》，《农业经济问题》2010 年第 1 期。
姚先国、赖普清：《中国劳资关系的城乡户籍差异》，《经济研究》2004 年第 7 期。
张智敏、唐昌海：《从农村高素质群体到城市中的边缘者》，《中国农村经济》2009 年第 2 期。
章元、刘时菁、刘亮：《城乡收入差距、民工失业与中国犯罪率的上升》，《经济研究》2011 年第 2 期。
张建伟、胡隽：《居者有其屋：农民工市民化的落脚点》，《求实》2005 年第 9 期。
郑思齐、廖俊平、任荣荣、曹洋：《农民工住房政策与经济增长》，《经济研究》2011 年第 2 期。
张远煌：《犯罪学》，法律出版社 2001 年版。

英文部分

Allen, R. C., "Socioeconomic Conditions and Property Crime: A Comprehensive Review and Test of the Professional Literature", *American Journal of Eco-*

nomics and Sociology, Vol. 55, No. 3, 1996.

Alberto Alesina, Roberto Perotti, " Income Distribution, Political Instability, and Investment ", *NBER Working Paper*, No. 4486, 1993.

M. Almlund, A. L. Duckworth, J. M. Heckman and Tim D. Kautz, " Personality Psychology and Economics ", *NBER Working Paper*, No. 16822, 2011.

Anna Persson, " The Effect of Welfare – to – Work Programs on Crime: Evidence from a Natural Experiment ", *IFAU Working Paper*, 2012.

Anderson L. R. and Mellor J. M., " Predicting Health Behaviors with an Experimental Measure of Risk Preference ", *Journal of Health Economics*, Vol. 27, No. 5, 2008.

Arellano and Bond, "Some Tests of Specification for Panel Data: Monte Carlo Evidence and an Application to Employment Equations", *Review of Economic Studies*, Vol. 58, 1991.

Ballester C., Calvó – Armengol A. and Zenou, Y., "Who's Who in Crime Networks. Wanted: The Key Player", *Discussion Paper London: CEPR*, No. 4421, 2004.

Bartram D., "International Migration, Open Borders Debates, and Happiness", *International Studies Review*, Vol. 12, 2010.

Bakken Borge, "Crime, Control and Modernity in China", *Crime, Punishment and Policing in China*, Rowman & Littlefield Publishers, Inc., 2005.

Becker G. S., "Crime and Punishment: An Economic Approach", *The Journal of Political Economy*, Vol. 76, No. 2, 1968.

B. Bell and S. Machin, "Immigration and Crime", *International Handbook on the Economics of Migration*, 2011.

B. Bell and S. Machin, "Immigrant Enclaves and Crime", *Journal of Regional Science*, Vol. 53, 2013.

Bentham, J., "Theory of Legislation", *Harcourt Brace*, 1931.

Berk R. A. et al., "Crime and Poverty: Some Experimental Evidence From Ex – Offenders", *American Sociological Review*, Vol. 45, No. 5, 1980.

Blau J. R. and P. M. Blau, "The Cost of Inequality: Metropolitan Structure and Violent Crime", *American Sociological Review*, Vol. 47, No. 1, 1982.

Block M. and Heineke J., "A Labor Theoretic Analysis of Criminal Choice", *A-*

merican Economic Review, Vol. 65, 1975.

Blundell and Bond, "Initial Conditions and Moment Restrictions in Dynamic Panel Data Models", *Journal of Econometrics*, Vol. 87, 1998.

Bond S. R., Anke Hoeffler and Jonathan Temple, "GMM Estimation of Empirical Growth Models", Centre for Economic Policy Research, Discussion Paper, No. 3048.

Bourguignon F, "Crime, Violence, and Inequitable Development", *Annual World Bank Conference on Development Economics*, Washington, DC: The World Bank, 2000.

Bourguignon F. et al., "What Part of The Income Distribution Matters for Explaining Property Crime? The Case of Colombia", *CEDE Working Paper*, 2003.

Burdett K., R. Lagos et al., "Crime, Inequality, and Unemployment", *The American Economic Review*, Vol. 93, No. 5, 2003.

Burdett K., R. Lagos et al., "An On – the – Job Search Model of Crime, Inequality, and Unemployment", *International Economic Review*, Vol. 45, No. 3, 2004.

Cameron, "The Economics of Crime Deterrence: A Survey of Theory and Evidence", *Kyklos*, Vol. 41, 1988.

Cameron and Trivedi, "*Microeconometrics Using Stata*", Stata Press, 2009.

Case A. and Katz L., "The Company You Keep: The Effects of Family and Neighborhood on Disadvantaged Youths", *NBER Working Paper*, No. 3705, 1991.

Chien – Chieh Huang, Derek Laing and Ping Wang, "Crime and Poverty: A Search – Theoretic Approach", *International Economic Review*, Vol. 45, 2004.

Chiu W. H. and P. Madden, "Burglary and Income Inequality", *Journal of Public Economics*, Vol. 69, No. 1, 1998.

Cornwell C. and Trumbull W., "Estimating the Economic Model of Crime with Panel Data", *Review of Economics and Statistics*, Vol. 76, 1994.

Corman H. and H. N. Mocan, "A Time – Series Analysis of Crime, Deterrence, and Drug Abuse in New York City", *The American Economic Review*, Vol. 90, No. 3, 2000.

Cullen J. and Levitt S., "Crime, Urban Flight and the Consequences for Cities", *Review of Economics and Statistics*, Vol. 81, 1999.

Cunha, Flavio, Heckman, James J. and Schennach, Susanne M., "Estimating the Technology of Cognitive and Noncognitive Skill Formation", *Econometrica*, Vol. 78, No. 3, 2010.

Davis M. L., "Time and Punishment: An Intertemporal Model of Crime", *The Journal of Political Economy*, Vol. 96, No. 2, 1988.

DiIulio J. J., Jr., "Help Wanted: Economists, Crime and Public Policy", *The Journal of Economic Perspectives*, Vol. 10, No. 1, 1996.

Donohue J. J. and P. Siegelman, "Allocating Resources among Prisons and Social Programs in the Battle against Crime", *The Journal of Legal Studies*, Vol. 27, No. 1, 1998.

Doyle J. M., E. Ahmed et al., "The Effects of Labor Markets and Income Inequality on Crime: Evidence from Panel Data", *Southern Economic Journal*, Vol. 65, No. 4, 1999.

Edmark K., "Unemployment and Crime: Is There a Connection?", *Scan. J. of Economics*, Vol. 107, No. 2, 2005.

Ehrlich I., "Participation in Illegitimate Activities: A Theoretical and Empirical Investigation", The *Journal of Political Economy*, Vol. 81, No. 3, 1973.

Ehrlich I., "The Deterrent Effect of Capital Punishment: A Question of Life and Death", *The American Economic Review*, Vol. 65, No. 3, 1975.

Ehrlich I., "The Deterrent Effect of Capital Punishment: Reply", *The American Economic Review*, Vol. 67, No. 3, 1977.

Ehrlich I., "Capital Punishment and Deterrence: Some Further Thoughts and Additional Evidence", *The Journal of Political Economy*, Vol. 85, No. 4, 1977.

Ehrlich I., "On the Usefulness of Controlling Individuals: An Economic Analysis of Rehabilitation, Incapacitation and Deterrence", *The American Economic Review*, Vol. 71, No. 3, 1981.

Ehrlich I., "Crime, Punishment, and the Market for Offenses", *The Journal of Economic Perspectives*, Vol. 10, No. 1, 1996.

Ehrlich and Liu, "Sensitivity Analysis of the Deterrence Hypothesis: Let's Keep the Econ in Econometrics", *Journal of Law and Economics*, Vol. 42, No. 1, 1999.

I. G. Ellen and O'Regan K., "Crime and Urban Flight Revisited: The Effect of the 1990s Drop in Crime and Cities", *Journal of Urban Economics*, Vol. 68, No. 3, 2010.

Engelhardt B. et al., "Crime and the Labor Market: A Search Model with Optimal Contracts", Journal of Public Economics, 2008: doi: 10. 1016/ j. jpubeco.

Fagan Jeffrey and R. B. Freeman, "Crime and Work", *Crime and Justice*, Vol. 25, 1999.

Fajnzylber P. et al., "Inequality and Violent Crime", *Journal of Law and Economics*, Vol. 45, No. 1, 2002.

Filiztekin, "Local Labor Markets and Crimes by Non – residents", *ERSA Conference Papers ersa*, 13 .

Fleisher B. M., "The Effect of Income on Delinquency", *The American Economic Review*, Vol. 56, No. 1, 1966.

Fleisher B. M., "The Effect of Income on Delinquency: Reply", *The American Economic Review*, Vol. 60, No. 1, 1970.

Foley C., "Welfare Payments and Crime", *The Review of Economics and Statistics*, Vol. 93, No. 1, 2011.

Francesco Drago, Roberto Galbiati, and Pietro Vertova, "The Deterrent Effects of Prison: Evidence from A Natural Experiment", *The Journal of Political Economy*, Vol. 117, No. 2, 2009.

Freeman et al., "The Spatial Concentration of Crime", *Journal of Urban Economics*, Vol. 40, 1996.

Freeman R. B., "Why Do So Many Young American Men Commit Crimes and What Might We Do About It", *Journal of Economic Perspectives*, Vol. 1, 1996.

Freeman R. B., "The Economics of Crime. Handbook of Labor Economics", *Elesevier Science*, Vol. 3, 1999.

Freeman R. B. and William Rodgers, "Area Economic Conditions and the Labor Market Outcomes of Young Men in the 1990s Expansion", *NBER Working*

Paper, No. 7073, 1999.

Gibson J. and B. Kim, "The Effect of Reporting Errors on the Cross – country Relationship between Inequality and Crime", *Journal of Development Economics*, Vol. 87, No. 2, 2008.

Glaeser E. L. and B. Sacerdote, "Why Is There More Crime in Cities?", *The Journal of Political Economy*, Vol. 107, No. 6, 1999.

Glaeser E. L. et al., "Crime and Social Interactions", *The Quarterly Journal of Economics*, Vol. 111, No. 2, 1996.

Glaser D., "A Review of Crime – Causation Theory and Its Application", *Crime and Justice*, Vol. 1, 1979.

Gould E. D. et al., "Crime Rates and Local Labor Market Opportunities in the United States: 1979 – 1997", *The Review of Economics and Statistics*, Vol. 84, No. 1, 2002.

Grogger J., "The Effect of Arrests on the Employment and Earnings of Young Men", *Quarterly Journal of Economics*, Vol. 110, 1995.

Grogger J., "Market Wages and Youth Crime", *Journal of Labor Economics*, Vol. 16, No. 4, 1998.

Halvor Mehluma, Karl Moenea T. and Ragnar Torvik, "Crime Induced Poverty Traps", *Journal of Development Economics*, Vol. 77, 2005.

Harold M. Tanner, "Strike Hard! Anti – Crime Campaigns and Chinese Criminal Justice, 1979 – 1985", Cornell University East Asia Program, 1999.

Heckman James J., Jora Strixrud and Sergio Urzua, "The effects of Cognitive and Noncognitive Abilities on Labor Market Outcomes and Social Behavior", *Journal of Labor Economics*, No. 24, 2006.

Hsieh Ching – Chi and M. D. Pugh, "Poverty, Income Inequality, and Violent Crime: A Meta – analysis of Recent Aggregate Data Studies", *Criminal Justice Review*, Vol. 18, 1992.

Imrohoromlu A. et al., "On the Political Economy of Income Redistribution and Crime", *International Economic Review*, Vol. 41, No. 1, 2000.

Imrohoromlu A. et al., "What Accounts for the Decline in Crime", *International Economic Review*, Vol. 45, 2004.

Imrohoromlu A. et al., "Understanding the Determinants of Crime", *Journal of*

Economics and Finance, Vol. 30, No. 2, 2006.

Itai Ater, Yehonatan Givati and Oren Rigbi, "Organizational Structure, Police Activity and Crime", *Journal of Public Economics*, Vol. 115, 2014.

Lawrence Katz, S. D. Levitt, "Prison Conditions, Capital Punishment, and Deterrence", *American Law and Economics Review*, Vol. 5, No. 2, 2003.

Kelly M., "Inequality and Crime", *The Review of Economics and Statistics*, Vol. 82, No. 4, 2000.

Kessler and Levitt, "Using Sentence Enhancements to Distinguish between Deterrence and Incapacitation", *Journal of Law and Economics*, Vol. 42, No. 1, 1999.

Kling J. R., Jens Ludwig and Lawrence F. Katz, "Neighborhood Effects on Crime for Female and Male Youth: Evidence from A Randomized Housing Voucher Experiment", *The Quarterly Journal of Economics*, 2005.

Lena Edlund, Hongbin Li, Junjian Yi, Junsen Zhang, "More Men, More Crime: Evidence from China's One – Child Policy", *The Review of Economics and Statistics*, Vol. 95, No. 5, 2013.

Levitt S. D., "The Effect of Prison Population Size on Crime Rates: Evidence from Prison Overcrowding Litigation", *The Quarterly Journal of Economics*, Vol. 111, No. 2, 1996.

Levitt S. D., "Using Electoral Cycles in Police Hiring to Estimate the Effect of Police on Crime", *The American Economic Review*, Vol. 87, No. 3, 1997.

Levitt S. D., "Juvenile Crime and Punishment", *The Journal of Political Economy*, Vol. 106, No. 6, 1998.

Levitt S. D., "Why Do Increased Arrest Rates Appear to Reduce Crime: Deterrence, Incapacitation, or Measurement Error", *Economic Inquiry*, Vol. 36, 1998.

Levitt S. D., "Using Electoral Cycles in Police Hiring to Estimate the Effects of Police on Crime: Reply", *The American Economic Review*, Vol. 92, No. 4, 2002.

Levitt S. D., "Understanding Why Crime Fell in the 1990s: Four Factors That Explain the Decline and Six That Do Not", *The Journal of Economic Perspectives*, Vol. 18, No. 1, 2004.

Levitt S. D. and Miles T. , "Empirical Study of Criminal Punishment", Handbook of Law and Economics, Edited by A. Polinsky and Shavell, Elsevier, 2008.

Lin Ming – Jen, "More police, Less Crime: Evidence from US State Data", *International Review of Law and Economics*, Vol. 29, 2009.

Lin Ming – Jen, "Does Unemployment Increase Crime? Evidence from U. S. Data 1974 – 2000", *Journal of Human Resources*, Vol. 43, No. 2, 2008.

Liska A. E. , "A Critical Examination of Macro Perspectives on Crime Control", *Annual Review of Sociology*, Vol. 13, 1987.

Liu Jianhong, "Modernization and Crime Patterns in China", *Journal of Criminal Justice*, Vol. 34, 2006.

Ludwig J. et al. , "Urban Poverty and Juvenile Crime: Evidence from a Randomized Housing – Mobility Experiment", *The Quarterly Journal of Economics*, Vol. 116, No. 2, 2001.

Lusk J. L. and Coble K. H. , "Risk Perceptions, Risk Preference, and Acceptance of Risky Food", *American Journal of Agricultural Economics*, Vol. 87, No. 2, 2005.

Machin S. and C. Meghir, "Crime and Economic Incentives", *The Journal of Human Resources*, Vol. 39, No. 4, 2004.

M. Keith Chen and J. M. Sharpiro, "Do Harsher Prison Conditions Reduce Recidivism? A Discontinuity – based Approach", *American Law and Economics Review*, Vol. 9, No. 1, 2007.

Macculloch R. , "Income Inequality and the Taste for Revolution", *Journal of Law and Economics*, Vol. XL, 2005.

Marvell Thomas B. and Moody Carlisle E. , "Prison Population Growth and Crime Reduction", *Journal of Quantitative Criminology*, Vol. 7, 1994.

Marvell Thomas B. and Moody Carlisle E. , "Specification Problems, Police Levels, and Crime Rates", *Criminology*, Vol. 34, 1996.

Merton Robert K. (ed.), *Social Theory and Social Structure*, Free Press, New York, 1957.

Messner S. F. Poverty, "Inequality and the Urban Homicide Rate", *Criminology*, Vol. 20, 1982.

Messner S. F. , "Societal Development, Social Equality and Homicide: A Cross – National Test of Durkheimian Model", *Social Forces*, Vol. 61, 1982.

Mocan H. N. , S. Billups, and Jody Overland, "A Dynamic Model of Differential Human Capital and Criminal Activity", *Economica*, Vol. 72, 2005.

Mocan H. N. and T. G. Bali, "Asymmetric Crime Cycles", *The Review of Economics and Statistics*, Vol. 92, No. 4, 2010.

Mikko Aaletonen et al. , "Examining the Generality of the Unemployment – crime Association, Criminology", doi: 10. 1111/1745 – 9125. 12012, 2013.

Mustard David B. , "How Do Labor Markets Affect Crime? New Evidence on An Old Puzzle", *Discussion Paper Series*, No. 4856, IZA, 2010.

Naci H. Mocan and Bulent Unel, "Skill – biased Technological Change, Earnings of Unskilled Workers, and Crime", *NBER Working Paper*, No. 17605, 2011.

Nanci Mocan, Daniel Rees, "Economic Conditions, Deterrence and Juvenile Crime: Evidence from Micro Data", *American Law and Economics Review*, Vol. 17, No. 2, 2005.

Paolo Buonanno, Steven Raphael, "Incarceration and Incapacitation: Evidence from the 2006 Italian Collective Pardon", *American Economic Review*, 2013.

Patrick Bayer, Randi Hjalmarsson and David Pozen, "Building Criminal Capital behind Bars: Peer Effects in Juvenile Corrections", *The Quarterly Journal of Economics*, Vol. 124, No. 1, 2009.

Phillips L. et al. , "Crime, Youth, and the Labor Market", *The Journal of Political Economy*, Vol. 80, No. 3, 1972.

Polinsky and Shavell, "The Economic Theory of Public Enforcement of Law", *Journal of Economic Literature*, Vol. 38, No. 1, 2000.

Radha Iyengar, Jonathan Monten, Matthew Hanson, "Building Peace: The Impact of Aid on the Labor Market for Insurgents", *NBER Working Paper*, No. 17297, 2011.

Raphael, S. and R. Winter – Ebmer, "Identifying the Effect of Unemployment on Crime", *Journal of Law and Economics*, Vol. 44, No. 1, 2001.

Rodrigo R. Soares, "Development, Crime and Punishment: Accounting for the International Differences in Crime Rates", *Journal of Development Econom-*

ics, Vol. 73, 2004.

Sah R. K., "Social Osmosis and Patterns of Crime", *The Journal of Political Economy*, Vol. 99, No. 6, 1991.

Saridakis George, "Violent Crime in the United States of America: A Time – series Analysis between 1960 – 2000", *European Journal of Law and Economics*, Vol. 18, 2004.

Shaw C. and McKay, H., "Juvenile Delinquency and Urban Areas", University of Chicago Press, 1942.

Staff Jeremy D. et al., "Explaining the Relationship Between Employment and Juvenile Delinquency", *Criminology*, Vol. 48, 2010.

Soares R. R., "Development, Crime and Punishment: Accounting for the International Differences in Crime Rates", *Journal of Development Economics*, Vol. 73, No. 1, 2004.

Stock J. H. and Yogo M., "Testing for Weak Instruments in Linear IV Regression", *NBER Working Paper*, No. 284, 2005.

Susan Trevaskes, "Severe and Swift Justice in China", *British Journal of Criminology*, Vol. 47, 2007.

Susan Trevaskes, "Yanda 2001: Form and Strategy in a Chinese Anticrime Campaign", *The Australian and New Zealand Journal of Criminology*, Vol. 36, No. 3, 2005.

Tanner Murray Scot, "Campaign – Style Policing in China and Its Critics, Crime", Punishment and Policing in China, Rowman & Littlefield Publishers, Inc., 2005.

Tella R. D. and E. Schargrodsky, "Do Police Reduce Crime? Estimates Using the Allocation of Police Forces after A Terrorist Attack", *The American Economic Review*, Vol. 94, No. 1, 2004.

Verdier T. and Zenou Y., "Racial Beliefs, Location and the Causes of Crime", *International Economic Review*, Vol. 45, 2004.

William N. Evans, Emily G. Owens, "COPS and Crime", *Journal of Public Economics*, Vol. 91, 2007.

Weicher J., "The Effect of Income on Delinquency: Comment", *The American Economic Revie*, Vol. 60, No. 1, 1970.

Wooldridge, "Econometric Analysis of Cross Section and Panel Data", MIT Press, 2002.

Zhang J., "The Effect of Welfare Programs on Criminal Behavior: A Theoretical and Empirical Analysis", *Economic Inquiry*, Vol. 35, 1997.

Zenou Yves, "The Spatial Aspects of Crime", *Journal of the European Economic Associatio*, Vol. 1, 2003.

Zenou Yves, "Crime, Location and the Housing Market", *The Research Institute of Industrial Economics*, Working Paper, No. 651, 2005.

Zenou Yves, "Crime and the City", *The New Palgrave Dictionary of Economics*, Second Edition (eds.), Steven N. Durlauf and Lawrence E. Blume, "Palgrave Macmillan", 2008.

Zhang J., "The Effect of Welfare Programs on Criminal Behavior: A Theoretical and Empirical Analysis", *Economic Inquiry*, Vol. 35, 1997.

索　引

F

G

J

K

L

N

P

Q

R

S

T

W

X

Y

Z

专家推荐表

第五批《中国社会科学博士后文库》专家推荐表 1

推荐专家姓名	韩俊	行政职务	副主任
研究专长	“三农”理论与政策	电　　话	
工作单位	中央财经工作领导小组办公室、 中央农村工作领导小组办公室	邮　　编	
推荐成果名称	城市化进程中的劳动力流动与犯罪：实证研究与公共政策		
成果作者姓名	陈春良		

（对书稿的学术创新、理论价值、现实意义、政治理论倾向及是否达到出版水平等方面做出全面评价，并指出其缺点或不足）

农业转移人口市民化是我国“三农”理论与政策研究的一个重要主题。十八届五中全会通过的《关于制定国民经济和社会发展第十三个五年规划的建议》指出，要推进以人为核心的新型城镇化。农业转移人口市民化正是以人为核心的新型城镇化的重要内容。现阶段如何通过深化户籍制度改革、健全公共服务覆盖常住人口的体制机制等，促进有能力在城镇稳定就业和生活的农业转移人口举家落户，是需要着力研究并加以解决的重要问题。

陈春良博士的博士后出站报告是这个领域研究的一个有益探索。他立足经济理论分析和实证分析，分别从宏观和微观两个调查层次，考察了农业转移人口在城镇劳动力市场上的就业状况、公共服务覆盖不足等对其融入城市（镇）及社会治理的影响，并对研究的相关政策含义做了讨论。总的来看，调查扎实，分析深入，研究方法规范，是一篇出色的博士后出站报告，已经达到出版水平。本研究的不足是对更具体有针对性的户籍制度改革以及农业转移人口市民化政策的梳理和分析有待进一步加强。

签字：韩俊

2016 年 1 月 18 日

说明：该推荐表由具有正高职称的同行专家填写。一旦推荐书稿入选《博士后文库》，推荐专家姓名及推荐意见将印入著作。

第五批《中国社会科学博士后文库》专家推荐表2			
推荐专家姓名	叶兴庆	行政职务	部长
研究专长	农民工、土地制度、现代农业	电　话	
工作单位	国务院发展研究中心农村经济研究部	邮　编	
推荐成果名称	城市化进程中的劳动力流动与犯罪：实证研究与公共政策		
成果作者姓名	陈春良		

（对书稿的学术创新、理论价值、现实意义、政治理论倾向及是否达到出版水平等方面做出全面评价，并指出其缺点或不足）

本项研究逻辑严谨、方法科学、数据丰富、分析深入，在文献综述的基础上提出问题，用定量分析的方法进行推演。主要创新点有：在分析劳动力市场状况影响犯罪率的逻辑机制时，能够结合我国国情，在模型中加入社会交往"同群效应"等因素；对已有犯罪问题实证研究在劳动力市场 传导机制方面作了进一步识别和补充；深入考察了收入差距扩大对不同犯罪类型可能存在的差异化影响；对惩罚确定性和严厉程度对犯罪率的影响做了专门的计量分析和讨论；利用行为经济学的有关偏好和社会交往研究的一些工具，基于大规模的农业转移人口返乡调查数据，对农业转移人口的风险偏好、信任等心理特征对参与抗争活动等的影响进行了实证分析；考察了外来人口公共服务覆盖的意向性评价，探讨了犯罪向外来人口"集中"微观心理层面的补充性证据。这些创新，既具有理论价值，也对制定农民工市民化政策、治理犯罪的公共政策具有参考价值。研究立场、结论、观点符合国家大政方针，达到了出版水平。

分散于各章的文献综述与第二章有交叉，建议作者在修改时将其集中到第二章。

签字：叶兴庆

2016年1月20日

说明：该推荐表由具有正高职称的同行专家填写。一旦推荐书稿入选《博士后文库》，推荐专家姓名及推荐意见将印入著作。